Reinhard Pohanka

Die Herrscher und Gestalten des Mittelalters

W0075252

Reinhard Pohanka

Die Herrscher und Gestalten des Mittelalters

marixverlag

Copyright © by Marix Verlag GmbH, Wiesbaden 2006
Projektbetreuung: Verlagsagentur Mag. Michael Hlatky, A – 8071 Vasoldsberg
Covergestaltung: Thomas Jarzina, Köln
Bildnachweis: akg-images GmbH, Berlin
Satz und Bearbeitung: C&H Typo-Grafik, Miesbach
Gesamtherstellung: GGP media GmbH, Pößneck
Printed in Germany

ISBN-10: 3-86539-901-0
ISBN-13: 978-3-86539-901-4

www.marixverlag.de

Vorwort

Die Aufgabe, eine Geschichte des Mittelalters mit den Biografien der wichtigsten Persönlichkeiten dieser Epoche zu schreiben, ist ein fast hoffnungsloses Unterfangen. Es beginnt damit, dass man sich fragt, wann beginnt und wann endet das Mittelalter. Behält man die alte Periodisierung des 19. Jahrhunderts mit Römerzeit, Völkerwanderung und Mittelalter bei? Oder erkennt man an, dass es die »Dunklen Jahrhunderte« nach dem Ende der Antike nie gegeben hat und sich das Mittelalter direkt an die Antike anschließt. Lässt man das Mittelalter traditionellerweise im Jahre 1492 mit der Wiederentdeckung Amerikas enden oder schon früher, etwa als Gutenberg den Buchdruck einführt oder später, als Maximilian I., der »letzte Ritter«, stirbt.

Und wer beeinflusst das Mittelalter? Sind es wirklich nur die Herrscher mit ihren ewigen Fehden und Kriegen, oder ist es der Koch von Wilhelm dem Eroberer, der für das Wohl seines Herrn am Abend vor der Schlacht von Hastings gesorgt hat? Wer hat die Schlacht letztlich entschieden? Sind es nur die Kaiser und Könige, die Epochen prägen, oder sind es die Menschen, die ihnen die Ideen geliefert haben, etwa die Philosophen und Theologen? Was ist mit den Künstlern, die ihre Zeit geprägt haben, die Maler, Minnesänger und Dichter? Oder waren es die Ehefrauen und Ehemänner, Freundinnen und Freunde oder die Geliebten, von denen wir aber nichts mehr wissen?

Lange Zeit hat man diese Epoche als das »Dunkle Mittelalter« bezeichnet. Betrachtet man aber die hier gesammelten Biografien so wird klar, dass das so nicht stimmen kann. Diese Menschen haben Unglaubliches erlebt, sie reisten in kurzer Zeit von einem Ende Europas zum anderen, sie bewohnten Höfe, die vor Kultur, Freude und Farbigkeit barsten. Sie lieferten unglaubliche Beispiele an Treue und Glauben und konnten doch auch ihre Väter, Schwestern und Brüder verraten und sogar ermorden.

Es ist mir bewusst, dass die Auswahl, die ich hier getroffen habe, eine zwar nicht willkürliche, aber doch auf individuellen Gesichtspunkten basierende ist. Für jeden der hier Beschriebenen hätte man eine andere Persönlichkeit des Mittelalters wählen können, die vielleicht genauso wichtig gewesen ist. Aber wie bewertet man Wichtigkeit? Ich habe den Versuch über die Nachhaltigkeit genommen, wer wirkte über längere Zeit nach, wer beeinflusste so viele Menschen, dass daraus eine Änderung der Geschichte entstand. Wer beeinflusste das Mittelalter so, dass die Konsequenzen seines Handelns oder seiner Gedanken bis heute nachwirken? Dass auch diese Bewertung eine individuelle sein muss, ist verständlich.

Ich habe auch versucht, nicht regional zu denken. Europa ist im Mittelalter ein stark miteinander verflochtener Kontinent, die Entscheidung einer Person an einem Ende hatte Konsequenzen am anderen Ende, vielleicht mehr als dies später der Fall war. Man dachte in größeren Räumen, hatte Universalansprüche und war durch die Klammer der gemeinsamen Religion zusammengehalten. Man hatte durchaus nationale Interessen, aber kannte keinen Nationalismus, man kämpfte um Ruhm und Ehre und auch um Geld, Macht und Land. Man war flexibel, hatte eine »lingua universalis« und noch eine gemeinsame Religion und war gewohnt zu reisen, die Gelehrten verbreiteten ihr Wissen persönlich in ganz Europa, und auch die Kaiser regierten ihre Reiche vom Pferderücken aus. Das Leben war schnell, viele starben jung, viele der Mächtigen starben, weil sie tapfer waren und in der ersten Reihe der Schlachten gekämpft haben. Deshalb war das Leben leidenschaftlicher, weil es es so kurz sein konnte. Mancher Philosoph oder Theologe brannte im wahrsten Sinne des Wortes für seine Lehren, statt dass er sie widerrief.

Wie immer man das Mittelalter betrachtet, es ist eine Zeit der Individualisten, eine Person alleine konnte die Welt bewegen, was ohne Werbemaschinerie, Kommunikationsmittel und Buchdruck viel schwieriger war als heute. Wollte man die Welt bewegen, so musste man gute Ideen haben, die sich schnell verbreiteten, wollte man die Landkarten verändern, so musste man in der ersten Reihe marschieren, statt hinter dem Schreibtisch zu planen. Dies hebt die hier Beschriebenen vielleicht deutlicher aus der Masse heraus als andere der Zeit, sie wagten, ob Künstler, Kaiser oder Philosoph, oft den persönlichen letzten Einsatz um ihr Leben, aber auch um eine Epoche zu formen.

Dies ist ein kompilatorisches Werk. Über viele der hier Dargestellten existieren unterschiedliche Theorien und Meinungen, von Unklarheiten über ihre Lebensdaten bis hin zur Frage, ob sie überhaupt existiert haben. Ich habe versucht, den kleinsten, anerkannten, gemeinsamen Nenner aus all diesen Lebensgeschichten herauszuarbeiten, jede darüber hinausgehende Bewertung, alle Irrtümer, sind Sache des Autors.

Reinhard Pohanka   Mödling, 2006

Inhalt

PETER ABAELARD

(1079–1142)

Die traurige Geschichte von Abaelard und Heloïse, er wurde ent-
mannt, und sie ging ins Kloster, hat durch die Jahrhunderte Schrift-
steller und Moritatensänger inspiriert. Dabei war Peter Abaelard ei-
ner der hellsten Geister seiner Zeit, er war umstritten wie streitbar,
ein Rebell, der sich mit jedem, der in seine geistige Nähe kam, anlegte,
und war dennoch der bedeutendste Vertreter der Früh-Scholastik im
Mittelalter.

Als Sohn eines Ritters 1079 in Le Pallet bei Nantes geboren,
war er für die militärische Laufbahn bestimmt, fand aber
keinen Gefallen am Soldatenleben und widmete sich lieber den
Studien. Bereits in jungen Jahren verließ er die Burg der Eltern,
schlug sich als wandernder Schüler durch und besuchte die an-
gesehensten Lehrer seiner Zeit. Sein Weg führte nach Paris, wo
die besten Schulen seiner Zeit, Universitäten konnte man sie
noch nicht nennen, existierten. Abaelard fand Aufnahme in der
berühmten Kathedralschule und studierte hier Rhetorik unter
dem »scholasticus« William von Champeaux.

Mit William scheint der junge Abaelard nicht gut ausgekom-
men zu sein, bei mehreren Disputen konnte er ihn widerlegen,
und die anderen Studenten kamen lieber zu ihm als zu William.
Schon bald dachte Abaelard darüber nach, seine eigene Schule
zu eröffnen, vermutlich war William durchaus erleichtert, den
ehrgeizigen jungen Mann wieder ziehen zu sehen. Abaelard
gründete 1102 eine Schule in Melun, die er anschließend nach
Corbeil verlagerte. Sie erfreute sich rasch großer Beliebtheit,
Abaelard musste aber von 1105 bis 1108 wieder zu seiner Familie in die Bretagne zurückkehren, sei es wegen Krankheit oder
weil William sich mit Erfolg gewehrt hatte und Abaelard nicht
mehr unterrichten durfte.

1108 konnte er nach Paris zurückkehren und hier auch lehren, musste aber auf Williams Druck auf den Genovevaberg
nahe Paris übersiedeln. 1113 studierte er bei Anselm von Laon
Theologie, er unterrichtete auch, und wieder übertraf er seinen

Lehrer an Beliebtheit, worauf ihm Anselm die weitere Lehre untersagte. Abaelard unterrichtete als Hauslehrer und traf dabei die liebreizende Heloïse, die Nichte des Kanonikers Fulbert. Heloïse wurde bald von Abaelard schwanger und brachte in Le Pallet den gemeinsamen Sohn Astrolabius zur Welt. Abaelard willigte ein, Heloïse zu heiraten, wenn die Ehe geheim bliebe, da er um seinen Ruf als Lehrer fürchtete. Allerdings machte Fulbert die Ehe bekannt, worauf Heloïse aus Liebe zu Abaelard ins Kloster ging. Fulbert gab die Schuld an dieser Entwicklung Abaelard, ließ ihn überfallen und entmannen, was dieser nur knapp überlebte.

Abaelard zog sich ins Kloster St. Denis zurück, seine Thesen, Vorlesungen und Schriften riefen jedoch seine Gegner auf den Plan, die ihn 1121 zwangen, auf der Synode von Soissons seine Schrift »Theologia Summi boni« eigenhändig ins Feuer zu werfen. Bald danach geriet Abaelard in Streit mit dem Abt seines Klosters St. Denis und zog sich in die Champagne zurück, wo er eine Einsiedelei, Paraclet genannt, gründete. Auch hierher folgten ihm seine Studenten, so dass sich Abaelard einen größeren Ort zum Unterrichten suchen musste. Er ließ sich zum Abt des Klosters Saint-Gildas-en-Rhuys in der Bretagne wählen, während er den Paraclet den Nonnen von Argenteuil, deren Priorin Heloïse war, schenkte.

Auch in St. Gildas war ihm keine Ruhe beschieden. Er versuchte, das Kloster zu reformieren, und brachte die Mönche so gegen sich auf, dass sie mehrere Attentate auf ihn verübten. Abaelard kehrte nach Paris auf den Genovevaberg zurück. Auch hier hatte er Feinde, der bedeutendste war der Kirchenlehrer → Bernhard von Clairvaux. Dieser ließ ihn 1140 auf der Synode von Sens der Häresie anklagen, jeder Versuch Abaelards, sich zu verteidigen, wurde unterbunden, seine Schriften wurden verbrannt, und Papst Innozenz II. verurteilte ihn zum ewigen Schweigen.

Abaelard wollte nun selbst nach Rom gehen, um sich vor Papst Innozenz II. zu verteidigen, eine Krankheit zwang ihn aber zu einem Aufenthalt im Kloster von Cluny. Dessen Abt war der berühmte Peter Venerabilis, Theologe, Kirchenreformator und ein offener Geist, der die erste Koran-Übersetzung ins Lateinische in Auftrag gegeben hatte. Venerabilis, der eine sehr ausgleichende Persönlichkeit gewesen sein muss, konnte die beiden Feuerköpfe Abaelard und Bernhard versöhnen und erreichte, dass das Urteil des Papstes aufgehoben wurde, allerdings starb Abaelard nur wenig später am 21. April 1142 in St. Marcel, einem Priorat von Cluny.

Als Heloïse von seinem Tode erfuhr, erbat sie sich den Leichnam Abaelards, der von Peter Venerabilis nach dem Paraclet überführt und dort bestattet wurde. 22 Jahre später fand Heloïse ihr Grab neben ihrem geliebten Ehemann. In der französischen Revolution wurde der Paraclet verwüstet, und das Grab verschwand, was bleibt, ist die Erinnerung an einen außergewöhnlichen Lehrer und zwei unglücklich Liebende, die ihre Liebe auch dann weiterlebten, als eine körperliche Vereinigung nicht mehr möglich war.

Was hat aber Abaelard so ausgezeichnet, dass man ihn zeit seines Lebens entweder bewunderte oder verfolgte und er bis heute den Ruf eines Ketzers in der Kirche hat? Abaelard hat sich gegen jede theologische und philosophische Strömung gewandt, welche die Kirche im 11. Jahrhundert beherrschte. Im Universalienstreit, in dem es darum ging, ob Ideen eine eigene Existenz haben, die notwendigerweise auf Gott zurückgeführt werden müsse, schloss Abaelard, dass die Universalien nur Wörter sind, die vom Menschen zur Bezeichnung von Dingen festgelegt werden. Soweit sie sich auf sinnlich konkret Wahrnehmbares beziehen, sah Abaelard in ihnen nur Benennungen, soweit sie sich auf sinnlich nicht Wahrgenommenes beziehen, handelt es sich um echte Allgemeinbegriffe.

Weiteren Ungemach handelte sich Abaelard ein, als er in seiner Schrift »Sic et non« (Ja und Nein) den Kirchenvätern, darunter → Augustinus, zahlreiche Irrtümer nachwies, damit den Dogmatismus der Kirche herausforderte und meinte, dass neues Wissen nur aus der Textkritik entstehen kann, und damit wesentlich zum Entstehen der scholastischen Methode beitrug. In seinen ethischen Ansichten wies Abaelard darauf hin, dass nur die innere Haltung des Menschen wertbar sei und den Maßstab für das Urteil Gottes bilden könne, was allen Formen der kirchlichen Einflussnahme auf das Seelenheil, wie etwa den Verkauf von Ablässen, zuwiderlief.

In seinen theologischen Schriften forderte er zum Dialog

zwischen den Religionen Christentum, Judentum und Islam auf und wies die Erbsünde nur Adam und nicht dem einzelnen Christen zu. Für ihn galt, dass, wenn der Mensch seine Vernunft schärfen und einsetzen würde, dann müsste er von selbst zum Glauben finden, da man nur glauben kann, wenn man auch versteht, was man glaubt.

Abaelard war der Hauptgegner der konservativen Kräfte in der Kirche, hatte aber keine langfristige Wirkung im Mittelalter, was durch das Verbot seiner Schriften wie auch durch seinen Ruf als Ketzer begründet werden kann, er hat aber andere Theologen wie → Peter Lombard und → Thomas von Aquin beeinflusst. Manchmal wird Abaelard auch als einer der Gründer der Pariser Universität betrachtet, seine Gedanken der religiösen Toleranz, seine Meinung über den Einzelnen und die Ansicht, dass Vernunft und Zweifel die Wege zur Erkenntnis sind, gelten bis heute als modern. Seine Liebe zu Heloïse hat Schriftsteller wie Jean-Jacques Rousseau, Ludwig Feuerbach und Luise Rinser zu Werken inspiriert.

ALBERTUS MAGNUS

(1193/1200–1280)

Albertus Magnus war der größte deutsche Philosoph des Mittelalters und auch eines der größten Universalgenies seiner Zeit. Seine Kenntnisse umfassten nicht nur die Philosophie, sondern auch die Naturwissenschaften, die Theologie und die Scholastik.

Geboren wurde Albertus Magnus aus der adeligen Familie der Grafen von Bollstädt zwischen 1193 und 1200 in Lauingen an der Donau im bayrischen Schwaben. Er dürfte schon in seiner Jugend eine umfassende Erziehung erfahren haben, danach ging er an die Universität in Padua und trat dort 1223 dem Orden der Dominikaner bei. Seine Studien vervollständigte er in Bologna, Paris und Köln.

Nach seiner Studienzeit lehrte er Theologie in Hildesheim, Freiburg im Breisgau, Ratisbon, Straßburg und Köln, ehe er 1245 nach Paris ging, um hier seinen Doktortitel in Theologie zu empfangen. Bereits in Köln wurde er zum Lehrer des jungen → Thomas von Aquin, erkannte hier bereits dessen Genie und sagte ihm eine glänzende Karriere voraus. Thomas folgte Albertus nach Paris und ging mit ihm weiter nach Köln, wo die Universität eine neue Form des Studiums, das »Studium generale«, eingerichtet hatte. Albertus wurde zum Rektor der Universität ernannt, Thomas zum Vorsteher der Studentenschaft.

1254 wählte man Albertus zum Provinzial des Dominikanerordens in Deutschland, 1256 finden wir ihn in Rom, um die Bettelorden vor Papst Alexander IV. gegen Angriffe zu verteidigen. 1257 legte er das Amt des Provinzials nieder, um sich ganz seinen Studien zu widmen. 1260 übernahm er das Amt des Bischofs von Ratisbon, das er bis 1262 innehatte, um sich dann wieder nach Köln zu Studien und zur Lehrtätigkeit zurückzuziehen.

In den verbleibenden Jahren widmete er sich theologischen und naturwissenschaftlichen Studien und wurde von den Päpsten als Ratgeber geschätzt. 1274 reiste er auf Bitten von Papst Gregor X. zum Konzil von Lyon und nahm dort an den Beratungen teil.

Der Tod seine Lieblingsschülers Thomas von Aquin im Jahre 1274 war ein schwerer Schlag für Albertus. Als 1277 durch den Pariser Bischof Stephan Tempier Tendenzen auftraten, die Schriften des Thomas von Aquin als häretisch zu verbieten, reiste er trotz seiner 84 Jahre nach Paris, um die Lehren seines Lieblingsschülers erfolgreich zu verteidigen.

1278 erfasste ihn eine schwere Krankheit, sein Gedächtnis ließ ihn im Stich, und seine körperlichen Kräfte, geschwächt durch seine vielen Reisen und die Prinzipien des mönchischen Lebens, die er trotz seiner Erfolge stets einzuhalten versucht hatte, ließen nach. Albertus Magnus starb 1280 in Köln, begraben wurde er in der Krypta von St. Andreas. 1622 wurde er von Papst Gregor XV. selig gesprochen, die Heiligsprechung erfolgte im Jahre 1931.

Das Werk des Albertus Magnus umfasst 70 handschriftlich verfasste Abhandlungen und verschaffte ihm den Ehrentitel eines »Doctor universalis«. Albertus wollte das gesamte Wissen seiner Zeit erfassen und in Lehrbüchern niederschreiben. Eine erste Gesamtausgabe seiner Werke erschien 1651 in Lyon in 21 Bänden, die zweite zwischen 1890–99 in Paris. Die Themen seiner Werke umfassen die Logik, Physik, Biologie, Psychologie, Moral, Politologie, Metaphysik und Theologie sowie Werke über Alchemie. In seinen Arbeiten, die durchaus schon enzyklopädisch zu nennen sind, beschritt er in vielen Teilbereichen als Erster den wissenschaftliche Ansatz einer Klassifizierung, wie in den Arbeiten zur mitteleuropäischen Flora und in seinen Beschreibungen der Geografie der Welt. Bahnbrechend waren auch seine Arbeiten in der Mineralogie, für die er eine erste Systematik entwickelte. Albertus Magnus arbeitete das gesamte Wissen seiner Zeit durch und versuchte, den christlichen Glauben mit den Lehren der naturwissenschaftlichen Philosophie eines Aristoteles zu verbinden. Es gelang ihm allerdings nicht, alle diese Disziplinen in eine geschlossene Systematik zu überführen, dies sollte erst seinem größten Schüler Thomas von Aquin, der ihn in manchen Teilbereichen übertroffen hat, gelingen.

Für Albertus Magnus gab es keinen Unterschied zwischen den Wissenschaften und der Philosophie. Als Wissenschaftler, der sich nicht, wie zu dieser Zeit üblich, auf die Theorie beschränkte, sondern auch praktische Versuche durchführte, scheute er sich nicht zu verkünden, dass auch Aristoteles, der als die unumstößliche Autorität galt, geirrt hatte. Sein für seine Zeitgenossen unglaubliches Wissen ließ Legenden entstehen, dass er mit dunklen Mächten im Bunde und ein Magier gewesen sei.

Gemeinsam mit → Roger Bacon postulierte er, dass die Wissenschaften und die kirchlichen Lehren einander nicht ausschließen, sondern Hand in Hand gehen können. Albertus versuchte aber mit einer gewissen Vorsicht, seine neuen Erkenntnisse mit den kirchlichen Lehren in Einklang zu bringen und die kirchlichen Dogmen nicht allzu radikal in Frage zu stellen. Seine Methode war geschickt, erst sammelte er alles Wissen seiner Zeit, überprüfte es, wo nötig in Experimenten und veröffentlichte seine Ergebnisse in Form von Kommentaren zu den Werken des Aristoteles. Manchmal versagte er sich auch eine eigene Meinung, weil er Angst hatte, sie könnte zu fortschrittlich sein. Albertus vermutete, dass die Erde eine Kugel sei, und sagte die Existenz eines Kontinentes im Westen des Atlantiks voraus.

Seine Leistung für die Philosophie besteht im Kommentar aller Werke des Aristoteles und in der Hinzuziehung weiterer antiker Quellen bei der Interpretation der aristotelischen Philosophie. Damit bereitete er die klare Aufgabentrennung zwischen Philosophie und Theologie vor, die Thomas von Aquin dann ausarbeitete.

Albertus Magnus hebt ausdrücklich die Natur in ihrer Eigenständigkeit hervor und sieht es als Aufgabenbereich der Philosophie an, sie zu untersuchen. In der Natur laufen die Phänomene aufgrund des Wirkens natürlicher Kräfte und Gesetzmäßigkeiten ab, damit hat der Glaube keine Bedeutung für die Vorgänge in der Natur. Albertus betont, dass der Mensch ohne Rückgriff auf theologische Überzeugungen in gewissem Sinne zur Vollendung zu gelangen vermag. Diese Vollendung besteht darin, dass die Vernunft die ihr gemäße Aufgabe erfüllt.

ALEXANDER NEWSKIJ

(1220–1263)

Wenn es heute ein russisches Staatsgebilde gibt, so geht dieses auf einen Mann zurück, der wie kein anderer in der russischen Geschichte als Volksheld gilt, Alexander Jaroslawitsch, mit dem Beinamen Newskij.

Als Alexander am 30. Mai 1220 in Wladimir als Sohn des Fürsten Jaroslaw II. Wsewoldowitsch von Nowgorod zur Welt kam, gab es noch kein russisches Reich. Beherrscht wurde das Land von einzelnen unabhängigen Fürstentümern, an deren Spitze Kiew stand.

Nur wenige Jahre nach seiner Geburt war es mit der russischen Selbstständigkeit vorbei. Die Mongolen der Goldenen Horde, die sich vom Staat des Dschingis Khan unter ihrem eigenen Groß-Khan Batu abgespalten hatten und ein eigenes Reich zu errichten suchten, stießen aus den innerasiatischen Steppen gegen Westen vor und brachten die russischen Teilfürstentümer mit Ausnahme von Nowgorod unter ihre Kontrolle. Nominell blieben die russischen Fürstentümer unabhängig, mussten aber den Groß-Khan als oberste Instanz und mongolische Steuerbeamte dulden.

Die Goldene Horde wurde 1236 von Batu Khan, einem Enkel Dschingis Khans, gegründet. Ihre Hauptstadt war bis 1342 Alt-Sarai im Wolgadelta, danach das weiter nördlich an der Wolga gelegene Neu- oder Berke-Sarai, das heutige Saratow.

Die Mongolen waren nicht die alleinige Bedrohung für die russischen Fürstentümer. Von Norden über Finnland und die Ostsee drängten die Schweden nach Russland und über die Baltischen Staaten die deutschen Schwertritter, der Ritterorden der Brüder der Ritterschaft Christi in Livland.

Als Alexander 16 Jahre alt war, wurde sein Vater Jaroslaw II. von den Mongolen als Herrscher über Kiew bestätigt und überließ seinem Sohn das Fürstentum Nowgorod. Nur vier Jahre später kam Alexanders erste Bewährungsprobe. Die Schweden hatten die Mündung der Newa besetzt und drohten die russischen

Fürstentümer von der Ostsee und damit vom lukrativen Handel mit den Hansestädten Nordeuropas abzuschneiden. Dabei wurden sie von Papst Gregor IX. unterstützt, der den Russisch-Orthodoxen skeptisch und feindlich gegenüberstand. Alexander sammelte sein Heer aus den Bojaren – den freien Bauern – und schlug am 15. Juli 1240 die Schweden an der Newa, etwa an jener Stelle, an der später St. Petersburg entstehen sollte. Aus dieser Schlacht an der Newa resultierte sein späterer Beiname »Newskij«, was »Sieger an der Newa« bedeutet.

Nur zwei Jahre später musste er sich dem nächsten Gegner stellen. In einer legendären Schlacht am zugefrorenen Peipussee schlug er ein Ritterheer des Schwertordens, das von deutschen und dänischen Rittern verstärkt war und über estnische Hilfstruppen verfügte, und beendete damit das Vordringen der Ritterorden nach Russland.

Nach der Abwehr der Feinde im Norden und Westen sah Alexander sich zwei weiteren Aufgaben gegenüber, der Klärung des Verhältnisses mit den Mongolen und der Festigung seiner Herrschaft und der seines Bruders Andrej. Letzteres gelang ihnen 1248 als sie Batu, den Groß-Khan der Goldenen Horde, dazu bringen konnten, ihren Onkel Swjatoslaw III., der den Großfürstenthron von Wladimir-Susdal 1246 eingenommen hatte, abzusetzen. Batu wies die Brüder an, gemeinsam über Wladimir zu herrschen, Andrej bekam die Hauptstadt Wladimir und deren Umland, Alexander das Gebiet um Kiew, konzentrierte sich allerdings auf Nowgorod als aufstrebendes Wirtschaftszentrum.

Ab diesem Zeitpunkt trennte sich die Politik der beiden Brüder. Andrej sah die Möglichkeit, die Fremdherrschaft der Mongolen abzuschütteln, da diese in Nachfolgestreitigkeiten nach dem Tode des Groß-Khans der Mongolen Gujuk Khan verwickelt waren. Alexander hingegen erkannte, dass die russischen Ressourcen nicht ausreichten, um die Mongolen dauerhaft zu besiegen, und setzte politisch auf die Goldene Horde in der Hoffnung, damit seinen Bruder Andrej auf die Seite schieben zu können und bei den Mongolen mehr durch Verhandlungen als durch Krieg zu erreichen.

1251 war die Nachfolge bei den Mongolen geklärt und Möngke hatte sich als Groß-Khan durchgesetzt. Alexander nutzte die Gunst der Stunde, am Hofe des Groß-Khans der Goldenen Horde intrigierte er gegen seinen Bruder, erreichte seine Absetzung und erhielt die alleinige Großfürstenwürde. Unterstützt wurde Alexander dabei von der russisch-orthodoxen Kirche, da diese durch eine Annäherung Andrejs an den Papst, von dem er sich Unterstützung gegen die Mongolen erhofft hatte, ihre Stellung gefährdet sah.

Alexander lebte eine Politik des Appeasement gegenüber den Mongolen, die Festigung und langsame Ausdehnung seiner Herrschaft und eine nachhaltige wirtschaftliche Entwicklung wollte er nicht durch einen Kampf gegen die Mongolen, den er in diesem Stadium als sinnlos ansah, riskieren.

So akzeptierte er, dass die Mongolen mit ihm als Großfürst ihre Herrschaft in Russland konsolidieren konnten. Alexander nahm auch die Einsetzung mongolischer Steuereintreiber hin, obwohl er den Widerstand seiner eigenen Landsleute mit Gewalt brechen und selbst Nowgorod den Mongolen ausliefern musste.

1262 erschlugen in Susdal aufgebrachte Bürger die mongolischen Steuereintreiber und gefährdeten damit die Politik Alexanders. Um den Groß-Khan Berke zu beruhigen, eilte Alexander in die Hauptstadt der Goldenen Horde in Alt-Sarai. Berke, der ihm misstraute, hielt Alexander bis in den Winter 1263 am Hof fest, ehe er abreisen durfte. Auf der Rückreise nach Wladimir starb Alexander am 14. November in Gorodez an der Wolga.

Alexander wurde in seiner Hauptstadt Wladimir begraben, 1380 wurde er von der russischen Kirche heilig gesprochen, Peter der Große ließ seine Gebeine 1729 in das neu gegründete Alexander-Newskij-Kloster nach St. Petersburg überführen.

Die Politik Alexanders sollte für Europa und für Russland weit reichende Folgen haben. Seine Akzeptanz der mongolischen Herrschaft führte dazu, dass er 1251 ein Angebot des Papstes zum gemeinsamen Kampf gegen die Mongolen ablehnte. Gregor IX. hatte ihm eine Wiedervereinigung der beiden christlichen Kirchen angeboten, was Alexander aber ablehnen musste. Er vermutete, dass der Papst die Oberhoheit über eine unierte Kirche anstreben würde, während die Mongolen die orthodoxe Kirche unbehelligt ließen. Für ihn war die russisch-orthodoxe Kirche jene Klammer, die er brauchte, um seine großen

Vorhaben, die Entwicklung eines russischen Nationalgefühles und eine Heeresreform, zu unterstützen und durchzusetzen.

Allerdings erreichte die römische Kurie mit ihrem Angebot zumindest, dass Alexander der römischen Kirche die freie Religionsausübung in den russischen Fürstentümern zusagte. Er selbst konnte bei der Goldenen Horde die Einrichtung eines orthodoxen Bistums an der unteren Wolga im Jahre 1261 durchsetzen.

Die Ablehnung des päpstlichen Angebotes machte ihn zum Heiligen der russischen Kirche, die ihn 1380 kanonisierte, verhinderte aber in der Folge weitere europäische Einflüsse in Russland und beförderte damit langfristig eine Abkopplung des Landes in kultureller und geistiger Hinsicht. Dadurch konnten Humanismus und Renaissance in Russland niemals Fuß fassen.

Dennoch hatte seine Politik Erfolg, die russischen Fürstentümer konnten sich ihre Selbstständigkeit, wenn auch nur mit mongolischer Duldung, erhalten. Sein Sohn Daniel gründete 1280 das Großfürstentum Moskau, das zur Keimzelle des Zarenreiches und des russischen Staates werden sollte.

Alfred der Grosse

(847/849–899)

England hat in seiner langen Geschichte an seine Könige und Königinnen nur einmal den Beinamen »der Große« vergeben, an einen Mann, der alle politischen Vorzüge, Tapferkeit und Wissensdurst des frühen Mittelalters vereinigte wie kaum ein anderer.

Alfred wurde zwischen 847 und 849 in Wantage in Oxfordshire als der jüngste Sohn des Königs von Wessex, einem der sieben angelsächsischen Königreiche Englands, geboren. Er muss schon als Kind eine eindrucksvolle Persönlichkeit gewesen sein und war der Liebling der Familie. Angeblich wurde er bereits im Alter von fünf Jahren zu Papst Leo IV. nach Rom gesandt, den er so beeindruckte, dass ihn dieser zum Konsul von Rom ernannte. Mit Sicherheit war er zwei Jahre später wieder in Rom, diesmal in Begleitung seines Vaters. Er blieb für ein Jahr in der Ewigen Stadt und dürfte hier jene Erziehung und Liebe zu Kultur und Wissen bekommen haben, die ihn sein ganzes späteres Leben begleiten sollten.

In England konnte er nicht viel Erziehung erwarten, sein Vater Ethelwulf von Wessex stand in einem Abwehrkampf gegen dänische Invasoren, die das Land verwüsteten. Die Invasion hatte 835 mit sommerlichen Raubzügen begonnen, 850 und 854 aber kamen große dänische Armeen ins Land, die hier auch überwinterten. Die dänische Taktik war einfach: Man suchte sich einen leicht zu befestigenden Punkt, errichtete eine Festung aus Palisaden und Erdwerken und plünderte von hier aus die Umgebung, bis sie entweder erschöpft war oder man Lösegeld erpressen konnte, um weiterzuziehen.

865 kamen die Dänen mit aller Macht nach England, und es war klar, dass sie diesmal für lange Zeit bleiben würden. In fünf Jahren eroberten sie mit Northumbrien, Mercien und Ost-Anglien drei der sieben Königreiche der Angeln, 870 waren sie zum Angriff auf Wessex bereit.

Alfred war der Vizebefehlshaber des Heeres von Wessex unter dem Kommando Aethelraeds, der seinen zwei älteren Brüdern und seinem Vater nachgefolgt war. In Raeding erreichte Alfred einen ersten Sieg gegen die Dänen, obwohl sein Bruder, weil er mit dem Morgengebet nicht fertig war, erst spät am Schlachtfeld erschien.

871 starb Aethelraed, und Alfred wurde König. Seine Regentschaft begann unglücklich mit einer schweren Niederlage gegen die Dänen in Wilton. Alfred musste seine Unterlegenheit anerkennen, für vier Jahre hielt er sich militärisch zurück und versuchte Wessex zu halten, während in dieser Zeit die Dänen Mercien eroberten, ihr Reich aufteilten und in Yorkshire und in Cambridge siedelten. 875 kam es erneut zum Krieg, als Guthrum, der dänische König von Cambridge, in Wessex einfiel. Diesmal traf er aber auf einen gut vorbereiteten Alfred, der ihn nach Norden vertrieb. Guthrum änderte seine Taktik, fiel im Winter in Wessex ein, besiegte Alfred und trieb ihn und die wenigen ihm verbliebenen Männer in das Marschland von Athelney.

Alfred war am Tiefpunkt seiner Karriere angelangt, aber nun zeigte sich seine wahre Größe. In wenigen Wochen konnte er aus den Resten seiner Herrschaft eine neue Armee aufstellen, sei es durch Überzeugung, Willenskraft oder militärische Führung. Im Frühjahr fiel er überraschend über Guthrum her und schlug ihn bei Eddington vernichtend, so dass sich Guthrum taufen lassen musste und sich nach Ost-Anglien zurückzog.

In den nächsten sechs Jahren herrschte eine Art kriegerischer Friede zwischen den Dänen und Alfred, der die Zeit nutzte. Er ließ eine Flotte bauen, nicht die erste der englischen Geschichte, aber die erste, die den Namen Flotte auch verdiente. Er organisierte das Heerwesen derart, dass er ein stehendes Heer einrichten konnte. Eine Hälfte der Bauern diente als Krieger, während sie von der zweiten Hälfte versorgt wurde, alle halben Jahre wurde gewechselt. Er baute Festungen im Land nach dem Vorbild der Dänen, in die sich die Bevölkerung in Notzeiten zurückziehen konnte und die als Basis für sein Heer dienten.

884 konnte er ein dänisches Heer besiegen und nahm London und den südlichen Teil von Mercien in Besitz. Die Bewährungsprobe kam 892, als ein großes dänisches Heer mit einer neuen Taktik landete. Statt sich in Festungen zurückzuziehen, mar-

schierte die dänische Armee schnell und über große Distanzen und tauchte immer dort auf, wo Alfreds Armee schwach war. Alfred konnte die Dänen immer wieder besiegen, aber niemals vernichten, erst 896 konnte er die dänische Armee auflösen.

Alfred starb 899, begraben wurde er in der Kathedrale von Winchester. Er hatte das Reich seines Vaters bewahrt und vergrößert, dennoch wurde bei seinem Tode noch die Hälfte Englands von den Dänen beherrscht, und das Reich Alfreds war in der Defensive und ohne Möglichkeiten, offensiv gegen die Dänen vorzugehen.

Selbst wenn Alfred unter die großen Heerführer jener Zeit einzureihen ist, den Beinamen »der Große« hat er sich auf kulturellem Gebiet verdient. Bis zu seinem 12. Lebensjahr noch Analphabet, lehrte ihn seine Mutter lesen und schreiben, indem sie ihm einen Gedichtband mit schönen Initialen versprach. Erst mit 36 Jahren lernte Alfred Latein und gewann damit den Zugang zum Wissen seiner Zeit. Er wusste auch, dass er die kulturelle Wiedergeburt seines Landes nicht alleine bewerkstelligen konnte und holte Gelehrte aus Sachsen, Gallien und Wales, darunter den Benediktiner Asser, der später seine Biografie verfassen sollte.

Zur Erziehung seiner Untertanen ließ er lateinische Werke übersetzen, schrieb einige selbst oder zumindest das Vorwort dazu. Das erste Buch, das er in Auftrag gab, war das »Liber Regulae Pastoris« des Papstes Gregor des Großen, welches die Pflichten der Bischöfe regelte, jeder Bischofssitz erhielt davon eine Kopie. Das nächste war die Weltgeschichte des Paulus Orosius, eine Geschichte in Annalenform, wobei Alfred zahlreiche Anmerkungen selbst hinzufügte, darunter die Geschichte von Ohthere und Wulfistan über ihre Expedition in arktische Gewässer.

Dann gab Alfred sein Lieblingsbuch in Auftrag, Boethius' »Consolatio Philosophiae«, geschrieben von einem römischen Staatsmann der Spätantike. Ein Werk in der Tradition der Stoiker mit christlicher Seele: Wie kann man den Widrigkeiten des Lebens entgehen und dabei seine Seele retten? Ein Buch, das das Leben Alfreds widerspiegelt.

Sein letztes Buch, genannt »Blostmann«, ist das persönlichste und von ihm am stärksten beeinflusste Werk. An die »Soliloquies« von → Augustinus von Hippo angelehnt, verfasste er eine Sammlung von Verhaltensmaßregeln für seine Untertanen, aus denen sich jeder das für ihn Nützliche heraussuchen konnte.

Alfred ließ die Gesetze Englands sammeln und zusammenstellen, wobei er sich nicht scheute, auch die besten Gesetze der benachbarten Königreiche in diese Sammlung aufzunehmen.

Alfred war ein großer Bauherr. Neben seinen militärischen Bauten ließ er eine Anzahl von Palästen und Klöstern errichten und förderte durch die dazu notwendige Ansiedlung von Handwerkern und Künstlern die englische Kunst. Daneben wird ihm noch die Erfindung einer Kerzenuhr, wobei die Länge der abgebrannten Kerzen die Stunden anzeigte, und einer geschlossenen Laterne mit Hornfenstern zugeschrieben.

Bei aller menschlichen Größe war er aber auch ein seltsamer Hypochonder. Sein Leben lang klagte er über Schmerzen, die seinen Körper durchzogen. Er hatte stets Angst, blind zu werden, Lepra zu bekommen oder zu verblöden. Als er das Ende seines Lebens erreichte und ihm klar wurde, dass er sterben müsse, verschwanden die Schmerzen plötzlich, Alfred hatte seine letzte Angst überwunden.

Auch wenn Alfred sein ganzes Leben für sein Land in der Defensive gekämpft hatte, konnte er zwei große Ziele erreichen. Die Bewahrung eines Teiles der angelsächsischen Herrschaft über England als Sprungbrett für seine Nachfolger zum weiteren Kampf und die Bewahrung des Christentums gegen die heidnischen Dänen. Neben seinen militärischen Erfolgen und dem Aufbau von Heer und Flotte erneuerte er mit seinen Büchern die angelsächsische Kultur. Seine Fähigkeiten waren im Einzelnen kaum überragend, aber die Summe seines Interesses, die Breite seiner Wissbegierde, was Erfindungen und Neuheiten anging, und seine starke religiöse Überzeugung ließen ihn zu einer der großen Persönlichkeiten werden, die über England hinaus anerkannt wurden. Sein Kampf gegen die Dänen entlastete den europäischen Kontinent und führte langfristig zur Abwehr dieser Gefahr und letztlich zur Annahme des Christentums durch die Dänen.

In seinem letzten Werk hat er sein persönliches Credo in

einem einzigen Satz festgelegt: »Töricht erscheint mir jener Mensch und wirklich sonderbar, der nicht versucht, sein ganzes Leben lang mehr zu verstehen und zu wissen, und der niemals das ewige Leben sucht, das alle Fragen beantwortet«.

Augustinus von Hippo

(354–430)

Unter den Kirchenvätern des frühen Christentums ist Augustinus der herrlichste und auch der schrecklichste. Er legte die Grundlagen zum christlichen Glauben, die heute noch gültig sind. Er schuf das Christentum als Instrument der Repression für Andersgläubige und damit die Grundlagen für Religionskriege und die Inquisition.

Augustinus stammte aus einer gemischt-religiösen Familie. Sein Vater Patricius war Bauer und Regierungsbeamter und Anhänger des römischen Götterglaubens, seine Mutter Monnica war strenggläubige Christin. Geboren am 13. November 354 in Thagaste, einer kleinen Stadt in der römischen Provinz Numidien, die sich im 4. Jahrhundert noch immer einer gewissen Ruhe und Wohlstandes erfreute, erhielt er eine gründliche Ausbildung in Grammatik, Dialektik, Rhetorik, Arithmetik, Geometrie, Astronomie und Musik in Karthago, musste aber sein Studium mit 16 Jahren aus Geldmangel unterbrechen. Ein Jahr später konnte er nach Karthago zurückkehren und ein Studium der Rhetorik beginnen. Hier dürfte er auch eine Beziehung mit einem Mädchen begonnen haben, das für 15 Jahre an seiner Seite blieb und ihm sein einziges Kind, den Sohn Adeodatus, schenkte.

Augustinus kannte die Bibel, fand sie aber primitiv und fühlte sich weit mehr von dem in Mode stehendem Manichäismus angezogen, der eine strenge Teilung der Welt in Gut und Böse lehrte.

Ab 375 unterrichtete Augustinus Rhetorik in Thagaste. In dieser Zeit versuchte er seine Familie zum Manichäismus zu bekehren, wandte sich aber nach einer Begegnung mit dem manichäistischen Bischof Faustus von Mileve, von dem er intellektuell enttäuscht war, davon wieder ab. 383 berief man ihn nach Rom als Professor für Rhetorik. Hier trennte er sich unter dem Einfluss seiner Mutter von seiner Geliebten und lernte den Mailänder Erzbischof Ambrosius kennen, der ihn faszinierte. 386 hatte er ein Erweckungserlebnis, das ihn zum Christentum brachte, als er eine Kinderstimme hörte, die zu ihm »tolle lege«

(Nimm und lies) sagte, was er als Aufforderung, sich der Bibel zuzuwenden, verstand.

387 ließ er sich und seinen Sohn Adeodatus in der Osternacht taufen. Augustinus verließ Rom, kehrte nach Thagaste zurück und zog sich für drei Jahre in die von ihm gegründete klösterliche Gemeinschaft der »servi dei« zurück, die als Urform des abendländischen Mönchtums angesehen werden kann. 390 starb sein Sohn Adeodatus. 391 wurde Augustinus zum Priester geweiht und vier Jahre später zum Bischof von Hippo Regius ernannt. Als Bischof, der sich staatlicher Gewalt in der Verfolgung der Manichäer, Donatisten und Pelagisten bediente, betonte er auch der Kirche in Rom gegenüber die Eigenständigkeit der nordafrikanischen Kirche.

In den nächsten Jahren wirkte er als Bischof und schrieb jene religiösen und philosophischen Werke, die ihn zu einem der größten Theologen der Kirchengeschichte machen sollten und die das Bild und die Ideen der Kirche bis heute prägen.

Augustinus starb 430, als Hippo durch die Vandalen, die nach ihrer Vertreibung aus Italien nach Nordafrika übergesetzt waren, belagert wurde. Im 8. Jahrhundert wurden seine Gebeine von den Langobarden nach Italien gebracht. Sie befinden sich heute in der Kirche San Pietro in Ciel d'Oro in Pavia in Norditalien.

Augustinus ist der »Kirchenvater« schlechthin. Seine Lehren wirken in der Kirche nach und hatten wesentlichen Einfluss auf Martin Luther und Johannes Calvin. Seine »philosophische Karriere« ist erstaunlich. Ursprünglich ein Anhänger des Manichäismus, wandte er sich der Skepsis und schließlich dem Neuplatonismus zu, ehe er sich zum Christentum bekehrte, in das er Ideen Platos einbrachte. Man hat ihm auch eine frühe Art des Existenzialismus zugeschrieben.

Als sein bekanntestes Werk gelten die »Confessiones« (Bekenntnisse), die er um 390 verfasste und in denen er sein frühes Leben und seine Suche nach Wahrheit und Bekehrung beschrieb, die erste Autobiografie der Literaturgeschichte.

Zwischen 413 bis 426 verfasste er sein bedeutendstes Werk »De Civitate Dei« (Vom Gottesstaat) als Antwort auf die Eroberung Roms durch die Vandalen im Jahre 410. Hier postulierte er den Unterschied zwischen dem weltlichem und dem kirchlichen Reich und sah den göttlichen Heilsplan auch durch den Fall Roms nicht in Gefahr. Seiner Ansicht nach ist die Weltgeschichte ein stetig fortlaufender Prozess, der nur ein Ziel haben kann, die Vollendung in Gott. In weiteren Werken beschäftigte er sich mit dem freien Willen des Menschen, mit der christlichen Lehre, mit der Dreieinigkeit Gottes, mit der Taufe, der Erbsünde, der Hölle und dem Fegefeuer sowie mit seinem Kampf gegen die Donatisten.

In der Philosophie ist die Selbstgewissheit des Denkens sein Ausgangspunkt. Selbst wenn ich an allem zweifle, so kann ich nicht bezweifeln, dass ich zweifle, also bin ich. Die Wahrheit liegt für ihn in den ewigen Ideen in Gottes Geist, verfügbar für den Menschen wird sie nur in der vermittelten Erkenntnis des Geistes durch Gott. In der Religion lehnt er die Unterordnung Christi unter Gott Vater ab. Für ihn ist Jesus Gott und Mensch zugleich, der Geist kommt aus Vater und Sohn hervor. Damit steht er im Gegensatz zur griechischen Lehre, bei der der Geist aus dem Vater durch den Sohn hervorgeht. Für ihn besteht Gott aus drei gleichrangigen Personen, in jeder Person ist der ganze Gott anwesend.

Für die Dauer der Welt rechnete er mit einer Zeitspanne von 1000 Jahren zwischen Jesus und dem Jüngsten Gericht, was im Jahre 1000 zur europaweiten Furcht vor dem Ende der Welt führte und danach von der Kirche mühsam uminterpretiert werden musste.

In seiner Lehre von der Prädestination ist der Mensch zum ewigen Leben oder zur ewigen Verdammnis von Gott vorbestimmt. Der einzelne Mensch kann für ihn nur durch Gehorsam der Kirche gegenüber der Hölle entfliehen. In dieser Interpretation verschaffte er im Mittelalter der Kirche ungeheure Macht über das Leben der Gläubigen.

Augustinus ist der Erfinder der Erbsünde, die von Geburt aus auf den Menschen übertragen ist und der man nur durch die Hilfe der Kirche entkommen kann. Alle anderen, auch diejenigen, die versuchen, christlich zu leben, ohne der Kirche angeschlossen zu sein, sind zur ewigen Verdammnis verurteilt. Damit verknüpfte er die Lehre von einer Hölle, in der man endlose Qualen erleiden muss, und er dachte sich das Fegefeuer aus. Augustinus ist Antijudaist, für ihn sind die Juden bösartig, wild und grausam, sie sind Sünder und Mörder. Er legt ihnen als erster Theologe die Schuld am Tode Christi zur Last, ein Gedanke, der das ganze Mittelalter durchzieht und immer wieder in den Begründungen für Judenhass und Pogromen erscheint.

Gegen Häretiker und Schismatiker erlaubt er die Anwendung von Gewalt und empfiehlt die »Bekehrung durch heilsamen Zwang«. Dies war eine willkommene Rechtfertigung für die Handlungen der späteren Inquisition und auch der Eroberungen und Zwangstaufen der Konquistadoren und Kolonialisatoren des späten Mittelalters und der frühen Neuzeit. Seine Lehre vom »gerechten Krieg«, den die »Guten« gegen die »Bösen« führen dürfen, wurde bis in jüngste Vergangenheit als Rechtfertigung für Kriege herangezogen.

Neben seinem theoretischen Werk schuf er die ersten Regeln für das Klosterleben, die später durch die Regeln des → Benedikt von Nursia ersetzt wurden, aber noch im Hochmittelalter bei den Bettelorden und den Augustiner Chorherren Beachtung fanden.

Augustinus blieb zeit seines Lebens vom Manichäismus beeinflusst, überall in seinem Werk herrscht der Dualismus von Gut und Böse, alles ist ein Kreislauf. Für ihn ist die Masse der Menschen von Geburt an verdammt. In seinem Gottesbild herrschen Strafen und Verdammnis vor. Gott ist grausam und nicht verzeihend, Christus ist nicht der »Freund der Sünder«. Seine Meinung, dass es ohne Kirche kein Heil geben kann und man dieses Heil auch gewaltsam den Menschen vermitteln kann, darf und muss, haben Millionen Menschen mit Qualen und dem Tode bezahlt.

Dennoch ist Augustinus eine der bedeutendsten Persönlichkeiten, die das Mittelalter beeinflusst haben. Ohne ihn ist die mittelalterliche Kirche mit ihren Lehren, ihrem Machtanspruch und ihren Konflikten mit der Weltlichkeit nicht erklärbar.

ROGER BACON

*Die römische Kirche und ihre klösterlichen Orden hatten ihre eige-
nen Methoden, Mitglieder, die sich nicht an den von der Kirche vor-
gegebenen Weg des Wissens und der Lehre halten wollten oder konnten, zum Schweigen zu bringen. Das hat auch Roger Bacon erfahren,
der zweimal in seinem Leben in ein Kloster verbannt wurde, weil sich
seine Lehren und Ansichten, besonders seine Erkenntnisse auf dem
Gebiet der Naturwissenschaften, nicht mit der kirchlichen Doktrin
vereinbaren ließen.*

Roger Bacon wurde 1214 als Sohn einer reichen englischen
Familie bei Ilchester in Somerset geboren. Einer seiner Brüder wurde Ritter, ein anderer Lehrer. Bacon selbst gibt an, dass
er, bevor er dem Orden der Franziskaner beitrat, etwa 2000
Pfund für Bücher und Experimente ausgegeben hat. Das war
eine gewaltige Summe zu seiner Zeit, man kann also annehmen,
dass seine Familie reich gewesen ist. Wenngleich sie es nicht für
immer sein sollte, denn in der stürmischen und bewegten Regierungszeit von Heinrich III. von England mit den Auseinandersetzungen zwischen den Baronen und dem König um die Macht
verlor sie einen Großteil des Besitzes, und zahlreiche Familien-
mitglieder wurden in die Verbannung geschickt.

Roger Bacon studierte in Oxford, das sich unter dem Einfluss
von Robert Grosseteste zu einer der führenden Universitäten in
Europa entwickelte, blieb aber beim Studium der freien Künste und beschäftigte sich kaum mit der Theologie, welche die
besten Karrierechancen versprach. Er verachtete die Theologie,
weil sie sich kaum mit der Philosophie und den Wissenschaften
beschäftigte, die seiner Meinung nach notwendig waren, um die
Theologie als Ganzes zu verstehen.

Bacon wirkte bis 1241 als Lehrer in Oxford, dann ging er an
die Universität Paris, wo er über Aristoteles lehrte, den man
damals in Paris kaum kannte. Um 1250 kehrte er nach Oxford
zurück und trat 1252 in den Orden der Franziskaner ein. Dies
muss als eine seltsame Entscheidung eines Freigeistes wie Ba-

con betrachtet werden, der kaum an die strenge Disziplin der Mönche gewöhnt war. Aber für ihn mögen das ruhige Leben in einem Orden und die Möglichkeit, mit Robert Grossetestes Bibliothek in Oxford arbeiten zu können, den Ausschlag für diese Entscheidung gegeben haben.

Roger Bacon ging nun daran, eine Zusammenschau aller wissenschaftlichen Erkenntnisse zu schaffen, was seit Aristoteles niemand zuvor gewagt hatte. Er lernte dazu Griechisch, vertiefte sich in Mathematik, Physik, Chemie und Alchemie, beschäftigte sich mit Geografie und führte chemische, physikalische und optische Experimente durch. Sein Ziel war es, mit all dem gesammelten Wissen die Theologie zu reformieren, vielleicht hatte er, beeinflusst von → Joachim von Fiore, auch Angst, dass der Antichrist bald auf der Welt erscheinen würde, und sah seine Studien als Weg, der Kirche ein neues Arsenal an wirksamen theologischen Waffen in die Hand zu geben. Er verachtete seine theologischen Kollegen wie den berühmten Franziskaner Alexander von Hales, die allein theoretisch arbeiteten und deren Schriften er als wertlos und ignorant bezeichnete.

Bis zu einem gewissen Punkt konnten die Franziskaner mit seinen Meinungen mitgehen, aber Bacon wagte sich zu nahe an die Häresie heran. 1257 verbannte man ihn in einen Franziskanerkonvent bei Paris und unterwarf seine Werke einer strengen Zensur. Bacon durfte ohne die Genehmigung der Kirche nicht mehr publizieren.

Roger Bacon gab aber nicht auf. Er bekam Kontakt zu Kardinal Guy le Gros de Foulques, der sich für seine Ideen interessierte und ihn bat, eine Zusammenschau all seines Wissens zu verfassen. Bacon zögerte zunächst, aber 1265 wurde der Kardinal zum Papst Klemens IV. gewählt und forderte Bacon auf, das Publikationsverbot der Franziskaner zu umgehen und heimlich seine Bücher für ihn zu schreiben.

1267 sandte Bacon sein erstes Werk, das »Opus Maius«, an den Papst, in dem er sich mit den Wissenschaften auseinandersetzte. 1268 folgte das »Opus Minus« und 1269 das »Opus Tertium«, das aber den Papst, der kurz vorher gestorben war, nicht mehr erreichte.

Bacon sah ein, dass sein Versuch, eine umfassende Enzyklopädie zu schreiben, nicht mehr realisierbar war, einen zweiten

Papst Klemens, der sein Vorhaben unterstützte, würde er nicht mehr finden. Er einigte sich mit seinen Ordensoberen, durfte nach England zurückkehren und weiter lehren und forschen. 1278 fiel er abermals in Ungnade und wurde in Ancona inhaftiert, weil er sich zu intensiv mit der arabischen Alchemie beschäftigt hatte und all die Jahre immer wieder seinen Protest in theologischen Fragen und gegen die Ignoranz und die Unmoral des Klerus eingelegt hatte. Bacon verbrachte zehn Jahre in Abgeschiedenheit und starb 1292, noch immer mit seinen Studien beschäftigt. Da er keine Schule seiner Lehren gründen konnte und kaum Schüler hatte, war er bald nach seinem Tode vergessen.

Roger Bacon hatte das Anliegen, sich von der Scholastik, die den geistigen Fortschritt allein in der Diskussion überlieferter Texte sah, abzuwenden und neue Erkenntnisse aus den Originalschriften der Antike, wozu er auch die Bibel zählte, und aus wissenschaftlichen Experimenten zu gewinnen. Dazu sollten auch die Theologen Hebräisch und Griechisch beherrschen, weil er gesehen hatte, dass viele der antiken Texte durch schlechte Übersetzungen verfälscht waren, und er meinte, dass jeder Theologe auch Kenntnisse in den Naturwissenschaften erwerben sollte. Aus seinen Studien der Mathematik und der Optik hat er erstaunliche Vorhersagen getroffen, so konnte er sich vorstellen, dass es einmal Mikroskope, große Teleskope, Dampfmaschinen, Fluggeräte und pferdelose Wagen geben würde. Er verfügte über erste Kenntnisse von Schießpulver, konnte aber noch nicht das genaue Mischungsverhältnis angeben. Er schrieb über die Fehler des Julianischen Kalenders und beschäftigte sich mit Astrologie und Astronomie.

Roger Bacon ist einer der ersten Wissenschafter gewesen, der die Prinzipien des Wissenschaftsbetriebes anwenden und beschreiben konnte. In den Jahren nach seinem Tode fast vergessen, wuchs sein Einfluss in den folgenden Jahrhunderten stetig, und er gilt heute als einer der Begründer der modernen Wissenschaftstheorie und als grundlegender Schöpfer wissenschaftlicher Methodik.

Thomas Becket

(1118–1170)

Selten hat ein Mann der Kirche seinem weltlichen Souverän so viel Widerstand entgegengesetzt wie Thomas Becket dem englischen König Heinrich II. Lange Zeit Freunde, wurden sie über die Frage, wieweit der König das Leben der Kirche in England mitbestimmen kann, zu erbitterten Feinden, bis Thomas Becket ermordet auf den Stufen der Kathedrale von Canterbury liegen blieb.

Thomas Becket stammte aus einer einfachen Familie, die einige Jahre vor seiner Geburt 1118 aus der Normandie nach England gekommen war. Der Legende nach war seine Mutter eine Sarazenin. Seine Eltern dürften begütert gewesen sein, denn der junge Thomas bekam eine ausgezeichnete Erziehung. Er wurde in Merton Abbey unterrichtet und dann zum Studium nach Paris geschickt. Zurück in England fand er eine Anstellung als Sekretär, und um das Jahr 1141 trat er in die Dienste Theobalds, des Erzbischofs von Canterbury. Dieser erkannt das Potenzial in Thomas und sandte ihn nach Bologna und Auxerre, wo er Zivil- und Kirchenrecht studierte. Nach seiner Rückkehr wurde er zum Diakon geweiht und Erzdiakon von Canterbury.

Im Jahr 1154 war König Stephan von England gestorben, und sein Cousin und Nachfolger Heinrich II. sah sich nach einem geeigneten Kanzler um, den er in »Thomas von London«, wie Becket genannt wurde, fand. Beide harmonierten ausgezeichnet, hatten Gefallen an Pomp und Luxus, liebten die Jagd und die höfischen Vergnügen und zogen gemeinsam in den Krieg. Becket setzte Reformen im Königreich durch und war als reisender oberster Richter im Königreich unterwegs. 1159 unternahm Heinrich, der als der größte König Englands im Mittelalter angesehen wird und neben Schottland, Irland, England, Wales auch Teile von Frankreich beherrschte und durch seine Heirat mit → Eleonore von Aquitanien auch Herrscher des angevinischen Reiches war, einen Kriegszug gegen Toulouse. Zu dessen Finanzierung griff er tief in die Taschen des Klerus, der bisher von der Besteuerung ausgenommen war. Thomas nahm aktiv am Feldzug teil, kämpfte mit Feuer und Schwert und fand nichts dabei, weite Landstriche Frankreichs zu verwüsten. Privat blieb er bescheiden und vermied all jene Ausschweifungen wie Trinken, Fluchen und den Umgang mit leichten Mädchen, wie er in allen Armeen der Welt vorkommt.

1161 starb Erzbischof Theobald, und Heinrich wollte Becket an die Spitze der englischen Kirche setzen. Dieser sah aber das Konfliktpotenzial in dieser Entscheidung. »Ich kenne Eure Pläne für die Kirche«, sagte er, »und Ihr werdet Dinge verlangen, die ich Euch als Erzbischof nicht geben werde können.« Heinrich bestand auf seiner Idee, und auch die Kirche glaubte durch die guten Beziehungen Beckets zu Heinrich profitieren zu können, so ließ sich Thomas 1162 zum Priester und nur eine Woche danach zum Erzbischof von Canterbury weihen.

Von einem Tag auf den anderen änderte Becket seinen Lebensstil, gab alle weltlichen Zeichen von Luxus und Macht auf und übte sich in Askese. Er verzichtete gegen den Willen Heinrichs auf die Kanzlerschaft und noch im selben Jahr entwickelte sich ein Konflikt zwischen ihm und Heinrich. Es ging um die Besteuerung des Klerus und um die Frage, welcher Jurisdiktion straffällige Kleriker unterstehen sollten. Der König, dem die Kirche zu mächtig war, wollte ihre Unabhängigkeit beschneiden, was Becket, der darin einen Anschlag auf die Rechte der Kirche sah, zu verhindern versuchte. Heinrich berief zur Durchsetzung seiner Anliegen 1163 die Bischöfe von England nach Westminster, konnte sich aber nicht durchsetzen. Ein Jahr später legte er den Bischöfen die 16 Satzungen von Clarendon vor, die Thomas, auch gegen den Widerstand seiner eigenen Bischöfe, ablehnte.

Das Jahr 1164 vertiefte die Auseinandersetzung. Heinrich versuchte Thomas durch Strafen in die Knie zu zwingen. Man versuchte, ihm Unterschlagung von Geld in seiner Zeit als Kanzler anzudichten, und verlangte die unglaubliche Summe von 30.000 Pfund von ihm. Die Bischöfe rieten ihm, sich dem König zu unterwerfen, aber nachdem er eine Aussprache mit Heinrich versucht hatte, die fruchtlos blieb, floh er im Oktober 1164 nach Frankreich und fand Zuflucht bei König Ludwig VII. von Frankreich und bei Papst Alexander III. in Sens. Hier wurde er als Erzbischof von Canterbury bestätigt und nahm für zwei Jahre seinen Sitz im Zisterzienserkloster von Pontigny, ehe

Heinrich den Orden in England bedrohte und er wieder nach Sens übersiedeln musste.

Thomas Becket war nicht in allen Fragen unnachgiebig, aber gegenüber den 16 Artikeln von Clarendon blieb er starrköpfig. Er versuchte sich abermals mit dem König auszusöhnen, aber solange die Fragen von Clarendon nicht gelöst waren, wollte und konnte Heinrich seinen alten Freund und Kanzler nicht akzeptieren. 1170 drohte der Papst wegen dieser Frage den Kirchenbann über England zu verhängen und den König zu exkommunizieren. Um dies zu vermeiden, schloss Heinrich mit Becket eine unsichere Vereinbarung, die es dem Erzbischof erlaubte, nach Canterbury zurückzukehren, ohne dass aber einer in der Sache nachgegeben hätte. Thomas betrat am 3. Dezember 1170 wieder englischen Boden und erreichte zwei Tage später Canterbury. In der Zwischenzeit hatte sich Heinrich immer wieder bitter über Tomas beklagt, und als er einmal ausrief: »Kann mich denn keiner von diesem lästigen Priester befreien«, nahmen dies vier Ritter, Reginald Fitznurse, Hugh de Morville, William de Tracey und Richard le Breton, als indirekten Auftrag, Becket zu beseitigen. Am 29. Dezember 1170 suchten sie Becket in der Kathedrale von Canterbury auf, um Absolution für ihre Sünden zu erlangen, die ihnen Becket aber verweigerte. Nach einiger Zeit kehrten sie mit einer Bande bewaffneter Männer zurück, gerade als Becket die Vesper für seine Gemeinde abhielt. Sie verlangten den »Verräter« zu sehen, worauf ihnen Becket antwortete: »Ich bin kein Verräter, sondern Erzbischof und ein Mann Gottes.« Sie fielen über Becket her und versuchten ihn aus seiner Kirche zu zerren, was aber nicht gelang. Daraufhin erschlugen sie ihn in der Kathedrale, so dass sein Gehirn über den Boden spritzte.

Beckets Ermordung entsetzte Europa. Nur zwei Jahre nach seinem Tode wurde er heilig gesprochen, und 1174 musste Heinrich, verfangen in den Wirren der Revolte seiner Söhne → Richard Löwenherz, dem jüngeren Heinrich und seiner Frau → Eleonore von Aquitanien, öffentlich für den Mord Buße tun und wurde am Sarkophag von Thomas Becket gegeißelt. Becket wurden eine Reihe von Wundern zugeschrieben, und im Mittelalter wurde sein Schrein zu einem der beliebtesten und reichsten Wallfahrtsorte in England.

1220 wurde sein ursprüngliches Grab in die Trinity Chapel der Kathedrale von Canterbury übertragen. Es verschwand während der Zerstörung und Aufhebung der englischen Klöster 1538, ob ein 1888 gefundenes Skelett ihm zuzuschreiben ist, bleibt fraglich.

Die Bedeutung von Thomas Becket ist im Zusammenhang mit der das Mittelalter beherrschenden Frage nach dem Supremat der Papstes oder der weltlichen Autorität zu sehen. Wie in der Auseinandersetzung des deutschen Königs → Heinrich IV. mit → Papst Gregor VII. im Investiturstreit ging es darum, wieweit ein weltlicher Herrscher das Leben der Kirche mitbestimmen darf und ob sich die Kirche dagegen wehren kann. Im Fall von Thomas Becket kommt noch dazu, dass er sich völlig wandelte, vom Kanzler, der das Wohl Englands auch gegen die Kirche verteidigte und förderte, zum persönlichen Gegner der Königs, der seine Kirche angriff. In der Auseinandersetzung steckte die Ideologie der Zeit, aber auch ein Kampf zweier großer Persönlichkeiten auf einer menschlichen Ebene, der weit über die politischen Inhalte hinausging.

Benedikt von Nursia

(480–547)

Das Mönchtum und die Mönche im Mittelalter sind die Träger der Kultur. Sie bewahren in ihren Klöstern die Schriften des Altertums, kümmern sich um Medizin, Wissenschaft, Landwirtschaft und Gartenbau, erziehen die Kinder des Adels und roden weite Landstriche Mitteleuropas. Mönchische Gemeinschaften gab es, besonders im Orient, schon ab dem 1. Jahrhundert n. Chr. Die Blüte des europäischen Mönchtums wurde aber erst möglich, als Benedikt von Nursia mit seinen Regeln die Arbeit und das Wirken der Mönche in geordnete Bahnen lenkte.

Benedikt entstammte der christlichen Spätantike. Geboren wurde der aus der Familie eines reichen Landbesitzers stammende Benedikt 480 in Nursia in Umbrien, der Überlieferung nach war seine Zwillingsschwester die später als Heilige verehrte Scholastika.

Im Alter von 20 Jahren scheint er sein Leben überdacht zu haben. Von seinen Eltern nach Rom gesandt, um dort zu studieren, fühlte er sich bald abgestoßen vom Leben seiner Mitstudenten, auch die Liebe zu einem Mädchen scheint ihm keine Erfüllung gebracht zu haben. Er verließ Rom und siedelte sich mit »tüchtigen Männern« in einer klösterlichen Gemeinschaft in Enfide an, dem heutigen Affile in den Bergen von Simbrucini in der Nähe von Subiaco, etwa 80 km südlich von Rom. Hier zog sich Benedikt unter dem Einfluss des Mönches Romanus als Eremit für drei Jahre in eine Grotte zurück, wobei er der Legende nach immer wieder den Anfechtungen des Teufels ausgesetzt war.

Seine Lebensweise fand so viel Respekt, dass man ihm die Abtstelle in einem Kloster bei Vicovaro anbot. Hier versuchte er erstmals, seine Grundsätze von Askese, Arbeit und Gebet durchzusetzen, was aber bei den Mönchen auf Widerstand stieß. Diese, verwöhnt vom guten Leben, wollten Benedikt wieder loswerden und versuchten ihn zu vergiften.

Benedikt kehrte ins Aniotal zurück und gründete zwölf Klöster, die er jeweils mit zwölf Mönchen ausstattete. Dafür entwickelte er die »regula benedicti« (Regeln des Benedikt), die das Klosterleben des Mittelalters prägen sollten.

Die Regeln des Benedikt sind einfach. Grundlage sind die »opus dei«, die Arbeiten Gottes wie Meditation und Gebet, die allen anderen Arbeiten vorzuziehen sind. Dazu kommt die Ortsfestigkeit, um das Vagabundieren der Mönche, das bis dahin üblich war, zu unterbinden. Der Mönch darf keinen Besitz haben und ist zum Zölibat und zur Demut verpflichtet, die Mahlzeiten werden unter Schweigen gemeinsam eingenommen. Seinem Oberen ist er den absoluten Gehorsam schuldig. Sieben Mal am Tag versammeln sich die Mönche zum gemeinsamen Gebet, und in der Woche sollten die 150 Psalmen einmal vollständig gebetet werden. Der Mönch hat körperlich zu arbeiten, denn: »Der Müßiggang ist der Feind der Seele. Deshalb müssen sich die Brüder zu bestimmten Zeiten mit der Arbeit beschäftigen, die anderen Stunden dienen zum Lesen der Bücher.« Die Ernährung hatte einfach zu sein und verbot den Verzehr vierfüßiger Tiere. Alle Tätigkeiten des Tages wie Gebet, Lesung, Arbeit und Schlaf wurden festen Zeiten unterworfen.

Das Kloster sollte auch Modell für die Gesellschaft ein. Der Abt hatte wie ein Vater zu sein, die Mönche wie Brüder. Aufgenommen werden konnte jeder, der ein Noviziat, die Probezeit von einem Jahr, im Kloster verbracht hatte. Eltern konnten ihre Kinder dem Kloster übergeben, die hier in Klosterschulen unterrichtet wurden.

529 zog Benedikt mit einigen getreuen Mönchen nach Süden und gründete auf dem Berg Monte Cassino ein Kloster, das zum Stammhaus des Ordens der Benediktiner werden sollte. Das Kloster wurde rasch berühmt, 542 besuchte Gotenkönig Totila Benedikt auf Monte Cassino, der ihm hier seinen Tod in der Schlacht von Busta Gallorum im Jahr 552 vorausgesagt haben soll. Weitere Wunder, die ihm zugeschrieben werden, sind Heilungen und Totenerweckungen.

Benedikt starb am Gründonnerstag des Jahres 547 in Monte Cassino. Der Legende nach starb er aufrecht von einigen Mönchen gestützt, nachdem er die Eucharistie empfangen hatte. Er wurde in Monte Cassino begraben, das Schicksal seiner irdischen Reste ist aber fraglich. Noch heute wird auf Monte Cassino das Grab Benedikts gezeigt, aber der Legende nach wurden seine Gebeine aus dem 577 von den Langobarden zerstörten Kloster vom hl. Aigulf in die Benediktinerabtei in Fleury, heute Saint-Benoit-sur-Loire bei Orleans, gebracht, weitere Reliquien kamen in die Klöster Benediktbeuren und Metten in Niederbayern.

Monte Cassino wurde um 717 wiederaufgebaut, → Karl der Große besuchte es 787 und gab ihm weitreichende Privilegien. 883 wurde es von den Sarazenen geplündert und zerstört, nach einem Wiederaufbau fiel es 1349 einem Erdbeben zum Opfer. Die letzte Zerstörung erfolgte 1944 im Zuge des 2. Weltkrieges.

Benedikts Regeln setzten sich rasch in der abendländischen Kirche durch. Bereits 589 wurde ein Benediktinerkloster im Lateran in Rom gegründet, 590 wurde Gregor der Große der erste Papst, der aus dem Orden der Benediktiner hervorgegangen ist. Das rasche Anwachsen der benediktinischen Gemeinschaft machte es möglich, zahlreiche Mönche in fremde Länder zu entsenden. So missionierten Benediktinermönche im 6. Jahrhundert England, im 7. Jahrhundert kamen die Klosterregeln nach Frankreich, der hl. Bonifatius brachte die Ordensregeln im Zuge seiner Missionstätigkeit nach Deutschland. Da zu jedem Benediktinerkloster auch ein Pflanz- und Heilkräutergarten gehörte, fanden von den Klöstern aus zahlreiche neue Anbauformen in der Landwirtschaft und die Gartenkultur Verbreitung in Europa. Die Kenntnis der Heilkräuter führte zum Aufkommen der Priesterärzte, die lange Zeit vor den studierten »Buchärzten« die Bevölkerung medizinisch versorgten.

Da Mönche lesen und schreiben konnten, wurden im Mittelalter Benediktinerklöster stark in die Reichsverwaltung integriert. Mit der Zeit verweltlichten aber die Benediktiner, viele Äbte lebten wie Fürsten, verloren ihre eigentliche Rolle als geistliche Führer ihrer Gemeinschaft, und die Abteien unterstanden weltlichen Herrschern.

Auch die Lebensweise der Benediktinermönche erregte mit der Zeit immer stärkere Kritik. Das in der Benediktsregel vorgesehene Gleichgewicht von Gebet und Arbeit wurde zugunsten des Gebets aufgeweicht. Die Abteien lebten von Kapitalerträgen, Mess- und Gebetsstiftungen. Daher gab es immer wieder Tendenzen zur Erneuerung des Mönchslebens, die sich in der Gründung der Zisterzienser und der Bettelorden, die sich in ihrem Wirken besonders auf die Städte konzentrierten, äußerte. Bis ins Hochmittelalter waren die Benediktiner der bedeutendste Orden in Europa, verloren diese Stellung jedoch, da sie auf die Landwirtschaft, das Feudalsystem und die Naturalienwirtschaft ausgerichtet waren. Die neu aufkommenden Städte mit ihren sozialen Problemen und die sich entwickelnde Geldwirtschaft konnten die Benediktiner nur langsam in ihre Lebensweise integrieren.

Die Bedeutung Benedikts liegt darin, dass er für Jahrhunderte dem abendländischen Mönchtum jene Regeln von Arbeit und Gebet gegeben hat, die diese brauchten, um die Kultur der Antike in das Mittelalter hinüberzuretten, große Teile Europas zu roden und zu erschließen und Europa zu christianisieren. Auch wenn seine Regeln immer wieder aufgeweicht und missachtet wurden, so waren sie doch Vorbild für viele Kirchenleute, das Mönchtum immer wieder nach ihrem Vorbild zu erneuern und die Klöster zu einer der bestimmenden Kräfte im mittelalterlichen Europa zu machen.

Bernhard von Clairvaux

(1090–1153)

Bernhard war ein Mann mit zwei Gesichtern. Er war grausam und auf den Untergang aller Feinde des Christentums bedacht: »Ein Ritter Christi tötet mit gutem Gewissen, noch ruhiger stirbt er selber. Wenn er stirbt, nützt er sich selbst, wenn er tötet, nützt er Christus.« Und doch konnte er sich wie kein anderer im Mittelalter in die christliche Mystik versenken, allein der Anblick des Kruzifixes oder des Bildnisses der Jungfrau Maria versprachen ihm alles Heil auf Erden und im Himmel. Er war ein Schwerarbeiter im Weinberg des Herrn. Als man ihm eine kleine Abtei im »Tal der Bitternis« anvertraute, machte er in wenige Jahren ein florierendes Kloster im »hellen Tal«, französisch: »Clairvaux«, daraus.

Bernhard von Clairvaux stammte aus dem französischen Hochadel, geboren wurde er 1090 im Ort Fontaines in der Nähe von Dijon in Burgund. Bereits vor seiner Geburt sagte ein Seher sein Schicksal voraus, daher bemühte man sich in seiner Familie besonders um seine Erziehung. Bernhard liebte Literatur und Poesie, die größte Erfüllung aber fand er im Studium der Bibel und der heiligen Schriften. Bereits als Jugendlicher dachte er daran, sich dem Klosterleben zu weihen. 1112 trat er mit 30 Gefährten in das von Stephan Harding geleitete Kloster Citeaux bei Dijon, das Stammhaus des strengen Zisterzienserordens, ein. Am Beginn des 12. Jahrhunderts waren viele Klöster vom Weg des → Benedikt von Nursia abgekommen, daher hatte 1098 Robert von Molesme das Kloster Citeaux gegründet, um die strengen Regeln Benedikts wiederaufleben zu lassen.

Nur drei Jahre später wurde Bernhard als Abt mit zwölf Brüdern ausgesandt, um ein neues Kloster im Vallée d'Absinthe, dem »Tal der Bitternis«, zu gründen, das er aber in »Clairvaux«, das »helle Tal«, umbenannte. Bernhard verlangte von sich und seinen Mitbrüdern das Äußerste an Askese und Strenge und kam durch Arbeit und Gebet der Erschöpfung nahe. Das Kloster blühte auf und überflügelte in kurzer Zeit an Bedeutung und Bekanntheit alle anderen Zisterziensergründungen. Bernhard gründete von Clairvaux aus in wenigen Jahren 68 neue Klöster, wehrte sich aber gegen alle höheren kirchlichen Würden, die man ihm antrug. Dennoch machte er Karriere. Seine rednerische Begabung und sein diplomatisches Geschick ließen ihn in kurzer Zeit zum begehrten Ratgeber an den Fürstenhöfen und in den Diözesen werden.

1118 wählte man Bernhard zum Leiter des Zisterzienserordens. Er reformierte die »Consuetudines«, die Ordensregeln, die tägliche harte Arbeit und den Verzicht von Dekoration in den Kirchen verlangten, weil Müßiggang und Schmuck von der Verehrung Christi ablenken würden.

Bernhard hatte in der Kirche schnell Einfluss erlangt und wusste diesen geltend zu machen. 1128 konnte er am Konzil von Troyes die Anerkennung des Templerordens erwirken. Er unterstützte im 1130 ausgebrochenen Schisma Papst Innozenz II. gegen Papst Anaklet II. und konnte dessen Anerkennung in Frankreich, Deutschland, England und Spanien durchsetzen. Seine Freundschaft zu Innozenz II. sollte sich später für Bernhard bezahlt machen. In seinem erbittertem Streit mit → Peter Abaelard konnte er beim Papst durchsetzen, dass dieser auf der Synode von Sens 1140 Abaelards Lehre als häretisch und ihn zu Stillschweigen, Klosterhaft und Verbrennung seiner Schriften verurteilte.

Bernhard konnte sich, gestützt auf seine Autorität, auch gegen einen Papst wenden. So empfahl er Papst Eugen III., der sein Schüler gewesen war, auf den weltlichen Glanz des Amtes zu verzichten und in Demut und Armut zu leben. Außerdem sollte sich der Papst nicht in die Politik einmischen, sondern sein Wirken auf Religion und Kirche beschränken.

Bernhard war einer der größten Mystiker des Mittelalters und Begründer der Christusdevotion. Christus war ihm Mittel zum Seelenheil und zur persönlichen Erkenntnis, Christus ist sein Bräutigam der Seele. Deshalb schreibt er eine kompromisslose Anbindung an Gott vor, die durch Askese und die Betonung der Innerlichkeit erreicht werden soll. Der Mensch muss erst leer werden und sich dann mit der Liebe Gottes erfüllen lassen.

Bernhard war von der Idee des Kreuzzuges besessen. Zwar befand sich zu seinen Lebzeiten das Heilige Land noch in christlichen Händen, Edessa war aber 1144 an Sultan Zengi gefallen, und die christlichen Staaten waren von ihren muslimischen Nachbarn bedroht. Der 1. Kreuzzug, der zur Eroberung Jerusalems geführt hatte, war schon fast ein halbes Jahrhundert vorbei. Zwar gingen noch immer die nicht erbberechtigten Söhne der europäischen Ritter ins Heilige Land, um dort ihr Glück zu machen, die große Euphorie des ersten Kreuzzuges hatte sich aber abgeschwächt. Bernhard setzte seine ganze Begabung als Prediger dazu ein, den Kreuzzugsgedanken neu zu entfachen. Jahrelang durchzog er Frankreich und predigte einen neuen Kreuzzug. »Selbst wenn Vater und Mutter dich auf Knien bitten, nicht ins Heilige Land auf Kreuzzug zu gehen, missachte sie und stoße sie zur Seite«, predigte er, denn: »Hier für Christus grausam zu sein ist die höchste Stufe der Seeligkeit.« In seiner »Predigt von Vézeley« 1146 konnte er den französischen König Ludwig VII. und den deutschen Kaiser Konrad III. für seine Idee begeistern, die 1147 zum 2. Kreuzzug aufbrachen.

Der Kreuzzug war ein Misserfolg. Zwar gelangte ein großes Heer deutscher und französischer Ritter ins Heilige Land, der parallel dazu laufende Volkskreuzzug wurde aber von den Seldschuken aufgerieben. Nach schweren Niederlagen bei Doryleion und Laodikeia konnten die Kreuzfahrer zwar bis Damaskus vorstoßen und die Stadt drei Wochen lang belagern, mussten sich aber wieder zurückziehen. 1149 löste sich das Kreuzfahrerheer auf, ohne Wesentliches bewirkt zu haben.

Bernhard hat diesen Misserfolg niemals überwunden. Er hatte in seinen Predigten den Aufruf zum 2. Kreuzzug mit Wundern begründet, der Misserfolg, den er nicht verursacht oder zu verantworten hatte, fiel aber nun auf ihn zurück. Er schrieb eine Entschuldigung an Papst Eugen III., und in seinem »Buch über die Betrachtung« nennt er die Gründe für das Versagen des Kreuzzuges, die er nicht in der Uneinigkeit von Ludwig VII. und Konrad III. sah, sondern in den Sünden der Kreuzfahrer und der Juden in Palästina.

Bernhard starb am 20. August 1153 in seinem Lieblingskloster Clairvaux und wurde in der Abtei von Cluny begraben. Sein Kopf gelangte als Reliquie nach Troyes und befindet sich dort im Domschatz. Er hatte zahlreiche Klöster in ganz Europa gegründet und die Zisterzienser neben den Benediktinern zur größten Ordengemeinschaft in Europa gemacht. Seine besondere Liebe galt der Verehrung Marias, auf ihn geht daher die Weihung aller Zisterzienserkirchen an Maria zurück. 1174 wurde er von Papst Alexander III. heilig gesprochen und 1830 zum Kirchenlehrer ernannt.

Bernhard blieb sein ganzes Leben ein einfacher Abt, nach höheren Würden hat er nicht gestrebt, obwohl man ihm mehrmals die Bischofswürde angetragen hat. Seine Bedeutung lag im Vorbild, in seiner asketischen Lebensweise, die es ihm ermöglichte, unbeeinflusst zum Ratgeber der höchsten weltlichen und kirchlichen Würdenträger aufzusteigen. In seinem Herzen trug er zeit seines Lebens das klösterliche Ideal, man nannte ihn einen ungekrönten König und den Papst des Zeitalters. Als Ratgeber und Entscheidungsträger hatte er unglaublichen Einfluss, er brachte fast alleine den 2. Kreuzzug auf den Weg, und seine Predigten über das Hohelied sind eine der Hauptquellen der mittelalterlichen Mystik. Bernhard hatte nie die Ämter und Würden der ersten Reihe inne, aber aus seiner Position zu Seiten der Mächtigen prägte er ein Jahrhundert.

GIOVANNI BOCCACCIO

(1313–1375)

Giovanni Boccaccio ist der Begründer der europäischen Prosa-Er-
zähltradition, der die Gesellschaft des 14. Jahrhunderts mit Witz, Sati-
re und Schärfe, aber auch Liebe und Genauigkeit dokumentierte. Eben-
so war er Forscher und Übersetzer und brachte eine Reihe von verloren
geglaubten antiken Werke in das Bewusstsein Europas zurück.

Dabei sollte der Lebensweg Giovanni Boccaccios völlig anders verlaufen. Sein Vater, Giovanni war der uneheliche
Sohn des Florentiner Kaufmanns Boccaccio di Chellino aus
Certaldo, hatte für den 1313 in Florenz oder Certaldo geborenen
Giovanni eine Kaufmannskarriere vorgesehen. Giovanni wuchs
in einem Handelshaus in Florenz, der Compagnis di Bardi, auf
und wurde mit 14 Jahren nach Neapel in eine Bank zur Lehre
geschickt.

Hier blieb er bis 1340, studierte wenig und beschäftigte sich
mehr mit der Literatur. Er fand Gefallen am höfischen Leben in
Neapel, das unter Robert von Anjou zu einem Hort der schönen
Künste wurde. 1340 kehrte er nach Florenz zurück. Um ein gesichertes Einkommen zu haben, trat er in den Staatsdienst ein,
1345 finden wir ihn in Ravenna und 1347 in Forli, wo er verschiedene Ämter in der Verwaltung innehatte.

Die Stadt und der Städter als neue Lebensform waren die
wichtigsten Inspirationsquellen für Boccaccio. Es muss ihn hart
getroffen haben, als 1348 die Pest Italien erfasste, ein Drittel der
Bevölkerung auslöschte und besonders die Städte hart traf. In
den fünf Jahren nach der Pest schrieb er unter ihrem Eindruck
sein Hauptwerk, das Decamerone.

Hier schildert er die Seuche und den Beschluss von sieben
jungen Damen und drei Aristokraten, sich vor der Pest am Lande in Sicherheit zu bringen. Zwei Wochen lang erzählen sie sich
jeden Tag zehn Geschichten, ernste, heitere, erbauliche und
manchmal auch leicht anrüchige kleine Novellen. Boccaccio hat
diese Geschichten nur zum Teil frei erfunden, er greift auch antike, orientalische und mittelalterliche Stoffe auf. Als das Deca-

merone 1353 erscheint, ist es sofort ein Erfolg, ein erster Druck erfolgte 1470 in Venedig.

Das Decamerone machte Boccaccio berühmt und Italien auf ihn aufmerksam. Florenz betraute ihn mit diplomatischen Missionen, und er lernte → Francesco Petrarca kennen, der sein weiteres literarisches Wirken entscheidend beeinflussen sollte. Petrarca machte Boccaccio mit den klassischen Texten der Antike vertraut, gemeinsam schufen sie einen Zirkel von Intellektuellen, die sich der Erforschung der griechischen Literatur widmeten. Daneben entdeckte Boccaccio auch → Dante Alighieri für sich, dessen erste Biografie er 1353 verfasste und damit die Begeisterung für Dante in Italien auslöst.

1360 begann Boccaccio mit dem Studium des Altgriechischen und übernahm einen Auftrag der Universität Florenz, die Ilias und die Odyssee des Homer ins Lateinische zu übersetzen.

Nach einem 1361 gescheiterten Umsturzversuch in Florenz, bei dem viele Freunde und Bekannte Boccaccios ins Exil getrieben oder hingerichtet wurden, trat er in den Stand der niederen Geistlichkeit ein und wollte seine noch nicht publizierten Werke als zu profan verbrennen, was von Petrarca verhindert wurde.

Giovanni Boccaccio erkrankte um 1374 schwer durch seine Fettleibigkeit an der Wassersucht. Er musste seine laufende Arbeit, die öffentliche Lesung von Dantes »Göttlicher Komödie« und deren Kommentar an der Universität Florenz, die dem verarmten Dichter einen Dante-Lehrstuhl eingerichtet hatte, abbrechen. Er zog sich nach Certaldo zurück und ist dort 1375 gestorben.

Giovanni Boccaccio führte die Tradition der hochmittelalterlichen Geschichtenerzähler, die an die Adelshöfe abgewandert waren, weiter. Er wandelte dieses Bild und wurde im Decamerone zum urbanen Schriftsteller, der in Vulgare, der Sprache des Volkes, schreibt. Im Zusammenwirken mit Petrarca wurde er zu einem der ersten Humanisten Europas, er begeisterte sich für die antike Kunst und war einer der Vorreiter der Renaissance in Europa.

GEOFFREY CHAUCER
(1340/1345–1400)

Er ist der Gigant der frühen englischen Literatur und Sprache und erneuerte sie nach einer langen Periode der französischen Dominanz. Seine »Canterbury Tales« sind ein frühes Beispiel einer Erzählform, die er aus Italien von → Boccaccio übernommen hat und können als Ständesatire seiner Zeit gewertet werden.

Wie bei so vielen Angehörigen des mittelalterlichen Bürgertums ist auch bei Chaucer das Geburtsdatum nicht genau bekannt und dürfte zwischen 1340 und 1345 liegen. Sein Vater John war Weinhändler und Bürger von London, er war mit der Tochter des Schatzmeisters von London verheiratet und hatte gute Beziehungen zum englischen Hof. Chaucer bekam eine gute Erziehung und dürfte auch die Universität besucht haben. Erstmals hören wir von ihm 1357, als er im Haushaltsbuch der Lady Elizabeth du Burgh, der Frau des Prinzen Lionel, dritter Sohn von König Edward III., als Page erscheint. Er folgte seinem Herrn bis zum Frieden von Bretigny 1360 auf einen Kriegszug nach Frankreich, der die erste Phase des 100-jährigen Krieges einleitete, er wurde gefangen genommen und gegen 16 Pfund Lösegeld wieder ausgelöst. Als Lady Elizabeth starb, übersiedelte er als Page in Lionels Haushalt und erhielt ab 1367 eine Pension, die er sein Leben lang bezog.

Vermutlich hat Chaucer vor 1374 geheiratet, mit seiner Frau Phillipa Roet scheint er aber nicht glücklich gewesen zu sein. Allerdings war ihre Schwester die Mätresse und spätere dritte Frau von Johann von Gent, was Chaucer zum Schwager des Sohnes des englischen Königs machte, der ab 1368 sein Gönner wurde.

Als Kammerdiener oder Knappe lebte Chaucer im Haushalt von Johann von Gent und studierte nebenbei an der Londoner Rechtsschule. Seine Nähe zum Hof verhalf ihm zu diplomatischen Aufträgen in Frankreich, Flandern und Italien. 1368 traf er in Mailand bei der Hochzeit Lionels von Antwerpen, des Sohnes Edwards III., mit Violante, der Tochter Galeazzos II.,

Visconti von Padua, auch seine beiden literarischen Vorbilder → Petrarca und Jean Froissart. 1372 und 1373 war er in Genua und Florenz, lernte Italienisch und las die Werke von → Boccaccio und → Dante.

1374 ernannte ihn Johann von Gent zum Zollinspektor für Wolle, Felle und Leder für England, und damit war er für einen Großteil des Einkommens des englischen Hofes verantwortlich. Weitere Aufenthalte in Frankreich und Mailand folgten 1377 und 1378. 1380 bekam er Schwierigkeiten mit der Justiz, weil er an einer Bäckerstochter »raptus« verübt hatte, ob damit eine Vergewaltigung oder eine Entführung gemeint ist, bleibt bis heute unklar.

1385 zog Chaucer nach Kent und erwarb einen Sitz im Unterhaus der Grafschaft. Als 1386 Johann von Gent und Richard II. vom Parlament ihrer Autorität entkleidet wurden, verlor er seine finanzielle Unterstützung. 1387 starb seine Frau, und obwohl er 1390 zum königlichen Bauaufseher und später zum Forstaufseher über die königlichen Wälder ernannt wurde, häufte er Schulden an. Trotzdem entstand in dieser für ihn schwierigen Zeit sein Hauptwerk, die Canterbury Tales.

1399 wandte sich das Blatt für Chaucer, als der Sohn seines verstorbenen Gönners Johann von Gent, Heinrich IV., den Thron bestieg. Chaucer ließ sich in London nieder, wo er am 25. Oktober 1400 starb. Er wurde in Westminster Abbey beigesetzt, sein Grab bildet das Zentrum des »Poets Corner«, in dem die berühmtesten englischen Dichter beigesetzt sind.

Sein bekanntestes Werk sind die »Canterbury Tales«, die er nach 1388 schrieb. Zu schreiben begonnen hat Chaucer aber wesentlich früher. In seiner »französischen« Phase übersetzte er das berühmteste mittelalterliche Buch, den Rosenroman von → Jean de Meung und → Guillaume de Lorris, der sein späteres Werk deutlich beeinflussen sollte. Im »Buch der Herzogin«, seinem ersten eigenen Gedicht, lieferte er eine Lobrede auf Blanche, die 1368 verstorbenen erste Ehefrau des Johann von Gent. Nach dem Vorbild des Rosenromans ist es ein Traumgedicht, ebenso wie das der »italienischen« Phase zugerechnete, um 1380 entstandene »Haus der Fama«, ein Kompendium zahlreicher Themen von Kunst, Wahrheit und Lüge, das von → Dantes »Göttlicher Komödie« beeinflusst wurde. Chaucer übersetzte Boethius, schrieb eine unglückliche Liebesgeschichte über Anelida und Arcyte und das Traumgedicht »Das Parlament der Vögel«, eine Allegorie auf Ehe, Treue und Untreue, die vermutlich anlässlich der Vermählung von Richard II. mit Anne von Böhmen entstanden ist. Das Thema der Liebe behandelte er in »Troilus und Cressida« und in »The Legend of Good Women«, in denen er all der verlassenen Ehefrauen der Antike gedachte.

Die ab 1388 entstandenen »Canterbury Tales« sind an Boccaccios »Decamerone« orientiert. Auch hier gibt es eine Rahmenhandlung mit einer Pilgerfahrt zum Grabe von → Thomas Becket. Der Dichter trifft dabei in einer Taverne 29 andere Personen, und der Wirt schlägt vor, dass jeder auf dem Hin- und Rückweg zwei Geschichten erzählen muss. Es waren also 120 Geschichten geplant, vollendet wurden nur 22 davon. Chaucer hat jedem der Pilger eine eigene Persönlichkeit, Gestalt und ein literarisches Profil gegeben, damit ist es ihm möglich, von der Rittererzählung über die Heiligenvita bis zur höfischen Dichtung und zum Bauernschwank alle literarischen Genres zu bedienen. Die »Canterbury Tales« sind als Hauptwerk der »englischen« Phase in Chaucers Schaffen zu sehen, und er hat damit das Englische, das seit → Wilhelm I. dem Eroberer in England vom normannischen Französisch verdrängt war, wieder als Literatursprache eingeführt.

Chaucer war schon zu Lebzeiten ein bekannter Schriftsteller, sein Werk zirkulierte in zahlreichen Kopien und war auch eines der ersten, das 1478 in England gedruckt wurde. Er war ein scharfer Beobachter, Diplomat und Soldat, der zum Künstler wurde, und hat seine Erfahrungen in der Literatur verarbeitet. Dennoch ist er niemals bitter oder tragisch, sondern hat die Lust und den Spaß am Leben beschrieben. Shakespeare hat von ihm Motive entliehen, die Reformation konnte wenig mit ihm anfangen, da er zu unernst für sie war, und die Romantiker hielten ihn für obszön. Man kann sagen, dass heute alle etwas in seiner Dichtung finden können, seien es die Theologen, Philosophen oder Historiker, denn er hat in den »Canterbury Tales« die Welt der Plantagenets und des mittelalterlichen England so lebendig porträtiert wie kein anderer.

Chlodwig I.

(466–511)

Er vereinigte die kleinen fränkischen Herzogtümer auf dem Gebiet des ehemals römischen Gallien und nahm für sein Volk das Christentum an. Er verstand es, die alte römische mit der fränkischen Kultur zu verbinden, und schuf damit die Vorraussetzungen für den fränkischen Staat des → Karl Martell und → Karls des Großen.

Chlodwig wurde um 466 im Gebiet des heutigen Belgien geboren. Sein Vater Childerich I. war einer jener fränkischen Kleinkönige aus dem Geschlecht der Merowinger, die sich nach dem Niedergang des römischen Reiches Teile des alten Gallien zu Eigen gemacht hatten und sich als fränkische Könige, aber auch als gallo-römische Provinzherren und Militärbefehlshaber verstanden. Childerich I. hatte die Grundlage für den Aufstieg seiner Familie gelegt und sich als fränkischer Kleinkönig den Raum der ehemaligen römischen Provinz Belgica II. in den heutigen südlichen Niederlanden und dem nördlichen Belgien um die Provinzhauptstadt Tournai gesichert.

Sein Sohn Chlodwig, der 482 als 16-Jähriger als König bestätigt wurde, einte die benachbarten fränkischen Kleinkönigreiche in den darauf folgenden Jahren durch Überzeugung, Krieg, Verrat und Mord unter seiner Herrschaft. 486 konnte er den Krieg gegen Syagrius, den letzten römischen Heerführer in Gallien, aufnehmen und besiegte ihn bei Soissons. Dieser Sieg erweiterte die fränkische Herrschaft über den größten Teil des Gebietes zwischen Seine und Loire.

492 oder 494 heiratete Chlodwig die burgundische christliche Prinzessin Chrodehilde. Etwa zur selben Zeit hat er seine Schwester Audofleda mit dem Ostgotenkönig Theoderich verheiratet und konnte so seine Position im Osten seines Reiches absichern. 496 rückten die Alemannen, die den nördlichen Teil Rätiens bewohnten, gegen die Franken an Rhein und in Burgund vor, die sich an Chlodwig um Hilfe wandten. In der Schlacht von Zülpich besiegte er 496 die Alemannen und brachte sie in Abhängigkeit. Diese Schlacht soll für Chlodwig erst ei-

nen glücklichen Ausgang genommen haben, als er versprach, zum Christentum zu konvertieren.

Seine Taufe fand vermutlich zu Weihnachten 498 durch Remigius von Reims in der Kathedrale von Reims statt, das genaue Datum der Taufe ist umstritten. Es war nicht die Taufe eines Einzelnen. Nach dem Bericht seines Biografen Gregor von Tours soll Chlodwig vor seiner Taufe den Adel und das Volk der Franken befragt haben, ob sie das Christentum annehmen wollten, und ließ sich dann mit 3000 Anhängern taufen. In diesem Sinne ist die Taufe für die Franken keine persönliche Zuwendung zu Gott, sondern, streng nach altgermanischer Vorstellung, die Gesamttaufe eines ganzen Stammesverbandes mit dem König an der Spitze.

Entscheidend für die spätere Geschichte des christlichen Abendlandes wurde, dass Chlodwig sich zur römischen Kirche und nicht, wie andere germanische Stammesfürsten, zum Arianismus bekannte.

Dies half ihm, die Beziehungen der Franken zur gallo-römischen Bevölkerungsmehrheit zu vereinfachen, und förderte die Verschmelzung der verschiedenen Volksgruppen. Die Entscheidung für die römische Kirche wusste Chlodwig aber mit Bedingungen zu verknüpfen, welche die Eigenständigkeit der fränkischen Kirche für Jahrhunderte bestimmen würden. Die Liturgie in seinem Reich sollte lateinisch sein, die Besetzung der geistlichen Ämter wurde von einer fränkischen Synodenversammlung unter dem Vorsitz des Königs bestimmt, und die Geistlichen blieben dem König steuerpflichtig.

Damit gelang es Chlodwig, eine fränkische Eigenkirche als lokal selbstständige Kirche zu gründen, die bis ins späte Mittelalter die Politik der französischen Könige gegenüber den Päpsten bestimmen würde.

Nach einer Reihe von fränkischen Misserfolgen gegen das westgotische Reich unter Alarich II. und gegen die Burgunder um Lyon und Genf, erhoben sich die Alemannen 506 gegen Chlodwig, um die fränkische Herrschaft abzuwerfen. Chlodwig schlug sie entscheidend und gliederte das alemannische in das fränkische Reich ein. Seiner weiteren Expansion in Richtung Süddeutschland wurde aber von Theoderich Einhalt geboten.

Als Nächstes wandte sich Chlodwig nach Süden. Er über-

schritt die Loire und unterwarf 507 das Königreich der West-
goten von Tolosa in der Schlacht von Campus Vogladensis. Er
brachte damit den größten Teil Galliens unter seine Herrschaft
und konnte sich damit des Kerngebiets der gallo-römischen
Kultur und des legendären Gotenschatzes bemächtigen. In den
nächsten Jahren unterwarf er fast ganz Gallien und versuchte
bis an die Mittelmeerküste vorzustoßen, was aber von Theoderich vereitelt wurde.

Chlodwig legte großen Wert auf die offizielle Anerkennung
seiner Position durch den oströmischen Kaiser Anastasios I., der
als nomineller Oberherr des Westens galt. Sie wurde ihm durch
die Ernennung zum Ehrenkonsul als Gegengewicht gegen die
Ostgoten unter Theoderich in Ravenna gewährt.

509 eroberte Chlodwig das Reich der Rheinfranken und vereinigte damit die seit 420 getrennten Franken. Um sein Reich
regieren zu können, richtete er Grafschaften mit Grafen als seine persönlichen Vertreter ein. Mit der Schaffung von Bistümern,
welche sich als Träger einer fränkisch-römischen Kultur etablierten, konsolidierte er seine Herrschaft in den neu eroberten
Gebieten.

Chlodwig wählte Lutetia, das heutige Paris, gelegen an
einem strategisch günstigen Übergang an der Seine, zu seiner
Hauptstadt. Er ließ das bis dahin mündlich überlieferte fränkische Recht in der Lex Salica kodifizieren, die für alle Teile seines Reiches übernommen wurde.

Chlodwig starb 511 und wurde in der Apostelkirche in Paris, der späteren Abteikirche Sainte-Geneviève beerdigt. Nach
seinem Tod wurde sein Reich unter seinen vier Söhnen Theuderich, Chlodomer, Childebert und Chlothar aufgeteilt, die neue
Königreiche mit Zentren in Reims, Orléans, Paris und Soissons
gründeten.

Chlodwigs Bedeutung liegt in der Vereinigung der fränkischen, burgundischen und westgotischen Einzelreiche zu
einem ersten fränkischen Staatsgebilde mit zentralistischer Verwaltung. Seine Übernahme der alten gallo-römischen Strukturen
ermöglichte es dem Frankenreich, auf die Ressourcen der Römer
der Spätantike in geistiger und materieller Hinsicht zurückzu-
greifen und so eine fast ungebrochene kulturelle Kontinuität im

Land zu behalten. Von einem Kleinkönig und Kommandanten eines kleinen Militärsprengels war Chlodwig zum König eines Gebietes aufgestiegen, das sich als Francia bezeichnete und zum Zentrum der weiteren Expansion des Frankenreiches wurde.

Durch seine Taufe hat er das Frankenreich dem Christentum geöffnet. Von hier sollten in den nächsten Jahrhunderten die entscheidenden Impulse zur christlichen Mission nach Norden und Osten ausgehen, wobei sich die Missionare, wie etwa Bonifatius, des Rückhaltes und der Ressourcen der fränkischen Könige bedienen konnten.

CHRISTINE DE PIZAN
(1364–1431)

*Christine de Pizan war die bedeutendste Schriftstellerin des 15.
Jahrhunderts und gilt als erste Frauenrechtlerin in der Geschichte,
auch wenn ihr nachhaltiger Einfluss im Mittelalter gering blieb.*

Christine wurde 1364 in Venedig geboren. Ihr Vater, Tommasso di Benvenuto da Pizzano, Astrologe und Mediziner,
hatte an dieser Universität von 1344–1356 einen Lehrstuhl für
Astrologie inne und war zur Zeit ihrer Geburt auch als Stadtrat
in Venedig tätig.

Wenige Monate nach ihrer Geburt nahm Tommasso das Angebot des französischen Königs Karl V. an, Hofastrologe am
französischen Hof zu werden, und brach 1364 nach Frankreich
auf. Christine und ihre wieder schwangere Mutter blieben in
Italien zurück. 1368 ließ Tommasso seine Familie an den französischen Hof nachkommen. Als er dort bei Christine die Neigung
zur Literatur entdeckte, unterrichtete er sie in Latein, Philosophie und in wissenschaftlichen Fächern.

1379 heiratete Christine kurz vor ihrem 15. Geburtstag den
25-jährigen Etienne du Castel aus der Picardie, der als königlicher Sekretär und Notar am Hofe Karls V. tätig war. Christine
beschrieb ihre Ehe als glücklich, aber als ihr Mann zehn Jahre
später das Opfer einer Epidemie wurde, ließ er sie mit drei Kindern fast mittellos zurück.

Da Christine ihrem Mann über dessen Tod hinaus treu bleiben wollte, lehnte sie eine nochmalige Heirat ab, musste daher
einen Beruf finden, um ihre Familie zu ernähren. Wahrscheinlich versuchte sie, als Kopistin fremder Werke zu Geld zu kommen, nebenbei begann sie ihre schriftstellerische Karriere.

Zunächst verfasste sie das Erziehungsbuch »Buch der Klugheit«, das sie an Philipp den Kühnen, Herzog von Burgund,
einen Sohn des französischen Königs Johann II. der Gute, verkaufen konnte. 1390 war sie mit Balladen bei einem Dichterwett-
bewerb erfolgreich.

Im Geschichtsband »Buch der großen Taten und des vorbildlichen Lebenswandels des weisen Königs Karls V.« setzte Christine de Pizan dem Gönner ihrer Familie ein literarisches Denkmal. Außerdem schrieb sie die gesellschaftspolitischen Werke »Buch vom Staatswesen« und »Buch vom Frieden«, in denen sie zum 100-jährigen Krieg« zwischen England und Frankreich Stellung bezog und sich für Frieden und Einigkeit einsetzte. Die Liebe und die Beziehungen zwischen den Geschlechtern behandelte Christine de Pizan in den Werken »Buch vom wahrhaft liebenden Herzog« und »Hundert Balladen über einen Liebenden und seine Herzensdame«.

Die größte Beachtung fand ihr Werk »Das Buch von der Stadt der Frauen«, verfasst 1404–1405 , in dem sie sich gegen die bösartigen Behauptungen der Männer über die Frauen zur Wehr setzte. Ausgangspunkt ihrer Gedanken ist, dass Gott niemals etwas so »Übles und Böses«, wie die Männer die Frauen darstellten, geschaffen hätte. Frauen haben dieselben geistigen Fähigkeiten wie der Mann, dem sie von Gott als Gefährtin, nicht als Sklavin, zur Seite gegeben wurden, und Frauen seien nicht nur zum Kindergebären und für den Haushalt da. Krieg und Not gibt es, weil diese von Männern verursacht sind. Christine beschreibt verschiedene Frauen in der Geschichte, die Heere siegreich geführt und Staaten gerecht und weise gelenkt hatten. Sie nennt auch Frauen, die sich durch Keuschheit und Gehorsam gegen ihre Eltern und Ehemännern ausgezeichnet oder aus Liebe zu Gott den Märtyrertod erlitten hatten. Ihre Heldinnen fand sie im Alten Testament, unter den christlichen Heiligen, in Ovids Metamorphosen und → Boccaccios Decamerone.

Besonders kritisch setzte sich Christine de Pizan mit dem französischen Dichter → Jean de Meung auseinander, der im »Rosenroman« ein negatives Frauenbild vertritt. Sie kämpfte gegen die Lehre von der geistigen und moralischen Minderwertigkeit der Frauen und gründete den »Court amoureuse«, ein Minnegericht.

Im Jahre 1418 verließ sie Paris, enttäuscht von den Zwistigkeiten zwischen König Karl VI. und dem Dauphin Karl VII. und nicht mehr auf ein Ende des 100-jährigen Krieges hoffend. Sie zog sich zu ihrer Tochter Marie in das Kloster der Dominikanerinnen von Saint-Louis in Poissy zurück.

Nach elf Jahren im Kloster beendete Christine am 31. Juli 1429 ihr letztes Werk, ein Gedicht über → Johanna von Orléans, die als Kriegerin die männliche Meinung, Gott hätte den Geschlechtern unterschiedliche Aufgaben zugeteilt, im Sinne Christines widerlegte, indem sie bewies, dass auch Frauen kämpfen und dass sie erfolgreichere Heerführer als Männer sein können.

Christine de Pizan starb 1430 oder 1431 im Nonnenkloster von Poissy, den Prozess und den Tod der Johanna von Orléans hat sie vermutlich nicht mehr erlebt. Ihre Werke wurden wegen der großen Nachfrage 1440 ins Englische, um 1450 ins Portugiesische und 1475 ins Flämische übersetzt.

Frauen im Mittelalter hatten zwar keine rechtliche Gleichstellung mit Männern, waren aber in vielen Sparten unternehmerisch und künstlerisch tätig. Christine de Pizan war nicht die erste Schriftstellerin des Mittelalters, sie hat aber als erste Frau im Mittelalter das Problem der Gleichstellung der Frau thematisiert und gilt als die erste Frauenrechtlerin in der neueren Geschichte. In ihrer Zeit stand sie allein, ihr Kampf für die Frauen und deren Gleichberechtigung brachte im Mittelalter noch keine nachhaltige Änderung im Rollenbild. Erst Ende des 19. Jahrhunderts erinnerte man sich an ihre Werke, die Bewegung der Frauenrechtlerinnen und Suffragetten griff unter anderem auf die Ideen von Christine de Pizan zurück.

Jacques Coeur

(1400–1456)

Er war neben seinem König Karl VII. der mächtigste Mann Frankreichs, unermesslich reich, aber auch angefeindet wegen seines Besitzes. Selbst sein König neidete ihm seinen Reichtum, nahm ihm alles in einem zweifelhaften Prozess und verurteilte ihn zum Tode.

Jacques Coeur wurde 1400 in Bourges geboren, sein Vater war Kürschner. Schon in seiner Kindheit war Jacques in der Nähe der Mächtigen. Nur zwei Straßen von seinem Geburtshaus stand das Palais des Jean, Herzog du Berry, berühmt wegen seines Reichtums und Kunstsinnes, und gegenüber das Haus des Schatzmeisters des Herzogs.

Als Jacques Coeur 15 Jahre alt war, entschied sich seine Karriere. Frankreich unterlag in der Schlacht von Azincourt dem englischen König Heinrich V., die Niederlage war katastrophal. Tausende französische Ritter wurden von den englischen Langbogenschützen hingemetzelt. In der Folge stießen die Engländer weiter nach Frankreich vor und besetzten Paris, der Dauphin Karl VII. musste fliehen und ließ sich in Bourges nieder. Der französische Hof mit seinem Geld- und Luxusbedarf führte zu einer rasanten Entwicklung der Stadt. Es gab zwölf Wechselstuben oder Börsen in der Stadt, und der junge Jacques Coeur wurde von einer davon zum Leiter bestellt. Diesen Posten verdankte er dem Münzmeister und Bürgermeister von Bourges, dessen Tochter er 1421 geheiratet hatte.

1429 gründete er mit den Brüdern Godard eine Handelsgesellschaft und reiste 1432 in die Levante und nach Damaskus, um Geschäfte zu machen. Auf der Rückkehr nach Frankreich erlitt er im Golf von Calvi vor Korsika Schiffbruch, wurde gefangen genommen und gegen ein geringes Lösegeld wieder freigelassen, was darauf hindeutet, dass er zu dieser Zeit nur eine geringe Bekanntheit besessen hat.

In den nächsten Jahren machte er Karriere. Er kaufte den Genuesen ein Schiff ab, ließ es kopieren und nachbauen, er erwarb Anteile an Banken, Bergwerken und beteiligte sich an Handelsunternehmen. Man wurde bei Hof auf seine Finanzkünste aufmerksam. Er wurde zum Berater von Agnes Sorel, der Mätresse des französischen Königs Karl VII., er bekam das Salzmonopol übertragen, wurde Staatskommissar für die Finanzen des Languedoc, Münzmeister des Königs und 1436 Finanzminister Frankreichs. Er reorganisierte die Finanzen des Reiches und finanzierte den erfolgreichen Krieg gegen England, führte den Goldstandard ein und stabilisierte die französische Währung. Er verstand es, ganz Frankreich mit einem Handelsnetz zu überziehen, und hatte auch keine Scheu, mit den »Ungläubigen« Handel zu treiben, für die er eigene Handelsposten einrichten ließ. Seine Haupteinnahmequelle blieb aber das Wechselgeschäft mit den unterschiedlichen Werten der einzelnen Währungen. Hier war er ein Meister, mit den geringfügigen Wechselkurs- und Qualitätsschwankungen der Münzen ein Vermögen für seinen König, und auch für sich selbst, zu machen.

Sein Reichtum schlug sich auch in Grundbesitz nieder. In Bourges ließ er einen Palast bauen, der dem seines Königs an Prunk nur wenig nachstand, er erwarb im ganzen Land Grund, Schlösser und Wirtschaftsunternehmen. 1441 wurden er und seine Familie geadelt, 1449 ritt er in der Parade der Würdenträger Frankreichs in Rouen mit.

Sein Reichtum brachte ihm aber auch Neider, die auch das Ohr von Karl VII. erreichten. Mit dem Sprichwort: »Der König macht, was er kann, Jacques Coeur macht, was er will«, planten sie seinen Fall. Die Noblen des Reiches hatten enorme Schulden bei Jacques Coeur und sahen in seiner Beseitigung die Möglichkeit, diese zu tilgen. Karl VII. wollte sich den Reichtum von Jacques Coeur selbst sichern und ließ ihn überraschend am 31. Juli 1451 im Schloss von Taillebourg verhaften und seinen gesamten Besitz beschlagnahmen. Man warf ihm den Verkauf von Waffen an die Muslime, ungerechte Steuern und Abgaben, Münzfälschung und ein Verhältnis mit Agnes Sorel vor, die er vergiftet haben soll und deren Testamentsvollstrecker er war. Jacques Coeur wehrte sich, aber in den zwei Jahren seiner Haft wurde er schwer gefoltert und gestand alles, was seine Richter, die seine Schuldner und einflussreiche Handelsherren, also seinen Konkurrenten waren, hören wollten. Am 23. Mai 1453 wurde er zur Zahlung der ungeheuren Summe von 400.000 Ecus und zum Tode verurteilt.

Jacques Coeur hatte aber noch Freunde. Mit ihrer Hilfe gelang ihm 1455 die Flucht aus dem Gefängnis von Poitiers, und über abenteuerliche Wege kam er nach Rom. Dort war er gut bekannt und hatte noch immer Geld auf den italienischen Banken. Er half damit Papst Nikolas V. und dessen Nachfolger Calixtus XIII. mit der Ausrüstung einer Flotte von 16 Galeeren für den Kampf gegen die Muslime und wurde zum Kapitän der Flotte ernannt. Im Verlauf der Kämpfe kam es vor der griechischen Insel Chios am 25. November 1456 zur Seeschlacht. Ob Jacques Coeur schon davor einer Krankheit erlegen ist oder in der Schlacht tödlich verwundet wurde, bleibt unklar.

Man brachte seinen Leichnam nach Frankreich und begrub ihn im Kloster von Cordeliérs bei Poitiers. Nach Plünderungen des Klosters und der Zerstörung durch ein Erdbeben ist sein Grab nicht mehr erhalten.

Jacques Coeur war einer der ersten sozialen Aufsteiger des Mittelalters, musste aber erkennen, dass sein Geld allein ihn nicht schützen konnte. Es war nur sein Eintritt in die Welt des Hochadels, in dem sich die alten adeligen Geschlechter ohne Scham verbündeten, um den neureichen Bankier zu berauben. In seinem Wirken ist er aber ein Vorläufer der Handelshäuser der Fugger und Welser, die im Spätmittelalter die Politik Europas wesentlich beeinflussen sollten.

COLA DI RIENZO

(1313–1354)

Er war einer der ersten Sozialrevolutionäre, wollte die antike Größe Roms neu errichten und das römische Imperium wiederaufbauen. Er scheiterte an seiner eigenen Unzulänglichkeit, an seinem Hang zum Luxus und der Unfähigkeit zu erkennen, dass man nicht nur die Herzen der Menschen gewinnen, sondern ihnen auch ein Vorbild sein muss. Dennoch zeigt sein Schicksal, dass im 14. Jahrhundert die Unzufriedenheit der Menschen mit dem mittelalterlichen Sozialsystem schon ein solches Maß erreicht hatte, dass der Aufstieg eines Mannes wie Cola di Rienzo möglich wurde.

Geboren wurde er 1313 in Trastevere in Rom als Sohn eines Schankwirtes. Nach dem Tode seiner Mutter sandte man ihn aufs Land nach Anagni in Latium. Cola verbrachte hier eine ruhige Kindheit und Jugend, er lernte Latein und sah die Reste der antiken Denkmäler, welche die Landschaft prägten. Nach dem Tode des Vaters kehrte er nach Rom zurück und wurde Notar. In Rom erkannte er, dass sein aus der Antike entlehntes Ideal mit der vom Papst verlassenen Stadt, die zum Teil in Ruinen lag und in der sich die adeligen Familien erbitterte Kämpfe lieferten und das gemeine Volk ausplünderten, nichts mehr gemein hatte. Als sein Bruder in einem Gefecht zwischen den Orsini und Colonna ums Leben kam, plante er die Beseitigung der Barone und die Wiedererrichtung der römischen Volksrepublik.

Als Volksbeauftragter wurde er aufgrund seines eleganten Lateins 1343 zu Papst Klemens VI. nach Avignon gesandt, um ihn zur Rückkehr nach Rom zu bewegen. Hier lernte er → Petrarca kennen, dem er zeit seines Lebens verbunden blieb. Cola schilderte dem Papst den schlechten Zustand und die Probleme Roms, was diesen tief beeindruckte, so dass er Cola zum Sekretär der »camera capitolina«, der städtischen Kammer Roms, ernannte. Klemens war hier nicht uneigennützig und sah in Cola ein Mittel, seine Macht gegen den Stadtadel von Rom, der nur wenig an seiner Rückkehr interessiert war, zu stärken.

Cola interpretierte den Auftrag des Papstes aber anders. Er meinte, dass der Papst jede Maßnahme gegen den Stadtadel hinnehmen würde, solange seine Rechte dadurch nicht geschmälert würden. Drei Jahre bereitete er einen Umsturz vor, den er zu Pfingsten 1347 ausführte und eine römischen Volksrepublik ausrief, zu deren Erstem Konsul er sich am 15. August 1347 wählen ließ.

Der Beginn seiner Herrschaft war großartig, er erließ neue Gesetze, die Barone verließen die Stadt oder gelobten ihr die Treue. Der Papst war zwar erzürnt, dass er nicht konsultiert worden war, verlieh Cola aber den Titel und das Amt eines »Rectors«, das er in Zusammenarbeit mit dem Vikar des Papstes ausüben sollte.

Cola dachte aber weiter, sein Ziel war die Vereinigung Italiens und die Entfernung aller ausländischen Mächte. Im August 1347 rief er 200 Abgeordnete der italienischen Städte nach Rom. Italien wurde für frei erklärt, das Volk sollte das Recht haben, einen Kaiser zu wählen, und Ludwig IV. von Bayern wurde aufgerufen zu erklären, warum er den kaiserlichen Titel und die Herrschaft über Italien beanspruchte. Cola machte sich selbst Hoffnungen auf den Titel eines Herrschers über Italien, was ihm aber fehlte, war der Wille, seine Pläne mit Nachdruck zu verfolgen. Stattdessen umgab er sich mit Luxus, wofür er neue Steuern einführen musste, die ihn in kurzer Zeit die Unterstützung des Volkes kosteten. Als den Baronen seine Isolation bewusst wurde, vereinten sie ihre Kräfte und besetzten am 18. Dezember 1347 Rom, das keinen Widerstand leistete. Cola verschanzte sich in der Engelsburg und konnte des Nachts entfliehen, seine Herrschaft hat kein halbes Jahr überdauert.

Er fand für eineinhalb Jahre Zuflucht bei franziskanischen Spiritualen in einer Einsiedelei am Monte Maiella. Es war eine Zeit der Wunder und der Heimsuchungen, 1349 war das Jahr der großen Pest und 1350 ein Heiliges Jahr. Der Führer der Spiritualen überzeugte Cola, dass es Zeit sei, das römische Imperium wiederzubeleben und die Kirche zu erneuern, wie es →Joachim von Fiore und der geheimnisvolle Fra Angelo di Clareno, der die häretische Sekte der Fraticelli bis zu seinem Tode 1337 angeführt hatte, vorhergesagt hatten.

Da sich Cola vom Papst in Avignon keine Hilfe mehr erwar-

tete, reiste er zu → Karl IV. nach Prag, um ihm seine Pläne vorzutragen. Dieser wollte und konnte sich keine kaiserliche Politik in
Italien ohne die Zustimmung des Papstes vorstellen und setzte
Cola für zwei Jahre in den Kerker. Wieweit er ihn überhaupt
ernst genommen hat oder als Verrückten ansah, ist ungewiss.
1352 wurde Cola an Papst Innozenz II. ausgeliefert, konnte
ihn aber mit Hilfe → Petrarcas von seinen Plänen überzeugen,
indem er den Lehren des Fra Angelo entsagte und weil der
Papst entschlossen war, mit der Anarchie in Rom aufzuräumen,
und Cola dazu als sein Werkzeug sah. Der Papst schickte Cola
als päpstlichen Bevollmächtigten mit einem von Kardinal Egi-
dio Albornoz geführten Heer nach Rom, wo er am 1. August
1354 im Triumph am Kapitol einziehen konnte. Was ihm nicht
gelang, war, die Begeisterung der Römer für ihn wiederzuwe-
cken, außerdem scheint er seine großen Pläne zunächst zur Seite
gelegt zu haben und sah sich mehr als Verwalter des Papstes in
Rom. Auch der Stadtadel wollte die Entmachtung durch Cola
nicht hinnehmen und inszenierte ein Attentat, dem er am 8. Oktober, nur zwei Monate nach seinem Einzug, zum Opfer fiel.

Cola di Rienzo war ein Utopist, der glaubte mit der Rückbe-
sinnung auf die Ideale der Antike eine neue Zeit für Italien beginnen zu können. Seine Ideen hatten gute soziale Ansätze, die
er aber aufgrund seiner charakterlichen Schwächen wie auch
durch die starke Opposition des römischen Stadtadels und das
Fehlen einer politischen und militärischen Unterstützung nicht
umsetzen konnte. Seine Gedanken sind im Sinne der aufkommenden Renaissance zu sehen, obwohl seine Pläne noch in
einem zu starken Gegensatz zur mittelalterlichen Vorstellungs-
welt standen und ihn scheitern ließen.

Dante Alighieri

(1265–1321)

Er war der größte Poet Italiens im Mittelalter. Doch auch diese Stellung und dieser Ruhm konnten nicht verhindern, dass er aus politischen Gründen aus seiner Heimatstadt Florenz vertrieben und mit dem Tode bedroht wurde. Dante Alighieri führte das beschwerliche Leben eines Exilanten auf Wanderschaft und schuf dabei eines der größten Werke der Weltliteratur.

Durante Alighieri, der Name wurde später zu Dante verkürzt, wurde zwischen dem 14. Mai und dem 13. Juni 1265 in Florenz geboren. Sein Vater war ein begüteter Geldverleiher und ermöglichte Dante eine gute Erziehung, wie sie für die städtische Jugend des Bürgertums typisch war. Er dürfte zunächst Hausunterricht gehabt haben, besuchte dann ein »studium generale« bei den Dominikanern und Franziskanern in Florenz, vielleicht hat er auch die Universitäten von Bologna oder Paris besucht.

Als Neunjähriger begegnete er in Florenz Beatrice Portinari, die ihn später zu seinem ersten größeren Werk, der »Vita Nuova« inspiriert hat. In diesem Sonett widmete er ihr all seine Liebe und Verehrung, die im Sinne der Minnetradition aufzubringen war und für die er mit einem scheuen Gruß auf einer Brücke belohnt wurde. Dennoch war es ihm erst nach ihrem frühen Tode 1290 möglich, sich von ihrem Bild zu befreien, selbst zu heiraten und Kinder zu haben.

Es war in Florenz die Zeit des Kampfes zwischen den Guelfen und den Ghibellinen. Die Ghibellinen waren für den Kaiser und die Guelfen für den Papst, jeder erhoffte sich von seinem Schutzherrn die Einigung Italiens und das Ende der ständigen Kriege. Auch Dante zog dafür in den Krieg und half den Florentiner Guelfen in der Schlacht von Campaldino, 1289 die Pisaner Ghibellinen zu schlagen. 1295 begann er sich an der politischen Verwaltung der Stadt zu beteiligen. Um ein Amt zu bekommen, ließ er sich in der Zunft der Ärzte und Apotheker eintragen. Er stieg schnell auf, 1296 war er bereits im Rat des »capitano del populo« und Mitglied im Rat der Hundert. 1300 schickte man ihn zu diplomatischen Verhandlungen nach San Gimignano, und im selben Jahr war er eines der sechs Mitglieder des Priorates, des höchsten politischen Gremiums der Stadt.

Da es in Florenz zu weiteren politischen Aufspaltungen kam und die Zustände in der Stadt unhaltbar wurden, ernannte Papst Bonifatius VII. im September 1301 Karl von Valois zum päpstlicher Vikar von Italien und Statthalter der Romagna, um den Streit beizulegen und, falls möglich, gleichzeitig Florenz für den Kirchenstaat zu gewinnen. Dante stand in diesem Konflikt auf der falschen Seite. Er sah im Kaiser den Garanten für die friedliche Zukunft Italiens und war zu den Ghibellinen gewechselt, hatte aber das Glück, als Karl in Florenz einzog, in Rom zu Verhandlungen zu sein. In Florenz wurde indessen sein Haus vom Pöbel zerstört. 1302 wurde Dante in Abwesenheit der Prozess gemacht, man verurteilte ihn zu einer Geldstrafe, und er wurde von allen öffentlichen Ämtern ausgeschlossen. Da er das Urteil nicht anerkannte, konfiszierte man seinen Besitz. Dante durfte bei der Androhung des Todes am Scheiterhaufen nicht mehr nach Florenz zurückkehren.

Für Dante begann nun ein unstetes Wanderleben. Er durchreiste Ober- und Mittelitalien, lebte zeitweise in Treviso und Verona und fand beim Grafen Malspina in der Lunigiana an der Grenze von Toskana und Ligurien für längere Zeit Unterstützung. Als im Januar 1309 in Aachen der Luxemburger Heinrich VII., der sich die »renovatio imperii« zum Ziel gesetzt hat, zum römisch–deutschen König gekrönt wurde, schöpfte Dante neue Hoffnung, nach Florenz zurückzukehren. 1310 zog Heinrich nach Italien und versuchte die verfeindeten Parteien zu versöhnen, scheiterte aber nach seiner Krönung in Rom an der Eroberung von Florenz. Dante musste weiter im Exil bleiben.

Nach dem Tode Heinrichs 1313 erhielt er das Angebot seiner Heimatstadt, gegen Zahlung einer Geldbuße und einer öffentlichen Abbitte zurückkehren zu können. Dante lehnte dieses Ansinnen empört ab, worauf man seine Verurteilung erneuerte. Er sollte bis zu seinem Tode Florenz nicht wiedersehen. Dante zog als geachteter Dichter und Politiker weiter umher. Seine letzten Jahre verbrachte er in Ravenna, wohin ihm seine beiden Söhne und seine Tochter gefolgt waren. In Ravenna ist er in der Nacht vom 13. auf den 14. September 1321 gestorben.

Sein Hauptwerk ist die »Comedia«, (Komödie), der Beiname »die Göttliche« wurde erst später von → Giovanni Boccaccio hinzugefügt. Er hat damit den Nerv der Zeit getroffen. Das Mittelalter ist stets mehr dem Tode als dem Leben zugewandt, und die Frage, was nach dem Tode kommt, hat die Menschen im Mittelalter extrem beschäftigt. Hier versucht die »Göttliche Komödie« eine Antwort zu geben. Sie beschreibt das Jenseits, die Hölle, das Fegefeuer und das Paradies, die in Kreise unterteilt sind, in denen sich die Seelen der Verstorbenen, je nach Verdienst oder Strafe, aufhalten müssen. Unter der Führung des antiken Dichters Vergil durchschreitet Dante die Kreise der Hölle und des Fegefeuers und trifft hier auf Gestalten der Bibel und der Geschichte, darunter auch auf seine verstorbenen Feinde aus Florenz. Durch das Paradies wird er von seiner angebeteten Beatrice und von → Bernhard von Clairvaux geführt. Dante hat von 1307 bis 1321 an diesem Werk geschrieben und soll die letzten Gesänge über das Paradies in der Nacht seines Todes vollendet haben.

Sein zweites Hauptwerk ist »De Monarchia«, welches er um 1316 nach dem Tod Kaiser Heinrichs VII. als Reaktion auf dessen Politik einer Wiederherstellung des römisch-deutschen Kaiserreiches in Italien verfasste. Dante ist der Ansicht, dass der Kaiser die Weltherrschaft ausüben müsse, damit die göttliche Ordnung verwirklicht werden kann.

Ein Jugendwerk ist das 1293 vollendete und mit der Verehrung der Beatrice befasste Werk »Vita Nuova«, in dem Dante seine Liebe zu Beatrice schildert, die sein Leben erneuert habe. Dante entwickelt darin in der Tradition der mittelalterlichen Minnedichtung die Geschichte seiner großen Liebe.

Die Bedeutung Dantes in der mittelalterlichen Literatur liegt darin, dass bei ihm erstmals der Mensch in der Gestalt des Dichters in den Mittelpunkt der Handlung gerückt wird. Er irrt umher, ist Liebender, Lernender, Leidender, Beobachter und Berichter. Damit ist er ein Vorläufer der Renaissance und des Humanismus, wenngleich diese ihn wegen seines Symbolismus teilweise abgelehnt hat. Politisch wurde er, der stets für die Vereinigung Italiens unter einer starken Führung war, im 19. Jahrhundert im Zuge des Risorgimento von verschiedensten politischen Gruppierungen vereinnahmt.

ECKHART VON HOCHHEIM
(UM 1260–1328)

Das Leben des »Meister Eckhart« genannten deutschen Theologen,
Predigers und Mystikers ist exemplarisch für die Geisteshaltung der
Kirche im Mittelalter. Zunächst studierte er die Lehren der Kirche, er-
hielt höchste Kirchenämter und durfte an Universitäten unterrichten.
Je mehr er aber lehrte und nachdachte und sich seine eigene Meinung
bildete, umso mehr wurde er der Kirche suspekt und endete vor dem
Kirchengericht eines Bischofs, der in keiner Weise Eckharts Gedanken
nachvollziehen konnte. Eckhart ist nur knapp der Inquisition entkom-
men, da er in seinen Gedanken bereits ein offenes Christentum vor-
wegnahm.

Eckhart stammte aus einfachen Verhältnissen und wurde
um 1260 im thüringischen Hochheim bei Erfurt geboren. Er
wurde in jungen Jahren in den Dominikanerkonvent von Erfurt
aufgenommen und bekam dort seine Erziehung. Mit 17 Jahren
ging er nach Paris und studierte die sieben Künste der »artes
liberales«, Grammatik, Rhetorik, Dialektik, Arithmetik, Astronomie, Musik und Geometrie. Diese konnte er ab 1280 noch mit
einem Theologiestudium in Köln ergänzen, wo er auch → Albertus Magnus gehört haben dürfte. Ein weiteres »studium generale« schloss bis 1289 seine Ausbildung ab. Ab 1290 war er
wieder in Paris, wo er 1293/94 die Sentenzen des → Peter Lombard vortrug.

Als gut ausgebildeter Theologe trug man ihm auch Ämter
an. Ab 1294 war er Prior im Erfurter Dominikanerkloster und
Vikar der Dominikaner für Thüringen. 1302 promovierte er in
Paris zum Magister und wird als »magister Echardus« erwähnt,
davon sollte sich sein späterer Name »Meister Eckhart« ablei-
ten.

Als im September 1303 die Ordensprovinz Teutonia der Dominikaner aufgeteilt wurde, machte man Eckhart zum ersten
Provinzial der neu gegründeten Provinz Saxonia, ein Amt, das
er bis 1311 führte. In seiner Eigenschaft als Provinzial hatte er
die Geschäfte der Provinz zu führen, die mehr als 50 Konvente

zu beaufsichtigen und zu visitieren, neue Klöster zu gründen und an den Generalkapiteln seines Ordens in Toulouse, Strassburg und Piacenza teilzunehmen. Ab 1307 war er Generalvikar der böhmischen Provinz und wurde 1310 zum Provinzial von Teutonia gewählt, ging aber stattdessen nach Paris, wo er von 1311–1313 als Professor für Theologie auf einem der beiden Lehrstühle, die den Predigerorden reserviert waren, lehrte.

Die Aufgabe eines Professors bestand in lateinischen Predigten, Streitfragen und Bibelkommentaren, vorgetragen in den »Disputationes«, genau geregelten Diskussionen. Nach diesem Vorbild hat Eckhart sein Werk aufgebaut. Er wollte daraus ein gewaltiges Gesamtwerk formen, das mehr als tausend in 14 Traktaten geordnete Thesen präsentieren sollte, die das gesamte theologische und philosophische Wissen seiner Zeit abdecken und vereinigen sollten, eine Universaltheorie des Glaubens, daher auch als »Summa Theologiae« bezeichnet. Im zweiten Teil sollten Fragen, »quaestiones«, vorgesehen sein und im dritten Teil ein Kommentar der Heiligen Schrift sowie ein Predigtteil. Eckhart konnte dieses Werk nur zum Teil vollenden. Inhaltlich ging es ihm um die Frage, wie kann man die Existenz Gottes im Christentum wie auch in anderen Religionen mit der Existenz der Welt, die grausam, ungerecht, voll von Krankheit und Tod ist, erklären. Er hatte die Absicht, »das, was der heilige christliche Glaube behauptet, durch die Vernunftargumente der Philosophen auszulegen«. Eckhart war davon überzeugt, dass das Wesen des Christentums auch philosophisch, also mit rationalen Argumenten, erfasst werden kann. Er sah es als Ziel an, dass alle vernunftbegabten Menschen damit die Lehre des Christentums verstehen und glauben können. Damit hob er den Unterschied zwischen dem eingeweihten Klerus und den Laien auf, ein äußerst radikaler Ansatz im Christentum, dessen Verwirklichung bis heute nicht vollständig gelungen ist.

Eckhart war ein begnadeter Prediger. In seinen Predigten spricht er von den zentralen Inhalten des christlichen Glaubens, vom »Seelenfünklein«, das schon immer in Gott gewohnt hat und dem Menschen bei der Geburt übertragen wird, was den Menschen zum Kind Gottes macht, »das vom Vater ewiglich geboren wird«. Diese Einigkeit von Mensch und Gott, die man als Teil einer mystischen Erkenntnis betrachten kann, hat

Eckhart auch den Titel des größten deutschen Mystikers eingetragen.

1323 wurde Eckhart nach Köln gesandt, um dort die Leitung des »studium generale« zu übernehmen. 1225 geriet er in Schwierigkeiten. Bei einer Visitation des Kölner Konventes der Dominikaner durch Nikolaus von Straßburg behaupteten einige Brüder des Konventes, dass sich Eckhart der Häresie schuldig gemacht hätte. Nachdem Nikolaus diese Vorwürfe untersucht und entkräftet hatte, wandten sich die Mönche an den Kölner Erzbischof Heinrich von Virneburg, der 1326 ein Inquisitionsverfahren gegen Eckhart einleitete. Eckhart, der das Gericht in Köln für nicht zuständig hielt, hat sich gegen die Anklage mit den Worten: »Irren kann ich, aber Häretiker bin ich keiner, denn zum Ersten gehört der Intellekt, zum Zweiten der Willen«, verteidigt.

Eckhart sah seine Verteidigung vom geistlichen Gericht in Köln nicht anerkannt und reiste im Frühjahr 1327 zu Papst Johannes XXII. nach Avignon, um sich und seine Schriften einer freiwilligen Prüfung auf Rechtgläubigkeit zu unterziehen. Das Gutachten der Kommission bestätigte aber, dass 28 Sätze aus seinen Schriften als häretisch einzustufen sind, worauf sie mit der päpstlichen Bulle »In Agro Dominico« am 27. März 1329 zensuriert und verboten wurden, eine Anzahl anderer Behauptungen Eckharts wurde als »übelklingend, sehr gewagt und häresieverdächtig« eingestuft. Zudem vermerkt das Dokument, dass Eckhart diese Sätze vor seinem Tode widerrufen habe, woraus hervorgeht, dass er vermutlich Anfang 1328 in Avignon gestorben ist.

Obwohl die Kirche seine Hauptthese, die Lehre von der Gottesgeburt im Menschen, abgelehnt hat, bleibt sie die wesentliche Leistung Eckharts. Was man mit seiner Verurteilung eigentlich treffen wollte, war seine Meinung, dass auch das einfache Volk unterrichtet werden sollte, damit ein Volk von Gelehrten entstehe. Dies ist der revolutionäre Ansatz der Lehre Eckharts und hat später in der Reformation und im Wiedertäufertum bis zum Zweiten Vatikanischen Konzil seinen Nachhall mit der Einbeziehung der Laien in den Kirchendienst gefunden.

El Cid

(UM 1044–1099)

Nachdem die Mauren 725 fast ganz Spanien unter ihre Herrschaft gebracht hatten, begann 1037 mit der Eroberung von Santiago die Reconquista, die christliche Rückeroberung, die für 500 Jahre die Geschichte der Iberischen Halbinsel bestimmen sollte. Eine der populärsten Figuren dieses Auseinandersetzung war Rodrigo Diaz de Vivar, bekannt unter dem Namen »El Cid«, mit dem Beinamen »Campeador«, der Kämpfer.

Geboren wurde Rodrigo um 1044 als Sohn kleiner kastilischer Adeliger in Vivar in der Nähe von Burgos. Er wurde am kastilischen Hof erzogen und zum Freund des zukünftigen Königs Sancho II., des Sohnes Königs Ferdinands I. Als Ferdinand 1065 starb und das Land unter seinen Kindern aufgeteilt wurde, folgte ihm Sancho auf dem kastilischen Thron nach und verfolgte weiter die Ziele seines Vaters, die Rückeroberung von Territorien, welche die Mauren besetzt hielten.

Das islamische Spanien war im 8. Jahrhundert in eine Reihe kleiner islamischer Königreiche, die Taifas, aufgeteilt, die oft nur aus wenigen Städten mit dem umliegenden Land bestanden, während die christlichen Könige von Asturien, Kastilien, Galicien oder Leon aus herrschten. Ziel der Reconquista und der christlichen Könige war es, diese Königreiche, ob christlich oder maurisch spielte in ihrer Machtpolitik eine untergeordnete Rolle, zu erobern und so das jeweilige Einflussgebiet zu erweitern.

Rodrigo nahm mit Sancho an erfolgreichen Feldzügen teil. Man eroberte Zamora und Badajoz, unterwarf Saragossa, dessen Emir al-Muqtadir zum Vasallen Sanchos gemacht wurde. Nachdem Sancho erfolgreich gegen die Mauren vorgegangen war, erhob er Anspruch auf das gesamte Königreich Kastilien mit allen Ländern, die sein Vater regiert hatte, und wandte sich gegen seine Brüder und Schwestern.

1068 konnte Sancho seinen Bruder Alfonso IV., König von Leon, in mehreren Schlachten besiegen und nach Toledo zurücktreiben. Er nahm seiner Schwester Elvira die Stadt Toro ab, fiel aber bei der Belagerung von Zamora 1072 einem Attentat zum Opfer. Alfonso war nun legitimer Herr von Leon und Kastilien, der Cid, königlicher Bannerträger der kastilischen Armee, fiel in Ungnade, verlor sein Kommando, konnte aber seine Position als einflussreicher kastilischer Adeliger halten.

Für mehrere Jahre trat Ruhe im Leben des Cid ein. Er heiratete 1074 Jimena, eine Verwandte von Alfonso, und zog drei Kinder auf. Sein Sohn Diego Rodrigez fiel in der Schlacht von Consuegra gegen die Almoraviden, seine beiden Töchter wurden mit hohen spanischen Adeligen verheiratet. Rodrigo diente in dieser Zeit auch als Richter und wirkte in der Verwaltung des Hofes unter Alfonso.

1079 unternahm der Cid in eigener Initiative eine militärische Expedition gegen den Emir Abd Allah von Granada und konnte diesen in der Schlacht von Cabra schlagen, fiel aber durch sein eigenmächtiges Handeln bei Alfonso in Ungnade und wurde ins Exil geschickt. In dieser Zeit wurde er zum Söldnerführer und kommandierte, nachdem das christliche Barcelona seine Dienste abgelehnt hatte, die Armeen der maurischen Stadt Saragossa.

Alfonso gelang es in den nächsten Jahren, die Mauren erfolgreich zurückzudrängen, so dass diese sich an die Dynastie der Almoraviden in Marokko um Hilfe wandten. Die Invasion Spaniens durch die Almoraviden erfolgte 1086. Die islamische Armee Spaniens schlug die christlichen Armeen bei Sagrajas am 23. Oktober 1086 vernichtend, nur Alfonso und 500 Ritter entgingen dem Massaker.

Alfonso erinnerte sich in seiner Not an seinen besten General und rief den Cid zurück in seine Dienste. Dieser erschien 1087 am Hof Alfonsos, scheint aber das Angebot, in Alfonsos Dienste zu treten, nicht angenommen zu haben. Allerdings dürfte es eine Einigung gegeben haben, denn der Cid begann die nächsten Jahre einen zähen Kleinkrieg gegen die Mauren und Almoraviden zu führen, wobei er Alfonso als seinen Lehnsherren anerkannte.

Rodrigo plante, eine eigene Herrschaft an der Mittelmeerküste aufzubauen. Dazu wandte er sich mit einer christlichmaurischen Armee gegen Valencia, besiegte im Mai 1090 seinen

Mitkonkurrenten Ramon Berenguer II. von Barcelona in der Schlacht von Tébar und eroberte 1094 Valencia. Zwar regierte er hier im Namen Alfonsos, tatsächlich war er der Herr über ein unabhängiges Königreich. Valencia war christlich und maurisch, Angehörige beider Religionen dienten in Armee und Verwaltung.

Der Cid starb am 10. Juli 1099 in Valencia einen friedlichen Tod. Nur die Legende wollte es, dass er in einer Schlacht tödlich verwundet wurde, befahl seine Leiche auf sein Pferd Babieca zu binden und gegen den Feind zu führen und so die Schlacht zu gewinnen.

Seine Witwe Jimena konnte Valencia noch zwei Jahre gegen die Mauren verteidigen, musste dann aber König Alfonso um Hilfe bitten und die Stadt, die niedergebrannt wurde, bevor sie 1109 den Mauren in die Hände fiel, aufgeben. Sie nahm den Leichnam des Cid mit, der in der Kathedrale von Burgos begraben wurde.

Wenngleich man den Cid nur bedingt als Muster eines christlichen Fürsten und Heerführers ansehen kann, immerhin diente er viele Jahre in muslimischen Armeen und kämpfte gegen Christen wie gegen Mauren, wurde er zum nationalen Symbol Spaniens in seinem Kampf um die Reconquista und nationale Einheit, die erst 1492 unter Ferdinand II. und Isabella I. erreicht wurde.

ELEONORE VON AQUITANIEN

(1122–1204)

Sie war Königin zweier Länder, Mutter zweier Könige und die
»Königin der Troubadoure«. Sie galt als die »Großmutter Europas«,
weil ihre Kinder in die bedeutendsten europäischen Königshöfe einge-
heiratet hatten, und ihr Blut floss in fast allen wichtigen Dynastien
Europas weiter.

Eleonore oder Alienor, stammte aus Aquitanien, dem mächtigsten der Herzogtümer in Frankreich, das im 12. Jahrhundert von einem machtlosen König beherrscht wurde, der nur
Paris und dessen Umland kontrollierte.

Eleonore wurde 1122 im Herzogspalast von Poitiers oder in
Bordeaux geboren. Ihr Vater war Wilhelm X. von Aquitanien,
ihre Mutter Eleonore von Chatellerault. Der aquitanische Hof
war glänzend zu dieser Zeit, Kunst, Musik und Kultur standen
hier in höchster Blüte, Paris war dagegen tiefste Provinz. Eleonore bekam eine ausgezeichnete Erziehung, sie sprach Latein,
konnte lesen und schreiben, war eine gute Reiterin und galt
schon als Kind als Schönheit mit roten Haaren und braunen Augen. Als ihr älterer Bruder William Aigret als Kind starb, wurde
sie zur Erbin Aquitaniens und von sieben weiteren Ländern und
war damit eine der besten Partien Europas.

Ihr Vater starb 1137 auf einer Pilgerfahrt, und Eleonore war
mit 15 Jahren Herzogin von Aquitanien. Noch im selben Jahr
heiratete sie, als letzten Wunsch ihres Vaters, Ludwig VII., den
Thronerben von Frankreich, unter der Voraussetzung, dass
Aquitanien ein unabhängiges Herzogtum bleiben würde.

In Paris zog sich Eleonore den Zorn der beiden wichtigsten
Berater Ludwigs, → Abt Suger von St. Denis und → Bernhard
von Clairvaux zu, die mit ihrer kulturell aufgeschlossenen Art
nicht zu Rande kamen, zudem geriet sie wegen ihrer »flitter-
haften Art« auch mit der Mutter Ludwigs in Konflikte.

Als 1144 in einem von Ludwig angezettelten Krieg bei der
Eroberung von Vitry tausende Menschen in einer Kathedrale
verbrannten, wurde Ludwig von tiefer Reue ergriffen. Da zur

selben Zeit Bernhard von Clairvaux einen Kreuzzug predigte, beschloss das junge Paar, das Kreuz zu nehmen und sich dem Kreuzzug anzuschließen. 1145 brachte Eleonore noch ihr erstes Kind, die Tochter Marie von Champagne, zur Welt.

Der Kreuzzug wurde zur militärischen Katastrophe und erreichte keines seiner Ziele. Zudem kam es zu einer Entfremdung zwischen Ludwig und Eleonore, der man nachsagte, in Palästina eine Affäre mit Raimund von Antiochia gehabt zu haben. Nach ihrer Rückkehr nach Paris gebar Eleonore ein zweites Kind, die Tochter Alix, aber da es wieder nicht der ersehnte männliche Thronfolger war, konnte auch dieses Kind die Ehe nicht retten. Am 21. März 1152 wurde die Ehe aufgrund des konstruierten Vorwandes der zu engen Verwandtschaft zwischen den Ehegatten annulliert. Eleonore erhielt ihre Ländereien zurück, ihre Kinder blieben legitimierte Nachfahren Ludwigs.

Eleonore brauchte für ihr Land schnell einen neuen starken Herrn, und bereits am 18. Mai 1152 heiratete sie Heinrich, Graf von Anjou und Herzog der Normandie, der nach seiner Thronbesteigung 1154 als König Heinrich II. England und fast zwei Drittel Frankreichs kontrollierte, aber elf Jahre jünger war als seine Frau. In den nächsten Jahren schenkte sie fünf Söhnen und drei Töchtern das Leben, darunter die zukünftigen Könige → Richard I. Löwenherz und Johann Ohneland. Da Heinrich immer stärker in seine Staatsgeschäfte und in zahlreiche Affären mit anderen Frauen verwickelt war, trennte sich Eleonore zwischen 1168 und 1170 von ihm und richtete sich einen eigenen Hof in ihrem Herzogtum in Poitiers ein. Hier sollten sich die Hauptvertreter der höfischen Kultur und besonders Minnesänger wie Chrétien de Troyes versammeln und Eleonore den Beinamen »Königin der Troubadoure« eintragen.

Nachdem Heinrich 1170 →Thomas Becket in Canterbury ermorden ließ, dürfte bei seinem Sohn Heinrich und auch bei Eleonore der Entschluss gereift sein, gegen den immer mächtiger werdenden König vorzugehen. 1173 kam es zur Revolte, die allerdings scheiterte, als es Heinrich II. gelang, Eleonore auf dem Weg nach Paris gefangen zu nehmen. Er schickte sie nach England, wo sie die nächsten 15 Jahre in komfortabler Gefangenschaft verbrachte.

1183 versuchte Heinrich der Jüngere nochmals den Aufstand gegen seinen Vater, starb aber im selben Jahr. Sein Bruder Richard Löwenherz wurde zum Kronprinzen. Im der Folge erhob Frankreich Ansprüche auf Gebiete Heinrichs II., was diesen dazu brachte, Eleonores Haft zu lockern und sie nach Frankreich zu senden, um seine Ansprüche zu legitimieren, dennoch blieb sie unter ständiger Aufsicht und Überwachung.

Heinrich II. starb 1186, Eleonore wurde in England freigelassen und übernahm die Regentschaft als »Königin von England« für ihren Sohn Richard, die sie auch behielt, als er 1189 zum 3. Kreuzzug ins Heilige Land aufbrach. Nachdem er auf dem Rückweg gefangen genommen wurde, verhandelte sie persönlich das Lösegeld und sorgte für seine Freilassung.

Eleonore überlebte auch Richard, der 1199 starb, und sah einen weiteren Sohn, Johann Ohneland, zum König von England gekrönt. 1199 wurde sie trotz ihrer 77 Jahre gebeten, nach Kastilien zu reisen, um eine Gemahlin für Ludwig VIII., Sohn des französischen Königs Philipp II., zu bestimmen. Sie unternahm die mühevolle Reise, wurde mehrmals gefangen genommen und kehrte 1200 mit Blanka von Kastilien nach Frankreich zurück. 1201 mischte sie sich in den Krieg zwischen Philipp II. und Johann Ohneland ein, wurde in der Burg von Mirabeau belagert und von Johann befreit.

Ihr fortschreitendes Alter erschöpfte Eleonore, sie nahm den Schleier und trat als Nonne in das Kloster von Fontevrault ein, wo sie 1204 friedlich starb. Ihr Grab liegt in dieser Abtei nicht weit von den Gräbern ihres Ehemannes Heinrich II. und ihres Sohnes Richard I. Löwenherz.

In einer Welt, in der nur Männer durch Krieg und Politik, durch Mord, Verrat und Hinterlist herrschten, konnte sich Eleonore als Frau fast 70 Jahre lang behaupten. Sie war nicht nur eine fähige Politikerin, der vielleicht die Härte in der Durchsetzung ihrer Ziele fehlte, sondern auch eine großzügige Mäzenin der Künste, der Literatur und Musik.

Franz von Assisi

(1181–1226)

Franz von Assisi war arm, er predigte nackt, um der Welt ein Bei-
spiel von Armut zu geben, er liebte die Natur und die Pflanzen und
Tiere in ihr. Er gründete einen der größten und erfolgreichsten Orden
der Kirchengeschichte, auch wenn dieser bald nichts mehr mit seinem
Armutsgelübde zu tun hatte. Er feierte als Erster Weihnachten mit
einer Weihnachtskrippe und ist der erste Mensch, der die Stigmata
Christi empfing.

Dabei ist Franz von Assisi in seiner Jugend nicht arm gewesen. Er war der Sohn eines reichen Kaufmanns und wurde als Giovanni Battista Bernadone 1181 in Assisi geboren. Er
hatte eine glückliche Jugend, Freunde, er liebte die Mode und
die Musik. Als 1202 seine Heimatstadt Krieg mit Perugia führte,
zog er in den Kampf, schenkte aber seine Rüstung einem armen Söldner und wurde gefangen genommen. Nach einem Jahr
durch seinen Vater ausgelöst, kehrte er schwer krank nach Assisi zurück.

Hier konnte er sich in die Gesellschaft der Händler und Kauf-
leute nicht mehr einfügen und geriet in eine Sinnkrise. Er versuchte dieser mit einer Wallfahrt nach Rom zu begegnen. Alles
was er hier sah, war das Geschäft im Namen Gottes neben der
ungeheuren Armut, die ihn dazu brachte, mit einem Bettler die
Kleider zu wechseln.

Zurück in Assisi, begann er sich für die Kirche zu engagieren, er renovierte kleine Kirchen in der Umgebung von Assisi
und verkaufte dazu Tuchballen seines Vaters, worauf ihn dieser
1206 vor Gericht verklagte. Während der Verhandlung entle-
digte sich Franz all seiner Kleider zum Zeichen, dass er seinem
Vater nichts mehr schulde, und begann von 1207 bis 1209 ein Leben als Einsiedler. 1208 hatte er ein Erweckungserlebnis in einer
kleinen, als »portiuncula« bezeichneten Kirche, als er Stimmen
vernahm, die ihn aufforderten, in die Welt zu gehen, allen Besitzes zu entsagen und Gutes zu tun. Diese drei Regeln legte er
als die Grundlagen seines Ordens der »minderen Brüder« oder

»Minoriten« fest und ließ sich von zwölf Getreuen zum ersten Oberen des Ordens wählen. 1210 wanderte er mit einigen Mitbrüdern nach Rom und erhielt von Papst Innozenz III. die Anerkennung seiner Gemeinschaft. Kein leichtes Unterfangen in einer Zeit, in der ständig neue Gemeinschaften versuchten, die Kirche zu reformieren. Fast alle hatten das Armutsgelöbnis in ihrem Programm, was der etablierten römischen Kirche nicht gefiel. Jedenfalls scheint die Kirche in dieser Gemeinschaft einfacher Mönche keine Gefahr gesehen zu haben und bestätigte ihre erste Regel, die heute verloren ist.

1212 konnten die Franziskaner ihren ersten Konvent bei Cetona gründen, im selben Jahr lernte Franz die junge Adelige Klara von Assisi kennen, die sich für seine Ideen begeisterte und die er in den Orden aufnahm, wodurch die Schwesterngemeinschaft der Klarissinnen gegründet wurde. 1215 konnten die Minoriten erreichen, dass der Orden beim IV. Laterankonzil öffentlich anerkannt und von Kardinal Ugolino die Conti de Segni, dem späteren Papst Gregor IX., gefördert wurde.

1212 ging Franz von Assisi auf Wanderschaft, um zu predigen. Eine erste Reise ins Heilige Land scheiterte jedoch an einem Schiffbruch. Er kehrte nach Italien zurück und traf hier Dominikus, den Gründer des Ordens der Dominikaner, die ein ähnliches Programm wie die Franziskaner, aber unter starker Betonung der Schulung und der Lehre, vertraten. Im selben Jahr predigte er in Dalmatien, und von 1212 bis 1215 bereiste er Südfrankreich und Spanien. Inzwischen kannte man ihn als den »poverello«, und die Menschenmassen liefen zusammen, wenn er predigte. Es war sein persönliches Beispiel, seine Hingabe und jeder Verzicht auf Besitz, der die Menschen beeindruckte.

1219 schloss er sich nach einer Ordensversammlung in Assisi, zu der 5000 Mitbrüder erschienen, dem 5. Kreuzzug nach Ägypten an, der sein unrühmliches Ende vor der ägyptischen Stadt Damiette fand. Er gelangte bis ins ägyptische Lager und predigte vor dem Sultan, der zwar mit seiner Botschaft wenig anfangen konnte, aber die Stärke seines Glaubens bewunderte. Franz zog weiter nach Palästina und kehrte 1220 nach Italien zurück. Hier hatte sich der Orden in seiner Abwesenheit unter dem Einfluss von Kardinal Ugolino gewandelt. Er war durchorganisiert und zu Geld gekommen und hatte sich Konvente und

Klöster gebaut. Einige Mönche hingen noch immer dem Ideal der Armut an, der Orden war auf dem Wege, sich zu spalten. Franz trat von der Leitung des Ordens zurück, bestimmte Pietro Cattanei und Elias von Cortona zu Ordensleitern und zog sich als Einsiedler in das kleine Kloster von Averna zurück. Hier gründete er die Tertiarier, den dritten Orden der Franziskaner, bestimmt für Menschen, die keinem Kloster beitreten konnten, aber in der Welt nach den Regeln Christi leben wollten. 1223 erhielten die Franziskaner durch Papst Honorius III. die endgültige Anerkennung. Franz feierte das Weihnachtsfest dieses Jahres erstmals in Europa mit der Aufstellung einer Krippe mit Ochs und Esel, um so mit »eigenen Augen das Leid des Herrn« zu sehen.

Im nächsten Jahr zog er sich noch tiefer in die Berge zurück. Als ihn seine Freunde fanden und nach Portiuncula zu Klara brachten, war er krank, fast blind, und seine Hände und Füße trugen die Wundmale Christi. Es ist dies der erste überlieferte Fall einer Stigmatisierung in der Kirche; es dürfte bei der Lebenshaltung und bei der Ehrlichkeit des Franz von Assisi kaum ein Zweifel bestehen, dass er sie durch Meditation und Askese empfangen hat.

Franz wanderte zwei weitere Jahre umher und predigte. Als er 1226 sein Ende nahen fühlte, zog er sich nach Portiuncula zurück, wurde aber von einer bewaffneten Wache aus Assisi, das sich seinen potenziell Wunder wirkenden Körper als zukünftige Reliquie nicht entgehen lassen wollte, nach Assisi gebracht. Hier starb er, nachdem er sich nackt nach dem Vorbild Christi auf die Erde hatte legen lassen. Er wurde in Assisi begraben und schon 1228 durch Papst Gregor IX. heilig gesprochen. Nach seinem Tode begann man mit dem Bau einer Doppelkirche über seinem Grab, die bis 1253 fertig gestellt wurde. Sein unbezeichnetes Grab wurde erst 1818 erkannt und seine Gebeine in ein Grabmal übertragen.

Der Orden der Franziskaner wurde zu einem der mächtigsten und einflussreichsten im Abendland. Auch wenn es der reformierte Orden des Ugolino war, der sich in der Auseinandersetzung mit den Spiritualen, die sich auf ein kontemplatives Leben zurückziehen wollten, durchsetzte, so waren die Franziskaner im Mittelalter ein innovativer Orden, von dem aus immer wieder neue Ideen in die Kirche kamen, auch wenn sie wie bei → William von Ockham und → Francis Bacon nicht immer gleich anerkannt wurden.

Die Bedeutung des Franz von Assisi liegt in seiner Erkenntnis, dass sich die Welt im Umbruch befand. Die alten bäuerlichen Strukturen lösten sich auf, die Städte wurden das Erfolgsmodell des Mittelalters, hatten aber mit schweren sozialen Problemen, besonders mit dem Entstehen eines städtischen Proletariats zu kämpfen. Hier erreichte der Orden der Franziskaner auch jene, die vom städtischen Reichtum ausgeschlossen waren, während die Orden der Benediktiner und Augustiner auf diese Fragen der Gesellschaft keine Antwort fanden.

Ein »armer« Orden, wie ihn Franz von Assisi geplant hatte, konnte nicht in der mittelalterlichen Realität existieren. Als nach dem Tod von Franz über seinem Grab ein Kloster mit einer Basilika errichtet wurde, störte einige seiner Anhänger die Pracht des Baus, da dies nicht mit den Armutsidealen des Ordens zu vereinbaren war. Zur Beendigung dieses »Armutsstreites«, der die »reiche Kirche« bedrohte, verfügte Papst Gregor IX., dass eine gewählte Ordensverwaltung Gelder besitzen dürfe und der Bau von Klöstern den Absichten des Franz von Assisi nicht widerspräche. Dies führte zur Spaltung des Franziskanerordens, die 1517 von Papst Leo X. anerkannt wurde. Er teilte den Orden in die Konventualen oder Minoriten, denen gemeinschaftlicher Besitz erlaubt wurde, und die Observanten oder Franziskaner, die eine möglichst enge Befolgung der Regel des Franziskus anstrebten. Sie bilden bis heute die größere Gruppe; von ihnen spalteten sich später die Kapuziner ab, um sich als unabhängiger Orden zu organisieren.

Friedrich I. Barbarossa

(1122–1190)

In der Sage sitzt Kaiser Friedrich Barbarossa im Untersberg bei Salzburg, oder im Trifels bei Annweiler oder im Kyffhäuser. Sein langer, roter Bart, dem er seinen Beinamen Barbarossa verdankte, ist durch die Tischplatte gewachsen, und alle 100 Jahre schickt er einen Raben aus, um zu sehen, ob das Deutsche Reich wiedererrichtet wurde, dann wird er wieder auf der Welt erscheinen. Oder er kommt, wenn die letzte Schlacht am Jüngsten Tag geschlagen wird, um der Christenheit beizustehen. Er blieb als Kaiser und Held so im Gedächtnis, dass man nicht glauben wollte, dass er in einem einsamen Fluss in Anatolien ertrunken war.

Geboren wurde Friedrich im Jahre 1122 in Waiblingen als Sohn des Herzogs von Schwaben, dessen Nachfolge er 1147 als Friedrich III. von Schwaben antrat. 1152 wurde er von den Fürsten zum deutschen König gewählt. Er trat kein leichtes Amt an, Deutschland war zerrissen im Kampf zwischen den Welfen, die Sachsen und Bayern beherrschten, und Friedrichs Familie der Staufer. Friedrich war durch seine Mutter ein halber Welfe, er war von gewinnendem Wesen, soll immer so ausgesehen haben, als ob er jederzeit in Gelächter ausbrechen würde, hatte Kriegserfahrung am 2. Kreuzzug von 1147 bis 1148 gesammelt, war intelligent und gebildet, konnte lesen und schreiben, sprach Latein und verstand sich auf Justiz und Diplomatie.

In den zwei Jahren nach seiner Krönung gelang es ihm, das deutsche Reich zu befrieden. Er gab dem Welfen → Heinrich dem Löwen Bayern zurück und setzte Recht und Ordnung wieder durch. 1154 machte er sich erstmals nach Italien auf, das kein deutscher König seit 50 Jahren unter Kontrolle bringen hatte können. Die oberitalischen Städte hatten sich, gestützt auf ihren Reichtum, praktisch selbstständig gemacht, Bürgerverfassungen und Republiken errichtet, und selbst Rom war der Kontrolle des Papstes entglitten. Friedrich wurde in Italien freundlich empfangen, nur Mailand verweigerte ihm die Huldigung. Er setzte Papst Hadrian IV. wieder in Rom ein und ließ sich 1155 von ihm zum römisch-deutschen Kaiser krönen. Allerdings versäumte er es, weiter nach Süden gegen die Normannen vorzustoßen, was langfristig dazu führen sollte, dass sich die Päpste mit den sizilischen Normannen verbündeten und sich mit dieser Unterstützung weiter vom Kaisertum unabhängig machen konnten.

Nach einem kurzen Aufenthalt in Deutschland, er ordnete die Verhältnisse in Polen und Böhmen neu und heiratete Beatrix von Burgund, was ihm nominell die Herrschaft über die oberitalischen Städte einbrachte, machte er sich 1158 militärisch bestens vorbereitet auf seinen zweiten Zug nach Italien. Diesmal brach er mit Brutalität den Widerstand der Städte, eroberte und unterwarf sie, als sich Mailand weiter weigerte, ihn anzuerkennen, ließ er die Stadt nach der Eroberung völlig zerstören.

1159 starb Papst Hadrian IV., und Friedrich setzte gegen den Widerstand der Kirche und selbst gegen seine eigenen Bischöfe seinen Papstkandidaten Viktor IV. gegen den gewählten Papst Alexander III. durch. In zwei weiteren Italienzügen 1163 und 1167 konnte er zwar bis Rom vorstoßen und Viktor als Papst in St. Peter einsetzen, musste sich aber, als 1167 sein Heer in Rom durch eine Seuche dezimiert wurde, auf einem abenteuerlichen Rückzug nach Deutschland in Sicherheit bringen. Die lombardischen Städte rebellierten gegen seine Gouverneure, Italien war für Friedrich abermals verloren.

Inzwischen musste er sich weiter in Deutschland mit seinem größten Konkurrenten, Heinrich dem Löwen, auseinandersetzen. Dieser hatte die lange Abwesenheit Friedrichs benutzt, um seine Macht in Norddeutschland durch die Kolonialisation der Ostgebiete weiter auszubauen, und war zum mächtigsten Fürsten Deutschlands geworden, so dass er Friedrich seine Unterstützung für einen weiteren Italienzug versagte.

Friedrich ging daher 1174 mit nur 8000 Rittern ein letztes Mal nach Italien, wurde 1176 von der Liga der lombardischen Städte bei Legnano schwer geschlagen, verlor sogar sein persönliches Banner und seinen Schild und musste sich zurückziehen. Er war klug genug einzusehen, dass seine Sache in Italien verloren war. Er schloss Frieden mit Papst Alexander III., vereinbarte einen Waffenstillstand für sechs Jahre mit den lombardischen Städten und für 15 Jahre mit dem normannischen Königreich in Sizilien, das auf Seiten des Papstes gestanden hatte. 1177 traf er Papst

Alexander III. in Venedig und beendete 18 Jahre bitterer Kriege in Italien.

Friedrich hatte Heinrich dem Löwen seine fehlende Unterstützung im 5. Italienzug nicht vergessen. Nach seiner Rückkehr nach Deutschland benutzte er eine Klage von sächsischen Fürsten, um Heinrich im Januar 1180 seine Reichslehen zu nehmen und ihm nur seine Eigengüter zu belassen. Heinrich wurde ins Exil nach England zu seinem Schwiegervater, dem englischen König Heinrich II., verbannt. Die frei gewordenen Reichslehen wurden dem Eigengut der Staufer hinzugefügt oder unter ihren Anhängern verteilt. Damit bekamen die Wittelsbacher Bayern zum Lehen, das sie bis 1918 halten konnten.

Auch mit den lombardischen Städten konnte sich Friedrich auf diplomatischem Wege einigen. Im Frieden von Konstanz erkannte er 1183 den Lombardenbund an und ließ sich diese Anerkennung mit hohen Steuern und Abfindungen abkaufen. Mit dem Königreich Sizilien kam er 1186 zu einer Einigung, als er in Mailand seinen Sohn Heinrich VI. mit Konstanze, der Tochter Rogers II. von Sizilien, verheiraten konnte.

Friedrich hatte im Alter von 61 Jahren sein Reich konsolidiert, hatte Hoffnung auf den Erwerb Siziliens und war 1178 durch seine Krönung auch König von Burgund geworden, als ihn 1187 die Nachricht von der Niederlage der Kreuzritter bei Hattin und der Eroberung von Jerusalem durch Saladin erreichte. Es muss ihm, als größtem Fürsten der Christenheit, gleichsam als die Krönung seines Lebenswerkes erschienen sein, Jerusalem zurückzuerobern. 1189 brach er mit einem wohlorganisierten Heer von 20.000 Rittern aus dem römisch-deutschen Reich, zeitgleich mit Philipp II. August von Frankreich und → Richard I. Löwenherz von England, zum 3. Kreuzzug auf. Er schrieb an Saladin, warnte ihn vor seinem Kommen und forderte ihn zum Zweikampf heraus. In Kleinasien schlug er die Sarazenen in zwei Schlachten, ertrank aber im Juni 1190 im Fluss Saleph in Anatolien. Ob er einen Herzschlag erlitten hatte, als er sich abkühlen wollte, oder ob sein Pferd scheute, ihn abwarf und er von seiner Rüstung unter Wasser gezogen wurde, bleibt ungeklärt.

Man versuchte seinen Leichnam in Essig zu konservieren, was aber misslang, daher wurde er an verschiedenen Orten begraben, sein Fleisch in St. Peter in Antiochia, die Eingeweide in Tarsus und die Gebeine in der Kathedrale von Tyrus.

Friedrich war einer der fähigsten deutschen Kaiser. Er verstand es, der alten universellen Kaiseridee wieder Bedeutung zu geben und sie, wenn es ihm auch militärisch nicht gelang, zumindest diplomatisch großteils umzusetzen. Sein Vorbild war hier → Karl der Große, den er 1156 heilig hatte sprechen lassen. Im Inneren des Reiches konnte er die Zentralgewalt nochmals stabilisieren und sich mit den großen Territorialherren einigen. In seinen Italienzügen hat er aber seinen Nachfolgern ein Ziel vorgegeben, an dem sie letztendlich scheitern sollten.

FRIEDRICH II. VON STAUFEN

(1194–1250)

Er war das »Wunder der Welt«, der »stupor mundi«, er beherrschte neun Sprachen und konnte sieben davon schreiben. Er reiste mit einer Garde aus Sarazenen, einer Musiktruppe, einem Zoo mit Elefant und Giraffe und einem Harem samt Eunuchen. Seltsam genug für seine Zeit pflegte er täglich zu baden, schrieb Bücher und galt dem Papst als der größte Feind der Christenheit, obwohl er ein römisch-deutscher Kaiser und König von Jerusalem war. Die Lebensgeschichte von Friedrich II. hatte alles, was uns das Mittelalter nicht als dunkel, sondern als farbig und bunt erscheinen lässt.

Sein Aufstieg zur Macht ist erstaunlich. Er war der Sohn Heinrichs VI. und Constanzes von Sizilien, damit der Enkel von Kaiser → Friedrich I. Barbarossa. Angeblich öffentlich am Marktplatz von Jesi bei Ancona 1194 geboren, um seine Legitimität nachzuweisen, wuchs er in den Straßen und Palästen von Palermo auf und erhielt eine Erziehung von Normannen, Deutschen, Byzantinern und Arabern. Als er drei Jahre alt war, starb sein Vater. In Deutschland wählte die Stauferpartei Philipp von Schwaben zum König, der den Platz für Friedrich sichern sollte. Die Welfen ließen Otto IV., den Sohn → Heinrichs des Löwen, zum Gegenkönig ausrufen. 1211 wurde Philipp grausam ermordet, Otto wurde alleiniger Herrscher. Um die Staufer endgültig auszuschalten, plante Otto eine Invasion von Sizilien, um sich Friedrichs zu entledigen, musste aber wegen einer Rebellion nach Deutschland zurückkehren. Die Stauferpartei wählte Friedrich zum König, der auch vom Papst Innozenz III. unterstützt wurde, weil für diesen ein Kampf zweier deutscher Könige um die Macht nur zum Vorteil des Papsttums sein konnte.

Mit nur 60 Rittern machte sich der 17-jährige Friedrich auf nach Deutschland, um sein Königreich einzufordern. In Genua musste er sich Geld borgen, das er zurückzuzahlen versprach, wenn er König geworden sei. Heimlich querte er die von Otto kontrollierten Alpenpässe und erreichte Konstanz drei Stunden vor Otto. Diese drei Stunden waren genug für den rotblonden

Enkel von Friedrich Barbarossa. Er fand so viel an Bewunderung und Unterstützung, dass er Otto zurückdrängen konnte. Mit Hilfe des französischen Königs Philipp II. August schlug er ihn 1214 in der Schlacht von Bouvines entscheidend und ließ sich 1215 in Aachen zum König krönen. Die nächsten Jahre konsolidierte er seine Herrschaft in Deutschland. 1220 wurde er in Rom von Papst Honorius III. gegen das Versprechen, einen Kreuzzug zu unternehmen und die Häretiker zu strafen, zum Kaiser gekrönt.

Friedrich zog weiter nach Sizilien, Deutschland ließ er in Händen seiner Kinder und unter Erzbischof Engelbert I. von Köln. Sizilien war als gesicherte Machtbasis das wichtigste Gebiet für seine weiteren Pläne. In Deutschland hatte er nur wenige Verbündete, hier stützte er sich auf den deutschen Ritterorden, dessen Großmeister → Hermann von Salza sein persönlicher Freund, Vertrauter und immer wieder der Mittler zum Papst wurde.

Die nächsten Jahre reorganisierte Friedrich das Königreich Sizilien. Er schuf eine neue Armee, die zum Teil aus Sarazenen und Mauren bestand, weil diese nicht dem Kirchenbann verfallen konnten, und verbot den Christen, seine Soldaten zu missionieren. Er baute eine neue Flotte auf, indem er jedes Schiff beschlagnahmte, das seine Häfen anlief, und schuf eine Verwaltung aus gut ausgebildeten und bezahlten Beamten. Dazu gründete er die erste säkulare Universität Europas in Neapel und verfügte, dass Studenten aus Sizilien nur dort studieren dürften, und rief alle Studenten Siziliens von anderen Universitäten zurück.

Papst Honorius III. unterstützte diese Politik, solange sich Friedrich an sein Versprechen, auf Kreuzzug zu gehen und die Häresie zu bekämpfen, hielt. Mit der Häresie hatte er keine Probleme, wer ein Ketzer war, war auch gegen ihn. Er nahm aber von allen Verfolgungen Juden, denen er wichtige Monopole anvertraut hatte, byzantinische Christen und Muslime aus. 1227 starb Honorius III., und der neue Papst Gregor IX. stand vom ersten Moment an Friedrich feindlich gegenüber. Er sah Friedrich als Gefahr für das Papsttum und begann eine Kampagne, die Friedrich als Dämon und Antichrist darstellen sollte. Daneben forderte er vehement den versprochenen Kreuzzug ein.

1227 brach Friedrich nach Palästina auf, musste aber nach zwei Tagen zurückkehren, weil auf seinem Schiff die Pest ausgebrochen war, worauf ihn der Papst mit dem Kirchenbann belegte. Erst ein Jahr später konnte er wieder ins Heilige Land aufbrechen, was der Papst ausnutzte, um in Sizilien mit Truppen einzufallen.

Friedrichs Kreuzzug war äußerst erfolgreich. Er ordnete die Verwaltung Zyperns neu, und im Heiligen Land angekommen, erkannte er, dass er seine Ziele auch ohne Kampf erreichen konnte. Dafür unterstützte er al-Kamil, den Sultan von Ägypten, mit dem er sich ausgezeichnet verstand, gegen den Sultan von Damaskus, und al-Kamil trat dafür Bethlehem, Jerusalem und Nazareth ab. Da Friedrich mit Jolanda II. von Jerusalem verheiratet war, die Anspruch auf den Thron von Jerusalem hatte, konnte er sich zum König von Jerusalem krönen lassen.

1230 zurück in Sizilien, vertrieb er die päpstlichen Truppen und erreichte durch die Vermittlung von Hermann von Salza die Lösung des Kirchenbannes. Die nächsten Jahre musste er sich mit einem Aufstand seines Sohnes Heinrich II. auseinandersetzten, den er besiegte und in Sizilien einkerkern ließ. Dafür wurde sein Sohn Konrad IV. 1237 in Wien zum römisch-deutschen Kaiser gekrönt. Ab 1236 kam es zu einer neuen Auseinandersetzung mit dem Papst. Man kämpfte in Oberitalien um die lombardischen Städte, die Friedrich zwar 1237 bei Cortenuova besiegen, aber nicht dauerhaft unterwerfen konnte. Gregor antwortete mit einer Kampagne, die, beeinflusst von den Schriften → Joachims von Fiore, den Kaiser als den kommenden Antichrist darstellte, was dieser mit der Bewertung des Papstes als »Hure Babylon« beantwortete.

1241 starb Gregor, und Friedrich versuchte, die Papstwahl zu seinen Gunsten zu beeinflussen. Der mit seiner Hilfe gewählte Papst Innozenz IV. wandte sich aber nach der Wahl gegen ihn und wiegelte die lombardischen Städte zum Aufstand auf, der mühsam von Friedrichs unehelichem Sohn Enzio unterdrückt werden musste. In Deutschland hatte es sein Sohn Konrad immer schwerer, sich gegen zahlreiche Gegenkönige, welche die lange Abwesenheit Friedrichs ausnutzten, durchzusetzen, konnte aber Deutschland für die Staufer halten.

1250 musste der Papst verhandeln. Friedrich war militärisch

nicht zu besiegen, zahlreiche oberitalische Städte hatten auf seine Seite gewechselt, und in Deutschland war der Gegenkönig Willhelm besiegt worden. In Lyon sollte es zu neuen Verhandlungen zwischen Papst und Kaiser kommen. Auf dem Weg dahin ist Friedrich 1250 auf Castel Fiorentino in Apulien gestorben. Er wurde im Dom von Palermo neben seinen Eltern und Roger II. von Sizilien, seinem Großvater mütterlicherseits, beigesetzt.

Friedrichs Reich zerfiel wenige Jahre nach seinem Tode. Vier Jahre später ging mit Konrads Tod den Staufern Deutschland verloren. Sein Enkel Manfred wurde von Karl von Anjou, dem der Papst Sizilien zum Lehen gegeben hatte, bei Benevent geschlagen und Sizilien erobert. 1268 überquerte der letzte der Staufer, sein Enkel Konradin, die Alpen, um Sizilien zurückzufordern, wurde bei Tagliacozzo von Karl von Anjou vernichtend geschlagen, gefangen genommen und auf dem Marktplatz von Neapel enthauptet, ein letzter Sieg des Papstes über die Staufer.

Friedrich sah sich als Universalherrscher im byzantinischen Sinn. Er selbst verstand sich nicht als Gegenspieler oder Konkurrent des Papstes, sondern als ideale Ergänzung, eine Meinung, die von den Päpsten nicht geteilt wurde, die an einer Unterordnung des Kaisers unter das Papsttum interessiert waren. Als Mensch war er ein Wunder der Gelehrsamkeit, er interessierte sich für die Wissenschaften von der Falknerei bis zur Psychologie und war ein Kosmopolit, der alle Kulturen schätzte und benutzte.

Friedrich III. von Habsburg
(1415–1493)

Er wurde im Mittelalter geboren, als er starb, hatte die Neuzeit schon begonnen. Friedrich III. ist ein Kaiser an der Grenze zweier Epochen. Er wurde als Friedenskaiser bezeichnet und führte doch zeit seines Lebens Krieg.

Als er 1415 in Innsbruck geboren wurde, waren die Habsburger in drei Linien aufgespalten. Friedrich war der Sohn von Herzog Ernst dem Eisernen und Cimburgis von Masowien. Sein Vater herrschte über die innerösterreichischen Länder Steiermark, Kärnten und Krain. Nach dem Tod seines Vaters übernahm sein Onkel, Herzog Friedrich von Tirol, die Vormundschaft über ihn und seinen Bruder Albrecht VI., 1436 erhielt Friedrich bei einer Wallfahrt in Palästina den Ritterschlag. 1440 wurde er in Frankfurt zum deutschen König gewählt und 1442 in Aachen gekrönt.

Sein erster Versuch, Reichspolitik zu betreiben, war die »Reformatio Friderici«, eine Reform des Justizwesens. In einer Auseinandersetzung mit den Schweizer Eidgenossen im Streit um österreichische Besitzungen in den Vorlanden musste er 1444 im Zürcherkrieg eine schwere Niederlage einstecken, konnte aber in dieser Zeit Verbindungen zum Neuburgundischen Reich → Karls des Kühnen aufbauen, was 1459 zur Vermählung seines Sohnes → Maximilian I. mit der burgundischen Erbtochter Maria führen sollte.

1448 schloss er mit dem Vatikan ein Konkordat, das ihm weitgehenden Einfluss auf die Bischofsernennungen in Österreich sicherte. Dafür konnte er 1451 den Zug nach Rom antreten, wo er 1452 von Papst Nikolaus V. mit den mitgebrachten Reichsinsignien gekrönt wurde.

Drei Tage zuvor hatte er in Rom Eleonore von Portugal geheiratet, die Tochter König Eduards von Portugal und eine der besten Partien in Europa. Mit ihrer Hilfe hoffte er die Finanznöte, die ihn sein ganzes Leben lang begleiteten, zu beheben.

Friedrich hatte in der Folge Schwierigkeiten, sich in Österreich gegen seine eigene Familie und in Ungarn und Böhmen gegen Georg Podiebrad und Matthias Corvinus zu behaupten, denen er gegen seine Anerkennung als Lehnsherr ihre nationale Selbstständigkeit anerkannte. Besonders bitter war seine Auseinandersetzung mit seinem Bruder Albrecht VI., der 1462 Friedrich in der Burg in Wien belagerte, ehe er von Georg Podiebrad befreit wurde. Erst der Tod Albrechts VI. 1463 brachte ihm hier eine Entlastung.

Auch im Reich musste Friedrich Niederlagen hinnehmen. Jahrelange Kriege und Streitigkeiten um die habsburgischen Vorlande und mit den Reichsfürsten führten dazu, dass sich Friedrich immer mehr aus der aktiven Reichspolitik zurückzog und sich vermehrt dem Ausbau der habsburgischen Familienmacht widmete. Es gelang ihm ab 1456, die Fürsten von Görz, Cilli und Tirol auf die Seite zu schieben und ihre Länder der habsburgischen Hausmacht einzuverleiben.

Für die weiteren Geschicke der Habsburger wurde es wichtig, dass er gute Beziehungen zu Burgund unterhielt, obwohl er Karl dem Kühnen die Vorlande verpfänden musste. Erst durch die Hochzeit Maximilians mit Maria von Burgund 1477 konnten sich die Habsburger das burgundische Erbe endgültig sichern.

In Böhmen verlor er mit dem Tode König Podiebrads einen Unterstützer, hier setzte sich der Jagiellone Woladislaw mit Friedrichs Hilfe als König durch, in Ungarn konnte sich Matthias Corvinus behaupten, dem er 1463 die Stephanskrone herausgeben musste.

1471 versuchte Friedrich einen Reichstag nach Regensburg einzuberufen, um gegen die über den Balkan herandrängenden Türken vorzugehen, die immer wieder in Kärnten und der Steiermark einfielen. Die Schwäche Friedrichs in diesen Gebieten nutzte in der Folge Matthias Corvinus, der, da ihm Friedrich seine Schulden nicht zurückzahlte, in Österreich einfiel, 1484 Wien belagerte, das er 1485 eroberte und bis 1490 halten konnte.

1486 konnte Friedrich durchsetzen, dass sein Sohn Maximilian I. in Frankfurt zum deutschen König gewählt und im selben Jahr in Aachen gekrönt wurde. 1488 eilte er nochmals nach Brüssel, wo Aufständische seinen Sohn Maximilian gefangen hielten, und befreite diesen. Friedrich III. zog sich danach auf seine Burg nach Linz zurück, vermutlich litt er an fortschreitendem Diabetes. Im Juni 1493 musste ihm ein Bein amputiert werden, Friedrich erholte sich davon nicht mehr und starb am 19. August 1493 in Linz. Begraben liegt er seit 1513 im rechten Seitenchor des Wiener Stephansdomes in einem der schönsten Grabmäler Europas, das von Niklas Gerhaert van Leyden gefertigt wurde.

Friedrich galt zeit seines Lebens als wenig fähig, als Zauderer und als die »Erzschlafmütze des Reiches«. Aber in einer Zeit, in der die Macht der Reichsfürsten stark angewachsen war und dem Kaiser, der sich stets mit seiner eigenen Familie herumschlagen musste, nur geringe Finanzmittel zur Verfügung standen, hat er alle seine Gegner überlebt und Erstaunliches geleistet. Er vereinte den Großteil der Habsburgischen Länder unter seiner Herrschaft, ordnete die Machtverhältnisse in Böhmen und Ungarn, erwarb Burgund, wehrte die Türken ab und schuf die Voraussetzungen, dass das Habsburgerreich unter seinem Sohn Maximilian I. und unter Karl V. so mächtig wurde, dass die Sonne darin nie unterging.

Jakob Fugger der Reiche
(1459–1525)

Als er starb, war er der reichste Privatmann der Welt. Er finanzierte Kaiserkrönungen und Kriege, dirigierte ein multinationales Firmenimperium, das von Europa und Asien bis in die Neue Welt reichte. Daneben sorgte er für die ersten Sozialwohnungen der Welt und bestimmte die Politik Europas mehr als Könige oder Kaiser.

Die Fugger kamen 1367 nach Augsburg. Hans Fugger, der Stammvater der Familie, war ein kleiner Leinenweber, der es durch Fleiß bis 1386 zum Zunftmeister der Weber ins Augsburg brachte. Seine Söhne Jakob der Ältere und Lukas gingen getrennte Wege: Jakob baute die Weberei des Vaters aus und spezialisierte sich auf feine Tischwäsche, Lukas wurde Kaufmann, stieg in den Venedighandel ein und wurde schnell reich, verlor aber seine Firma durch wirtschaftliche Fehlentscheidungen. Jakob der Ältere hingegen hinterließ 1469 bei seinem Tode ein solides Unternehmen, an dessen Spitze sein ältester Sohn Ulrich trat, der das Handelsnetz der Familie auf Süddeutschland erweiterte und in Kontakt mit Kaiser → Friedrich III. trat, der den Fuggern 1473 ein Wappen verlieh.

Das große Geschäft folgte bald. 1476 wurde den Fuggern der Ablasshandel in Deutschland anvertraut, und 1483 unterstützten sie durch Kredite die Erwerbung der Niederlande durch → Maximilian I.

In der Zwischenzeit hatte Jakob, der siebente und jüngste Sohn des alten Jakob Fugger, seine Lehrzeit an verschiedenen Orten des Reiches und in Venedig angetreten. Jakob Fugger II., später genannt »der Reiche«, wurde am 6. März 1459 in Augsburg geboren, erhielt eine grundlegende Ausbildung in einer Klosterschule, wo er die Grundzüge von Mathematik und Rechnungswesen lernte, und trat 1478 in die väterliche Firma ein. Nur ein Jahr später erscheint er in den Steuerbüchern von Augsburg bereits mit einem Vermögen von 60 Gulden.

Im folgenden Jahr reisten er und sein Bruder Ulrich nach Rom, um Kontakte zum Papst zu knüpfen. Jakob betreute auch weiter die internationalen Geschäfte, während sich Ulrich um das Stammhaus in Augsburg kümmerte, Bruder Georg führte die Filiale in Nürnberg.

1485 übernahm Jakob die Leitung der Faktorei in Innsbruck und lernte hier – die Silberstadt Schwaz ist nicht weit entfernt – die Möglichkeiten des Handels mit Silber und Kupfer kennen. 1495 stieg er in das Bergwerksgeschäft ein, er erwarb kleine Silberbergwerke in Salzburg und baute die nötigen Schmelz- und Hüttenwerke dazu. Bald danach konnte er durch die Vermittlung der Familie Thurzo weitere Bergwerke in Ungarn kaufen und ließ diese durch deutsche Spezialisten modernisieren. Das Edelmetall wurde nach Augsburg gebracht, von dort an die Münzer in ganz Europa ausgeliefert.

1484 erhielt die Firma Fugger und Gebrüder eine eigene Kammer im deutschen Handelshaus in Venedig. 1498 heiratete Jacob Sybille Artzt, die Tochter eines reichen Augsburger Bürgers, allerdings blieb die Ehe kinderlos.

Die Kriege Maximilians I. nach 1493 machten Jakob reich, da der Kaiser zur Deckung seines Finanzbedarfs immer mehr gezwungen war, seine Kupfer- und Silberminen an die Fugger zu verpfänden. Ebenso wurden die Kredite, die er von den Fuggern erhielt, immer höher. Dieser hohe Finanzbedarf ist durch den Umstand zu erklären, dass der Kaiser bei seinen Kriegen nicht mehr auf seine Vasallen zurückgreifen konnte, sondern dass große Söldnerheere angeworben und bezahlt werden mussten.

1504 bekam Maximilian von den Fuggern 100.000 Gulden für die Tiroler Kupferbergwerke, er verkaufte ihnen die Juwelen des Burgunderschatzes, den er von seiner Frau Maria geerbt hatte, und musste ihnen Ländereien und Ortschaften in Schwaben verpfänden. 1508 erhielt die Bank der Fugger das Privileg, die neue päpstliche Münze zu prägen, 1509 finanzierte sie den Feldzug Maximilians nach Italien mit 170.000 Gulden.

1510 starb Ulrich Fugger, und Jakob stand allein an der Spitze des Wirtschaftsimperiums. Er kontrollierte den Silber- und Kupferhandel in Europa, profitierte vom Gewürzhandel mit Ostasien auf den neu entdeckten Seewegen und besaß das größte Bankhaus Europas. Sein Geschäftsvermögen betrug zwei Millionen Gulden zu einer Zeit, als eine Elle eines teuren Wollstoffs etwa einen Gulden wert war. 1511 wurden die Fugger in den Adelsstand erhoben, ihr Schicksal blieb mit dem Kaiser Maximilians und den Habsburgern verbunden.

1514 wurde Jakob zum Grafen von Kirchberg erhoben und kaufte die Herrschaft Biberach im Landkreis Augsburg. Bei all dem Reichtum sorgte er auch für sein Seelenheil. In Augsburg baute er die Fuggerei, eine Sozialsiedlung für Arme, Tagelöhner und Handwerker, die über 106 Dreizimmerwohnungen und 53 Reihenhäuser verfügte, die für einen Gulden im Jahr bewohnt werden konnten. 1518 wurde auch eine eigene Grabkapelle der Fugger bei St. Anna in Augsburg fertig gestellt.

Sein größtes Geschäft schloss Jakob 1519 ab. Um den deutschen Kaiserthron bemühten sich Franz I. von Frankreich und Heinrich VIII. von England. Die Fugger finanzierten mit der riesigen Summe von 852.000 Gulden die Bestechung der Kurfürsten, die Karl V. zum Kaiser wählten. Karl verpfändete Jakob Fugger dafür am Wormser Reichstag 1521 die Gold- und Silberbergwerke in Amerika, blieb aber dennoch 200.000 Gulden schuldig.

In seinen letzten Lebensjahren hatte sich Jakob mit Aufständen in seinen Bergwerken und mit sozialen Unruhen in Augsburg zu beschäftigen, die er aber mit Hilfe Karls V. abwehren konnte, dem er dafür einen Krieg in Italien finanzierte. Als er 1525 starb, war er der reichste und einflussreichste Privatmann in Europa. Er hinterließ das Handelsimperium seinem Neffen Anton, dem Sohn seines Bruders Georg, der das Geschäft mit großem Erfolg weiterführte. Nach Antons Tode 1560 begann der wirtschaftliche Abstieg der Fugger. Im 30-jährigen Krieg verloren sie ihren politischen Einfluss, sind bis heute aber eine der reichsten Familien Europas geblieben.

Jakob, der Begründer des Reichtums, hat als Privatmann die ihn als Bürger beschränkende mittelalterliche Gedankenwelt rasch verlassen. Er handelte und dachte wie ein Renaissancefürst. Er erkannte, dass es der politische Einfluss war, der das Geld in die Kassen brachte, und dass man mit dem Geldsack in der Hand selbst als Bürger die Geschicke der Kaiser und Könige Europas lenken konnte. Er hat mehr in der europäischen Politik des Spätmittelalters bewirkt als so mancher Kaiser oder

König. Er begründete die Herrschaft der bürgerlichen Kaufleu-
te, die mit einem neuen Selbstbewusstsein ausgestattet die Welt
erobern sollten.

GILLES DE RAIS

(1404–1440)

Er war der größte Bösewicht und Verbrecher des Mittelalters, genannt der »Baron des Schmerzes«. Von nobelster Geburt, Marschall von Frankreich, Kampfgefährte → Johannas von Orléans, war er auch ein Kinderschänder und Kindermörder, der sein Ende auf dem Scheiterhaufen fand.

Gilles de Rais stammte aus höchstem französischen Adel und wurde 1404 auf Schloss Champtocé bei Angers geboren. Im Alter von elf Jahren verlor er seinen Vater. Durch seine ererbten Güter stand er an der Spitze des bretonischen Adels, seine Heirat mit Catharine de Thouars machte ihn zu einem der reichsten Männer Frankreichs. Gilles de Rais zeichnete sich in mehreren Feldzügen aus, war gebildet und liebte Bücher, Musik und das Theater. 1426 finanzierte er auf eigene Kosten sechs Kompanien und kämpfte erfolgreich im 100-jährigen Krieg gegen die Engländer an der Seite der Jungfrau von Orléans.

Bei der Krönung von König Karl VII. 1429 in Reims wurde der 25-Jährige zum Marschall von Frankreich ernannt. Nach dem Tode Johannas von Orléans 1431, die er verehrte und versucht hatte zu befreien, zog er sich 1432 auf sein Schloss Tiffauges in der Vendée zurück und »begann ein Leben der Verschwendung und Ausschweifung«.

Nachdem er den Großteil seines Vermögens durchgebracht hatte, wandte er sich 1438 unter dem Einfluss des ehemaligen Priesters Francesco Prelati aus Montecatini der Alchemie und der schwarzen Magie zu und versuchte, mit Teufelsbeschwörungen wieder zu Reichtum zu gelangen.

Gilles wollte dazu einen Pakt mit dem Teufel eingehen, hatte aber Angst, die eigene Seele dem Teufel zu überlassen, und schlug Prelati vor, dem Satan einen Strohmann, bevorzugt ein Kind, unterzuschieben. Auf diese Weise scheint das erste Opfer der beiden den Tod gefunden zu haben.

Der Erfolg des Teufelspakts blieb aus, Gilles hatte jedoch an der Päderastie und den Qualen seiner Opfer Gefallen gefunden.

Prelati fürchtete, als Schwindler entlarvt zu werden, und lieferte mit zwei Dienern immer neue Opfer. Nachdem zahlreiche Kinder in der Nähe seines Schlosses verschwunden waren, regte sich der Verdacht gegen Gilles de Rais, und am 22. Oktober 1440 wurde er vor ein geistliches Gericht gestellt.

Das Verfahren war erst möglich geworden, nachdem Gilles de Rais Jean le Ferron, den Bruder des bretonischen Schatzmeisters, prügeln und einsperren hatte lassen. Jean le Ferron war Geistlicher, und so konnte die Kirche, welche auch Interesse am Reichtum Gilles de Rais' hatte, gegen den Adeligen vorgehen. Man erweiterte die Anklage wegen der Misshandlung des Jean le Ferron in eine Anklageschrift, welche Gilles als Häretiker, Dämonenbeschwörer, Sodomit und Besitzer von verbotenen Büchern wie auch sein Verhältnis zur schwarzen Magie und den Mord an Kindern anklagte. Im Verlauf des Prozesses gestand er, in den Gemächern und Gewölben seiner Schlösser etwa 140 Kinder abgeschlachtet zu haben.

Ein von Francesco Prelati beschworener Dämon soll den beiden Männern versprochen haben, ihnen das Geheimnis des Goldmachens zu entdecken. Der Preis seien bestimmte Riten und Zeremonien gewesen, bei denen Gilles Kinder missbraucht, verstümmelt und ermordet habe. Er setzte sich auf den Bauch der Kinder, um sie so sterben zu sehen. Das Töten und der Anblick ihres Blutes hätten ihm mehr Lust verschafft als die eigentliche Unzucht mit den Kindern.

Gilles de Rais erging sich während des Prozesses in Selbstanklagen und Reue. Dadurch galt er zwar als von seinen Sünden erlöst, doch war die Todesstrafe für ihn schon aus politischen Gründen unumgänglich. Am 26. Oktober 1440 wurde Gilles mit zwei Dienern in Nantes gehängt. Francesco Prelati wurde zum Lohn für seine Aussagen aus der Haft entlassen.

Die Leichen der Gehenkten sollten verbrannt werden, doch erreichte die Familie die Herausgabe des Toten. Gilles de Rais wurde in der Kirche Notre-Dame-du Carmel in Nantes bestattet, möglich war dies, weil er während des Prozesses Reue gezeigt hatte.

Gilles de Rais ist ein gutes Beispiel dafür, dass bei aller Bevorzugung der Stellung des Adels im Mittelalter es auch für diesen

Stand nicht möglich war, sich völlig außerhalb der Gesellschaft zu stellen. Grausamkeit und Brutalität in Politik und Krieg wurden verstanden und toleriert, was in der privaten Burg geschah, ging niemanden etwas an. Wenn aber die Kirche meinte, dass bestimmte Grenzen im Bereich von Häresie und Teufelsglaube überschritten wurden – wobei es gar nicht so sehr um die ermordeten Kinder ging –, konnte sogar einer der nobelsten Männer Frankreichs, Marschall von Frankreich, am Scheiterhaufen enden.

GIOTTO DI BONDONE

(1267–1337)

Giotto gilt als einer der berühmtesten Maler von Florenz, als Gründer der italienischen Schule der Malerei, und er ist der entscheidende Wegbereiter der Kunst der Renaissance in Italien.

Seine Herkunft ist rätselhaft, da wir über die ersten 30 Jahre seines Lebens kaum etwas wissen. Giorgio Vasari, der mit seinem Buch »Leben der Künstler« im 16. Jahrhundert ein Kompendium von Künstlerbiografien geschrieben hat, gibt an, dass er das Kind eines Bauern aus Vespigniano bei Mugello in der Nähe von Florenz war und vom Maler Cimabue beim Zeichnen entdeckt wurde, während er die Schafe hütete. Andere Quellen meinen, dass er der Sohn des Schmieds Bondone aus Florenz gewesen sei. Sicher ist nur, dass der um 1267 geborene Giotto in die Werkstätte Cimabues aufgenommen wurde und hier die Malerei lernte. Cimabue stand noch in der byzantinischen Tradition der italienischen Malerei, ist aber bekannt dafür, dass er begann, seinen Figuren einen stärkeren Realismus zu verleihen, was Giotto nachhaltig beeinflusst haben dürfte.

Unklar bleibt auch, woher Giotto seine weiteren Einflüsse bezog, weil er in seiner Malerei später so entschieden mit allen bis dahin überlieferten Formen brechen sollte, aber vermutlich hat er die Werke von Pietro Cavallini, Duccio und Nicolo Pisano gekannt. Es war eine Zeit, in der die Kunst die bisherige Malweise des Mittelalters mit ihren starren Figuren, zumeist Heilige, die vor einem einfachen oder dekorierten Goldgrund gemalt waren, aufgab. Giotto sollte daraus später seinen eigenen, unverwechselbaren Stil entwickeln. Kennen gelernt hat er die anderen Meister und ihre Werke in Assisi, hier wirkten bei der Ausstattung der Kathedrale über dem Grab des → Franz von Assisi fast alle großen Meister der Zeit mit. Pisa dekorierte die Unterkirche, Cavallini malte die Kirchenfresken und Giottos Meister Cimabue dekorierte mit seinen Schülern den Chor und das Transsept. 1294 wurde Cimabue von Papst Bonifatius VIII. nach Rom geholt, und Giotto dürfte sein Werk in Assisi fortgesetzt haben.

Als erstes eigenständiges Werk Giottos entstand 1295 bis 1300 ein Freskenzyklus in der Kathedrale in Assisi. Allgemein wird angenommen, dass die 28 von Giovanni da Muro, Ordensgeneral der Franziskaner, in Auftrag gegebenen Fresken von der Hand Giottos und seiner Schülern stammen. Ebenfalls ein Frühwerk ist eine Kreuzigung in Santa Maria Novella in Florenz. Hier entwickelte er jenen unverwechselbaren Stil, der ihn bereits von Cimabue und Duccio unterschied.

Der Legende nach suchte Papst Benedikt XI. den besten Künstler von Italien für Arbeiten in Rom und sandte Boten aus, um Werke von Künstlern als Muster einzuholen. Als man Giotto fragte, ob er eine Zeichnung liefern könne, zeichnete er freihändig in einem Zug einen perfekten Kreis auf ein Blatt Papier, später als Giottos »O« bekannt. Er meinte, wenn der Papst die Kunst dieser Zeichnung verstünde, dann würde sie ihm ausreichen. Giotto hat für St. Peter in Rom einen Freskenzyklus über das Leben Christi gemalt, der aber unter Papst Nikolas V. bei einer Erneuerung der Kirche zerstört wurde. Ebenso verloren und nur mehr durch eine Zeichnung des 17. Jahrhunderts bekannt, sind drei Fresken, die er 1300 für die Loggia des Lateran in Rom malte.

1301 ging Giotto nach Florenz zurück. Sein Hauptwerk aus dieser Zeit ist der Freskenzyklus in der Cappella degli Scrovegni in Padua 1304 bis 1306, der in 100 Szenen das Leben Marias und die Passion Christi zeigt. Hier zeigen sich Giottos Haupterfindungen, die Verwendung der Perspektive, die Einbindung der Figuren in naturalistische Hintergründe, die Verwendung gemalter architektonischer Rahmen und die Grisaille, die einen Schaueffekt bewirkte, der noch Michelangelo in seiner Konzeption der Ausmalung der Sixtinischen Kapelle beeinflusste. Neben diesen Arbeiten malte er auch Tafelbilder, davon hat sich die Ognissanti-Madonna in den Uffizien als einziges Hauptwerk erhalten.

Um 1310 ging Giotto auf Ersuchen von Papst Klemens V. wieder nach Rom. Um 1320 kehrte er nach Florenz zurück, wo er zwei Freskenzyklen und eine Anzahl von Altarbildern für die Kirche von Santa Croce fertigte, die bereits den Einfluss des internationalen gotischen Stils zeigen. 1329 bis 1334 arbeitete er für Robert von Anjou im Königreich Neapel und 1335 in Mailand für die Visconti, obwohl sich aus dieser Zeit kaum etwas erhalten hat. 1334 wurde er zum leitenden Baumeister des Neubaues des Domes von Florenz ernannt und fertigte das Design des Campanile, welcher bis heute seinen Namen trägt, obwohl er nicht nach seinen Entwürfen und zu seinen Lebzeiten fertig gebaut wurde. Vermutlich hat er auch an den Plänen zum Baptisterium des Andrea Pisano mitgewirkt. Er freundete sich mit → Giovanni Boccaccio an, der ihn in seinen Geschichten verewigte. Giotto starb 1337 während der Arbeit an einem Jüngsten Gericht in der Bargello-Kapelle in Florenz.

Nach → Petrarcas Beschreibung war Giotto kein Heiliger oder Mystiker, er liebte das gute Leben, war jovial, gutmütig, ein wenig exzentrisch, aber auch humorvoll. Er verdiente ausgezeichnet und hatte mit seiner Frau Cinta di Lapo del Pela acht Kinder.

Giotto kam fast zu früh für das Mittelalter, in seiner Auffassung der Malerei konnten erst die Künstler der Frührenaissance an seine Werke anknüpfen. Er überwand die Zweidimensionalität der Figuren des Mittelalters, indem er ihnen Tiefe, Räumlichkeit und Dreidimensionalität verlieh. Er stellte Maria, Christus oder andere Heilige aus der goldenen Sphäre einer unbestimmten vor den Hintergrund der realen Welt, die er wie im Leben perspektivisch gestaltete. Giotto holte Gott und die Heiligen auf die Erde herab und stellte sie dem Menschen zur Seite. Sie werden menschlich, bleiben aber heilig, sind für den Menschen aber durch die Nähe zur realen Welt direkter zu erfahren. Damit steht er am Beginn der Renaissance und des Humanismus, der sich auf den Menschen konzentriert, und hat die gotische Kunst in Italien zur Blüte gebracht. Ohne Giotto wären Michelangelo und die Größen der Renaissancemalerei undenkbar gewesen.

ROBERT GUISCARD

(UM 1014–1085)

Die byzantinische Historikerin Anna Komnena beschrieb Robert Guiscard als typischen normannischen Ritter: »Er war von tyrannischem Charakter, schlank und groß, seine Augen sprühten Feuer, ein rötlicher Typ mit flachsblonden Haaren, mit breiten Schultern ... Sein Schlachtruf konnte Tausende in die Flucht schlagen, er war von Natur aus unbezähmbar und unterwarf sich niemandem auf der Welt ...« Robert Guiscard unterwarf den Südteil Italiens und errichtete, fern von seiner normannischen Heimat ein Reich, das den Byzantinern, dem deutschen Kaiser und dem Papst die Stirn bot.

Begonnen hatte es, als man von 999 bis 1042 normannische Ritter als Söldner nach Süditalien rief, die den Griechen oder Lombarden dienten. 1029 machte Sergius von Neapel einen entscheidenden Fehler. Er gab dem Normannenführer Rainulf die Burg von Avers zum festen Stützpunkt, von hier aus begann Rainulf mit der Ausdehnung der normannischen Macht. Die Möglichkeiten in Süditalien sprachen sich schnell bis in die Normandie herum, und 1035 erschienen Willhelm Eisenarm und Drogo, die beiden ältesten Söhne des Tankred von Hauteville in Apulien, um sich ihren Anteil am Land zu sichern. Bis 1040 hatten die Byzantiner den größten Teil der Provinz verloren, die mit Melfi 1042 eine erste normannische Hauptstadt bekam. 1044 kam auch Robert Guiscard mit fünf Rittern und 30 Fußsoldaten nach Unteritalien. Er war etwa 30 Jahre alt und ebenfalls ein Sohn des Tankred von Hauteville, geboren vermutlich um 1014 in Courtances in der Normandie.

Robert Guiscards Karriere begann als Raubritter, er überfiel die byzantinischen Orte und Kleinstädte und beunruhigte das Land derart, dass sich selbst die Lombarden und der Papst, die ehemaligen Verbündeten der Normannen, von ihnen abwandten. Papst Leo IX. glaubte mit den wenigen Normannen schnell fertig zu werden. Er sandte 1053 eine Armee nach Apulien, die aber bei Civitate am Fortore von den zahlenmäßig unterlegenen Normannen unter Humfrey, Robert Guiscard und Richard von Aversa besiegt wurde.

1057 folgte Robert Guiscard Humfrey als Graf von Apulien nach, und mit seinem jüngeren Bruder Roger eroberte er Apulien und Calabrien, während sich Richard von Aversa Capua sicherte.

Papst Nikolas II. befand sich in Streit mit dem deutschen Kaiser → Heinrich IV. und fürchtete eine Bedrohung seiner Südgrenze, daher schloss er mit den Normannen einen Waffenstillstand, erkannte ihre Titel an und machte sie zu seinen Vasallen und Verbündeten. Am 23. August 1059 belehnte er Robert Guiscard mit Apulien, Kalabrien und Sizilien, das es noch zu erobern galt, und Richard von Aversa mit Capua, solange sie ihm jährlichen Tribut zahlen und seine Sache vertreten würden.

1061 begann Robert Guiscard mit der Invasion von Sizilien, nahm 1061 mit Roger Messina ein und baute es zu seinem Brückenkopf in Sizilien aus. In den nächsten Jahren geriet der Vormarsch allerdings ins Stocken, weil es die Byzantiner immer wieder verstanden, auf dem Festland Aufstände der Einheimischen gegen die Normannen anzuzetteln, die diese wieder mühsam unterwerfen mussten. Erst 1071 konnte die Stadt Bari, der Hauptgegner der Normannen auf dem Festland, eingenommen werden. 1072 fiel Palermo, die Griechen wurden gezwungen, Sizilien aufzugeben. 1076 eroberte Robert Guiscard Salerno und vertrieb den lombardischen Prinzen Gisulf, dessen Schwester Sikelgaita er 1058 geheiratet hatte.

Inzwischen waren die Normannen mit dem Papst in Streit geraten. Grund waren die Raubzüge, die man in das Gebiet des Kirchenstaates unternahm. Zur Strafe verhängte Gregor den Kirchenbann über die Normannen, was diese aber nicht allzu sehr störte. Sie begannen Verhandlungen mit dem deutschen König Heinrich IV., der nach seinem Gang nach Canossa Papst → Gregor VII. Rache für den Kniefall geschworen hatte. Zwar blieben die Normannen auf Seiten des Papstes, zwangen ihn aber 1080, den Kirchenbann aufzuheben und sie zu seinen Bundesgenossen zu machen.

In Italien abgesichert, wandte sich Robert Guiscard wieder gegen die Griechen, vielleicht machte er sich selbst Hoffnungen auf den Thron von Byzanz. Er schlug 1081 Alexios I. Komnenos in der Schlacht bei Durazzo und drang bis Saloniki vor, ehe er 1084 wieder nach Italien eilte, um sich dort mit Aufständen in

Apulien auseinanderzusetzen. Außerdem rief ihn Papst Gregor um Hilfe, der sich in höchster Bedrängnis befand.

Heinrich IV. hatte Gregor absetzen lassen, den neuen Papst Klemens III. ernannt und Rom erobert, wo er sich von Klemens zum Kaiser krönen ließ. Gregor saß in der belagerten Engelsburg fest und hoffte auf Hilfe durch seinen Vasallen Robert. Dieser hatte seine Truppen in Griechenland, hob eine neue Armee aus Normannen und Sarazenen aus und marschierte gegen Rom, das er aber von Heinrich verlassen vorfand, der auf einen Kampf – er hatte ja seine Ziele erreicht – keinen Wert legte. Robert Guiscard befreite Gregor aus der Engelsburg und setzte ihn wieder als Papst ein. Als seine Truppen aber in Rom auf Widerstand stießen, plünderten die Normannen und Sarazenen drei Tage lang die Stadt und brannten sie nieder. Bei ihrem Abzug nahmen sie Gregor mit, der ein Jahr später am normannischen Hof von Salerno starb.

Robert eilte nun wieder nach Griechenland, wo sich Alexios I. Komnenos von der Niederlage erholt hatte und Bohemund von Tarent, den Sohn Roberts, immer weiter zurückdrängte. Die normannische Flotte verlor mehrere Gefechte gegen die mit den Byzantinern verbündeten Venezianer, welche die mächtigste Kriegsflotte im Mittelmeer befehligten, konnte sie aber 1085 vor Korfu entscheidend schlagen. Beim Versuch, über das Ionische Meer nach Byzanz vorzustoßen, starb Robert Guiscard am 17. Juli 1085 auf der Insel Kephalonia an Typhus oder an der Ruhr. Begraben wurde er in der Kirche Santa Trinita in Venosa neben seiner ersten Frau Alberada, der Mutter von Bohemund.

Sein Nachfolger wurde Roger Borsa, sein Sohn aus der Ehe mit Sikelgaita. Der übergangene Bohemund beteiligte sich am 1. Kreuzzug und spielte eine wesentliche Rolle bei der Eroberung von Jerusalem. Politisch vervollständigte Roberts Neffe Roger II. das normannische Werk in Unteritalien, als er 1130 das Herzogtum von Apulien mit Sizilien zum Königreich von Sizilien vereinigen konnte.

Der Erfolg von Robert Guiscard, der als kleiner Raubritter begann, erklärt sich durch seine Persönlichkeit wie durch seine geschickte Politik, die ihm den Spitznamen »Schlaukopf« oder

der »Verschlagene« eingebracht hat. Er vereinigte die Macht der italienischen Normannen in seinen Händen und eroberte weite Gebiete, hatte aber kaum Zeit, sie auch mit einer vernünftigen Verwaltung zu versehen. Er war der Typ des Eroberers, der immer neue Gelegenheiten sah und sie mit seinem Schwert in die Realität umsetzte. Es blieb seinem Neffen Roger II. vorbehalten, Roberts Eroberungen zu organisieren, zu einem Staatsgebilde zu vereinen und kulturell jene Blüte zu schaffen, für die das normannische Sizilien geschätzt wird.

GOTTFRIED VON BOUILLON
(1060–1100)

Gottfried, Godfrey oder Godefroy war groß und schlank, hübsch im Aussehen, und er hatte eine perfekte höfische Erziehung genossen, so dass er »höflicher als ein Mönch« gewesen sein soll. Er war ein idealer Ritter, ein schrecklicher Kämpfer in der Schlacht und ein überzeugter Christ, der sein Hab und Gut verkaufte, um das Kreuz zu nehmen. Er war bescheiden und ließ sich nicht, als es für ihn möglich gewesen wäre, zum König von Jerusalem krönen, sondern nannte sich selbst nur »Beschützer des heiligen Grabes«.

Gottfried wurde 1060 in Boulogne-sur-mer geboren. Sein Vater war Eustache II., Graf von Boulogne, seine Mutter Ida die Tochter von Godfrey dem Bärtigen, Herzog von Lothringen. Um seine Jugend ranken sich Legenden, so soll er eigenhändig 1080 den von Papst → Gregor VII. ernannten Gegenkönig Rudolf von Rheinfelden in der Schlacht an der Elster getötet haben, und er sei der Erste gewesen, der 1084 das von König → Heinrich IV. belagerte Rom betreten habe.

Gottfried war ausgewählt, die Nachfolge seines Onkels Gottfried des Buckligen, Herzog von Niederlothringen, anzutreten, als dieser 1076 ermordet wurde. König Heinrich IV. übernahm Lothringen aber selbst und ließ Gottfried nur die Mark von Antwerpen, die Teil der Herrschaft Bouillon war. Dennoch sah es Gottfried als seine Vasallenpflicht an, dem König im Investiturstreit zur Seite zu stehen, und zog mit ihm 1084 auf den Feldzug nach Rom.

1089 wurde er von Heinrich als Herzog von Niederlothringen eingesetzt. 1096 hörte er, dass Papst → Urban II. 1095 auf der Synode von Clermond-Ferrand zum Kreuzzug gegen die Sarazenen aufgerufen hatte. Gottfried war der einzige Reichsfürst, der das Kreuz nahm. Gemeinsam mit seinen Brüdern Eustache und Balduin verkaufte und verpfändete er große Teile seines Besitzes. Am 15. August 1096 setzte sich die von ihm geführte Armee in Bewegung, 10.000 Ritter und 30.000 Fußsoldaten machten sich auf den Weg ins Heilige Land. Im Dezember 1096 erreichte er

Konstantinopel und geriet mit dem byzantinischen Kaiser Alexios I. Komnenos in Streit, der ihn vom Nachschub abschnitt, bis Gottfried ihm im April 1097 den Treueeid leistete und versprach, ihm alles eroberte Land zu unterstellen. Mit dem Eintreffen der Fürsten wie Bohemund von Tarent, Raimond von Toulouse und Tankred von Hauteville scheint er an Einfluss verloren zu haben, welche Rolle er bei der Belagerung von Nicaea spielte, ist unklar. In der siegreichen Schlacht von Doryläum führte er den entscheidenden Angriff, der das von den Seldschuken eingekesselte Heer Bohemunds befreite. Bei der Belagerung und Einnahme von Antiochia gelang es ihm, einen der Türme zu erobern.

Als sich das Kreuzfahrerheer auf den Weg nach Jerusalem machte und der Vormarsch durch interne Streitigkeiten ins Stocken geriet, verließ Gottfried das Heer und marschierte zur Grafschaft Edessa, wo sein Bruder Balduin, der vom lokalen Herrscher Thoros adoptiert worden war und diesen dann beseitigt hatte, als Graf von Edessa herrschte.

Auf dem Rückmarsch nach Antiochia kam es zu einer der wunderlichsten Schlachten des 1. Kreuzzuges, als Gottfried und zwölf seiner Ritter eine Streitmacht von 150 Sarazenen niedermachten, wobei Gottfried einen Gegner der Überlieferung nach mit einem Schwertstreich von Kopf bis zum Pferderücken gespalten haben soll.

Wieder mit dem Kreuzzugsheer vereinigt, überzeugte er den zögernden Raimund von Toulouse, den Angriff auf Jerusalem zu wagen. Bei der Belagerung hatte er dann eine der aktivsten Rollen inne. Es gelang ihm und seinem Bruder Eustache am 15. Juli 1099, einen Belagerungsturm an die Mauer zu bringen, als Erste die Stadt zu betreten und damit einzunehmen.

Nach der Eroberung stellte sich die Frage, wer König von Jerusalem, einer zerstörten, entvölkerten und von den Sarazenen bedrohten Stadt, werden sollte. Nachdem Raimund von Toulouse diese Bürde mit der Begründung abgelehnt hatte, dass der Titel eines Königs nicht zu dieser Stätte passen würde, ließ sich Gottfried dazu überreden. Allerdings lehnte er es ab, »eine Krone zu tragen in einer Stadt, in der Christus eine Dornenkrone getragen hat«, und nannte sich selbst nicht »König von Jerusalem«. Dieser Titel wird erst von seinen Nachfolgern getragen, er bezeichnete sich nur als der »Beschützer des Heiligen Grabes«.

Gottfried hatte aber mit der Gegnerschaft der Kirche, die keinen weltlichen Herrscher über Jerusalem dulden wollte, und mit den Fürsten um die Anerkennung zu kämpfen. Dennoch konnte er seine Herrschaft auf Askalon, Arsuf, Jaffa und Cäsarea ausdehnen. Er setzte alle Energien ein, um das noch fragile Königreich von Jerusalem zu verteidigen, und schlug am 12. August 1099 ein Heer der Fatimiden von Ägypten bei Askalon und sicherte so das eroberte Land.

Er begann, die Stadt Jaffa mit finanzieller Hilfe von Pisa zum bedeutenden Hafen auszubauen, über den die nächsten 100 Jahre der Nachschub für das christliche Palästina laufen sollte. Mit Venedig schloss er einen Vertrag, um die Stadt Akkon für die Venezianer zu erobern. Auf dem Weg dahin erkrankte er an der Pest und kehrte nach Jerusalem zurück, wo er am 18. Juli 1100 starb, nachdem er seinen Bruder Balduin zum Nachfolger ernannt hatte. Seine letzte Ruhe fand er in der Grabeskirche in Jerusalem, wo man sein Grab bis 1808 sehen konnte, ehe es zerstört wurde.

Obwohl Gottfrieds Rang unter den Führern des 1. Kreuzzuges eher gering war, lebte er in der Legende weiter und wurde darin bald zu einer der wesentlichen Figuren des 1. Kreuzzuges. Im Hochmittelalter wurde er von den Troubadouren und Minnesängern so legendären Figuren wie Roland und König Artus gleichgestellt. Mit Sicherheit war er einer jener Ritter, die mit einer unermüdlichen Energie und im wahren Glauben an die Mission die eigentlichen Träger des Kreuzzuges, des vielleicht erstaunlichsten militärischen Unternehmens des Mittelalters, waren.

GREGOR VII.

(UM 1020–1085)

Er war der Papst, der versuchte, den Investiturstreit im Sinne der Päpste zu beenden, und zwang vor der Burg von Canossa einen deutschen König in die Knie, starb aber dennoch weit entfernt von Rom in einem von diesem König und Kaiser erzwungenen Exil. In seinem großen Streit mit König → Heinrich IV. ging es um die Laieninvestitur, um das von den Päpsten bekämpfte Recht der Könige als Kleriker Laien einzusetzen und sie damit mehr an sich als an die Kirche zu binden.

Gregor oder Hildebrand, wie sein Taufname lautete, wurde um 1020 bei Soana in Tuskien als Sohn einfacher Eltern geboren. Schon als Kind kam er in ein Marienkloster in Rom, wo sein Onkel Abt war, und wurde dort um 1048 im Reformkloster Cluny zum Mönch geweiht.

Als 1046 der deutsche König Heinrich III. Papst Gregor VI. absetzte und nach Deutschland in die Verbannung schickte, ging Hildebrand mit ihm und kehrte erst mit Papst Leo IX. nach Rom zurück.

In den nächsten Jahren folgte ein steiler Aufstieg in der Hierarchie des Vatikan. 1054 oder 1056 wurde Gregor als päpstlicher Legat nach Frankreich entsandt, dann wirkte er als Archediakon in der päpstlichen Kanzlei. Hier verschaffte er Papst Stephan IX. ohne Zustimmung der Kaiserwitwe Agnes, die die Regentschaft für den jungen Heinrich IV. führte, die Anerkennung. In der Folge mischte er sich in die Streitigkeiten um die »pataria« ein, einer sozial-revolutionären Bewegung der lombardischen Städte. Unter den Päpsten Benedikt X., Nikolaus II. und Alexander II. diente er als Diplomat und Papstmacher. Er bekämpfte aktiv den Gegenpapst Honorius II. und verhalf Alexander II. zum Sieg und zur Papstwahl.

Als Papst Alexander II. 1073 starb, wurde Hildebrand durch Volksakklamation zum Papst ausgerufen und verletzte dabei die neu aufgestellten Regeln der Papstwahl, die er 1059 selbst entscheidend mitgestaltet hatte. Dennoch teilte er seine Wahl König Heinrich IV. mit, der sie anerkannte, aber nicht bestätigte, Hildebrand wurde noch im selben Jahr als Papst Gregor VII. inthronisiert.

Gregor kam aus der Tradition der cluniazensischen Reformbewegung und versuchte, die Kirche von der weltlichen Macht loszulösen. Er wollte die monarchische Regierung aller Kirchen von Rom aus und die Unterwerfung der weltlichen Fürsten unter die Oberhoheit des Papstes. Dieses Programm legte er 1075 in 27 Grundsätzen in seiner Schrift »Dictatus Papae« nieder, die eine Reaktion auf Streitigkeiten zwischen ihm und Heinrich, ausgehend von einer Bischofsbesetzung 1071 in Mailand, war.

Mit dieser Schrift kam er in Konflikte mit Heinrich, der es bisher als sein Vorrecht angesehen hatte, kirchliche Würden durch die Laieninvestitur, durch die Übergabe von Stab und Ring, nach seinen Vorstellungen zu besetzen. Gregor drohte all diesen so bestellten Kirchenleuten die Exkommunikation an und setzte diese auch durch. Heinrich IV. beantwortete 1076 auf einer Synode in Worms diese Maßnahmen mit einem Schreiben, in dem er Gregor mit den Worten »Steige herab, steige herab« zur Abdankung aufforderte, weil er von Menschen gewählt sei und der Kaiser hingegen von Geburt ins Amt gekommen sei und von Gottes Gnaden herrsche. Außerdem habe er das Recht, die Wahl des Papstes zu bestätigen, was aber bedingt durch die Umstände der Wahl Gregors niemals geschehen sei. Daher sei die Wahl ungültig.

Gregor belegte darauf Heinrich auf der Fastensynode in Rom mit dem Kirchenbann. Außerdem verkündete er die Absetzung Heinrichs, weil dieser sich gegen die kirchlichen Hoheitsrechte aufgelehnt hatte und daher kein König mehr sein könne. Dazu verkündete Gregor das Verbot der Simonie, also des Ämterkaufs, und versuchte den Zölibat der Kleriker durchzusetzen, indem er allen verheirateten oder in Beziehung lebenden Klerikern, aber auch den Menschen, die durch diese die Sakramente empfingen, mit der Exkommunikation drohte.

Die deutschen Fürsten, stets auf Unabhängigkeit vom König bedacht, fielen von Heinrich ab und wollten sich mit Gregor zur Bestimmung eines neuen Königs treffen. Heinrich kam ihnen zuvor, eilte im Januar 1077 nach Italien, um Gregor zu treffen, der sich auf die Burg der Markgräfin Mathilde nach Canossa zurückgezogen hatte, weil er Heinrich nicht begegnen wollte. Der König zog im Büßergewand vor die Burg und erreichte am 28. Januar 1077, nach drei Tagen Buße, die Lösung des Kirchenbannes.

Der Konflikt fand damit aber kein Ende. Die deutschen Fürsten wählten im Frühjahr 1077 Rudolf von Rheinfelden zum deutschen Gegenkönig, und Heinrich verlangte von Gregor den sofortigen Bann Rudolfs, andernfalls drohte er mit der Ernennung eines Gegenpapstes. 1080 erklärte Gregor König Heinrich erneut für abgesetzt, worauf dieser Erzbischof Wibert von Ravenna als Papst Klemens III. einsetzte. Im selben Jahr konnte er den Gegenkönig Rudolf in der Schlacht an der Elster besiegen und töten, und so seine Macht im Reich wiederherstellen.

Gregor geriet nun in die Defensive. 1084 überschritt Heinrich mit einem Heer die Alpen und eroberte Rom, wobei sich Gregor in der Engelsburg verschanzte und ohnmächtig zusehen musste, wie Heinrich von Klemens III. zum Kaiser gekrönt wurde. Als ein normannisches Heer unter → Robert Guiscard zur Unterstützung Gregors aus Sizilien anrückte, gab Heinrich Rom kampflos auf. Gregor, den die Römer für die nachfolgende Plünderung Roms durch die Normannen und Sarazenen im Heer Guiscards verantwortlich machten, konnte sich nicht mehr in der Stadt halten und zog sich mit einem kleinen Gefolge nach Salerno zurück.

Dort ist er als gebrochener Mann am 25. Mai 1085 gestorben, seine Grabinschrift lautete: »Ich liebte die Gerechtigkeit, ich hasste das Böse, so musste ich in der Verbannung sterben«. Nach Gregors Tod ging der Investiturstreit bis zum Konkordat von Worms weiter, als sich 1119 Kaiser und Kirche auf einen Kompromiss einigen konnten.

Gregor hatte die Macht und das Ansehen des Kaisertums nachhaltig beschädigt, die Einheit von Papst und Kaisertum war zum Gegensatz geworden und hatte das Ende des Reichskirchensystems eingeleitet. In der Folge wurden die Bischöfe zu Konkurrenten um Land und Macht, und die Kaiser der Staufer hatten die Stellung des Kaisers neu zu bewerten und zu positionieren. Die Problematik der Vorherrschaft zwischen Kaiser und Papsttum sollte bis ins Spätmittelalter bestehen bleiben und zu einem bleibenden Konflikt werden, ehe die neue Gefahr der Reformation die beiden Mächte wieder vereinte.

Guillaume de Lorris

(um 1212–nach 1240)

und

Jean de Meung

(um 1250–um 1305)

Sie haben sich niemals kennengelernt und schrieben dennoch den erfolgreichsten und einflussreichsten Roman des Mittelalters, den Rosenroman, der auf allen Burgen und adeligen Höfen gelesen und gelebt wurde. Der Rosenroman ist das berühmteste Werk der mittelalterlichen Dichtung in Frankreich. Er besteht aus zwei Teilen, die im Abstand von etwa 40 Jahren von zwei völlig unterschiedlichen Dichtern geschrieben wurden, was aber dem Erfolg des Romans, es existieren fast 300 mittelalterliche Abschriften, keinen Abbruch tat.

Der erste Teil aus 4068 paarweise reimenden, achtsilbigen Versen wurde von Guillaume de Lorris verfasst. Über ihn und sein Leben wissen wir fast nichts. 1237 dürfte er 25 Jahre alt gewesen sein, vielleicht war er von adeliger Herkunft, denn er muss eine ausgezeichnete Erziehung gehabt haben, welche das Studium der antiken Schriftsteller mit einschloss.

Guillaume de Lorris beschreibt einen Traum, den er als 20-Jähriger hatte. Er kommt zu einem von allegorischen Figuren bewachten Garten. Muße öffnet ihm das Tor, in dem Sinneslust, Fröhlichkeit und andere allegorische Figuren ein Fest feiern. In einem Zauberbrunnen erblickt er eine Rose, kann sie aber nicht erreichen. Amor verrät ihm, wie er sie nach Überwindung ihrer Wächter Verleumdung und Gefahr und gegen den Widerstand von Eifersucht und Keuschheit erringen kann. Aber erst als Venus eingreift, kann er die Rose mit einem Kuss erobern. Damit entspricht der Roman der höfischen Dichtung, er verkörpert das Ideal der Minne mit der Frau als Rose, die man erst erreichen kann, wenn man einen Prozess der moralischen Läuterung durchlaufen hat. Damit schließt er sich der »ars amatoria« (Liebeskunst) des Ovid an und beschwört Amor und Venus als den einzigen Weg zur Eroberung der Rose. Hier bricht das Werk ab, vermutlich ist Guillaume de Lorris vor der Vollendung gestorben.

Der zweite Teil besteht aus 18.000 Versen und wurde von Jean de Meung verfasst. Geboren um 1250 als Jean Clopinel oder Chopinel in Meung-sur-Loire, dürfte er an der Universität in Paris studiert haben und verbrachte den größten Teil seines Lebens in dieser Stadt. Über sich selbst sagt er, dass er in seiner Jugend zahlreiche Lieder geschrieben hat, die in ganz Frankreich gesungen wurden.

Meung hat um 1268 mit der Fortsetzung des Romans begonnen, und er scheint sie um 1280 abgeschlossen zu haben. Meung, der auch Kleriker gewesen sein dürfte, bringt im Roman Gedankengut aus der Antike in eine zeitgemäße Form. Er schreibt eine Satire, wendet sich gegen die Klöster, die Bettelorden, die Adeligen, den Papst, den königlichen Hof und besonders gegen die Frauen und gegen die Ehe. Hat Guillaume de Lorris eine Anleitung zur höfischen Minne geliefert, so schreibt Meung eine Liebeskunst, die Frauen bloßstellt und erklärt, wie Männer den Ränken und Listen der Frauen entgehen können. Lorris war ein Romantiker, Meung ist Realist. Die Liebe ist für ihn nicht abgehobenes Ideal, sondern Trieb, der von der Natur gesteuert wird. Die Frau ist die Versuchung, vor der die Vernunft warnt.

In Meungs Text finden wir philosophische und satirische Exkurse wie das Problem des freien Willens, Mythologie, Astrologie und Naturkunde und politische Diskurse. Es ist eine Enzyklopädie ohne Methode, in die er zahlreiche antike Schriftsteller von Platon bis Horaz und Sueton einbindet und in der er fast zu jedem Thema eine Meinung hat. Die Rose wird zur Nebensache und mit Hilfe von Amor und Venus nach hartem Kampf um das »Rosenschloss« erobert und gepflückt.

Die abgeschlossene Fassung des Rosenromans fand rasch Verbreitung in Europa, →Geoffrey Chaucer übersetzt ihn ins Englische, im deutschen Sprachraum wurde er hingegen nur wenig gelesen. Nach der ersten Drucklegung des Werkes 1480 in Lyon wurde es bis 1538 in 38 verschiedenen Nachdrucken und Ausgaben veröffentlicht.

Die frauenfeindlichen Ansichten Meungs blieben bereits im Mittelalter nicht unwidersprochen. Die härteste Kritik kam von

→ Christine de Pizan, die in ihrem »Sendbrief an den Gott der Liebe« die Äußerungen Meungs gegen die Frauen anprangert und seine drastische Beschreibung der körperlichen Liebe ablehnt.

Der Rosenroman blieb nicht das einzige Werk Jean de Meungs. 1282 übersetzte er im Auftrag von Jean de Brienne das militärhistorische Werk »De Re Militari« von Vegetius und veröffentlichte die erste französische Version der Geschichte von → Abaelard und Heloïse. Er übersetzte Boethius und schrieb zwei heute verlorene Werke über die geistige Freundschaft und Liebe sowie ein Buch über die Wunder Irlands. Sein letztes Werk war sein Testament, das er in Vierzeilern abfasste und in dem er Ratschläge an die sozialen Klassen seiner Zeit gibt. Jean de Meung starb am Beginn des 14. Jahrhunderts. 1305 wird sein Haus mit Turm, Hof und Garten in der Rue St. Jaques in Paris als Nachlass, den er den Dominikanern vermacht hat, erwähnt.

Obwohl völlig unterschiedlich in der Konzeption, Guillaume de Lorris schrieb das elegante Werk eines höfischen Dichters, Jean de Meung eine Satire mit frauenfeindlicher Grundhaltung als rationaler Städter, wurde der Rosenroman ein gewaltiger Erfolg in Europa. Durch ihn wurden die literarische Gattungen der Traumdichtung und der Allegorie zum Allgemeingut der Schriftsteller und haben die Literatur des gesamten Mittelalters und der Renaissance entscheidend beeinflusst.

Johannes Gutenberg

(um 1400–1468)

Außer der Erfindung des Rades hat es wohl keine Erfindung ge-
geben, die mehr für die Entwicklung der Menschheit bedeutet hätte,
wie die des Buchdruckes. Zwar war das Prinzip des Druckes das ge-
samte Mittelalter bereits bekannt, man hatte wie in China auch mit
versetzbaren Typen, meist ganzen Worten, experimentiert. Erst Jo-
hannes Gutenberg, der das System vervollkommnete, brachte hier den
Durchbruch. Die »Gutenberg-Revolution« war so bedeutend, dass sie
in vielen Geschichtsbüchern das Endes des Mittelalters markiert, mehr
als die Entdeckung Amerikas durch Kolumbus. Ohne Gutenberg sind
Renaissance und Humanismus undenkbar, da die Verbreitung dieser
Ideen auf gedruckten Büchern basierte.

Gutenberg stammte aus einer Mainzer Patrizierfamilie. Geboren wurde er um 1400 unter seinem bürgerlichen Namen
Johannes Gensfleisch zur Laden, erst später nahm er den Namen des Familiensitzes der Eltern, vom »Hof zu Gutenberg«,
an. Gutenberg dürfte eine Ausbildung zum Goldschmied erhalten haben, arbeitete aber später als Schreiber und kam so in
Kontakt mit Büchern.

In dieser Zeit wurden die Bücher noch von Hand geschrieben
und kopiert. Sie waren daher so teuer und wertvoll, dass man
sie an Universitäten mit Ketten an Lesepulten befestigte. Zwar
gab es schon Einblattdrucke, wobei man die Vorlagen aus einem
Holzblock herausschnitzte, zur Herstellung von größeren Volu-
men in höherer Auflage war diese Technik nicht geeignet.

In Mainz kam es durch die desolate finanzielle Lage der Stadt
wiederholt zu Auseinandersetzungen zwischen den politisch
regierenden Familien, die von den Patriziern der Stadt oder den
Handwerkerzünften unterstützt wurden. Aus Protest gegen die
Steuerforderungen des Rates verließen zahlreiche Mitglieder
der patrizischen Familien die Stadt, darunter 1428 auch Gutenberg und die Familie Gensfleisch.

Gutenberg ging nach Straßburg, wo er sich im Drucker-
gewerbe versuchte. Er stellte massentaugliche Produkte wie

Aachener Pilgerspiegel und Einblattdrucke her, die für wenig Geld an Pilger verkauft wurden. Vermutlich hat er bereits hier mit dem System der beweglichen Metalllettern experimentiert. Er geriet in finanzielle Schwierigkeiten und ging spätestens 1448 wieder nach Mainz zurück. Hier lieh er sich vom Mainzer Advokaten Johannes Fust das Geld zum Aufbau einer eigenen Druckerwerkstatt und begann mit der Produktion von 180 Prachtbibeln, die mit einem neuen, von ihm erfundenen System des Druckes mit beweglichen, gegossenen Metalllettern hergestellt werden sollten.

Gutenberg hatte nicht nur das System der beweglichen Lettern, die zu einer Seite zusammengesetzt und auseinandergenommen und wiederverwendet werden konnten, eingeführt, er erprobte auch neue Farb- und Papierqualitäten und erfand eine verbesserte Spindelpresse zum gleichmäßigeren Druck der Seiten. Der Druck der Bibeln erfolgte von 1452 bis 1454 in seiner Werkstätte mit Hilfe von 20 Mitarbeitern. Die Qualität der Werke galt als so gut, dass die Drucke von Handschriften nicht unterscheidbar waren. Von den 180 Exemplaren dieser Auflage, 30 wurden auf Pergament gedruckt, der Rest auf Papier, existieren heute noch 48 bekannte Stücke, die zu den wertvollsten Büchern weltweit gezählt werden.

Die lange Zeit vom Investment bis zum Verkauf der Bibeln führte zu einem Streit Gutenbergs mit seinem Geldgeber Fust, der Gutenberg verklagte und als finanzielle Abgeltung eine Anzahl von Bibeln sowie den größten Teil der Druckerwerkstatt zugesprochen bekam. Gemeinsam mit Peter Schöffer, einem Mitarbeiter Gutenbergs, führte Fust die Werkstatt weiter und entwickelte sie zum kommerziell erfolgreichen Unternehmen, das 1457 den ersten Dreifarbendruck herstellen konnte. Gutenberg baute mit Hilfe eines anderen Finanziers wieder eine kleine Werkstatt in Mainz auf.

1462 wurden viele Mainzer Bürger in der Mainzer Stiftsfehde aus der Stadt verbannt und ihre Häuser beschlagnahmt. Vermutlich verloren auch die Gutenbergs ihren Besitz. Ein Teil der Bevölkerung entschloss sich zur Flucht aus Mainz, darunter dürften auch die Gesellen und Meister von Fust und Gutenberg gewesen sein, die mit ihrem Wissen die Kunst des Buchdruckes in Europa verbreiteten.

Ob Gutenberg am Ende seines Lebens verarmt und verbittert war, ist heute wissenschaftlich umstritten, er war aber durch seine Erfindung so bekannt geworden, dass ihn der Mainzer Erzbischof 1465 zum Hofedelmann ernannte und eine ihm Leibrente an Wein, Getreide, Kleidung und die Erlassung von Steuern und Diensten zubilligte. 1468 starb Gutenberg in Mainz und wurde in der Franziskanerkirche beigesetzt.

Gutenbergs Erfindung hat sich in den Jahren nach seinem Tode in Europa rasch durchgesetzt. Der Buchdruck veränderte die Welt, immer mehr Menschen kamen mit gedruckten Büchern in Kontakt, Ideen konnten rasch verbreitet werden. Das Buch wurde für 500 Jahre zum wichtigsten Informations- und Kulturträger und bedeutete das Ende des Informationsmonopols für Universitäten und Klöster. Druckwerke wurden zum billigen Allgemeingut und in der Folge zum wichtigsten sozialen, politischen und religiösen Ausdrucksmittel und zum Unterhaltungs- und Informationsmedium.

John Hawkwood

(um 1320–1394)

Er war den neue Typ des Soldaten. Aus niedersten Verhältnissen stammend, wurde er durch Mut, Schlauheit, Charisma und Brutalität zum Heerführer. Männer wie er wurden gebraucht, um die Söldnertruppen des ausgehenden Mittelalters anzuführen, die in den Schlachten die Entscheidung gegen die bereits militärisch überholten Ritterheere bringen konnten.

Wenngleich über seine Jugend kaum etwas bekannt ist, so nimmt man an, dass er der Sohn eines Lohgerbers aus Hedingham Sibil in Essex war und um 1320 geboren wurde. Seine Lehrzeit soll er in London verbracht haben, wo er sich der englischen Armee anschloss, die unter Edward III. und dem Schwarzen Prinzen nach Frankreich ging, um im 100-jährigen Krieg gegen die Franzosen zu kämpfen.

Im Verlauf des Krieges erlangte er die Aufmerksamkeit des Schwarzen Prinzen und wurde von König Edward III. zum Ritter geschlagen Wie, wann und warum dies geschah, bleibt unbekannt. Man vertraute ihm bald eine eigene Kompanie an, die weit in den Süden Frankreichs vorstieß, die Provence ausplünderte und verwüstete.

1356 fiel der französische König Johann II. der Gute in der Schlacht von Poitiers in die Hände der Engländer und musste 1360 den Frieden von Bretigny schließen, der die erste Phase des 100-jährigen Krieges abschloss. Der englische König war danach Herr über den Großteil von Frankreich und hatte in den folgenden neun Friedensjahren kein Interesse daran, die arbeitslosen Kompanien durchzufüttern oder sein Land ausplündern zu lassen. Einen Teil der Kompanien unter Bertrand de Guesclin sandte er nach Spanien. John Hawkwood war aber arbeitslos und musste für sich und seine Männer ein neues Betätigungsfeld suchen und wandte sich nach Italien. Hier lagen die oberitalischen Städte untereinander und mit dem exilierten Papsttum seit Jahren in beständigem Krieg. Eine gut ausgebildete Truppe wie seine »Weiße Kompanie«, benannt nach ihren hell schimmernden Rüstungen, war hier willkommen.

Sein erstes Engagement fand er beim Grafen von Montferrato, der 1362 bis 1363 Krieg gegen Mailand führte. Hawkwood wechselte aber gegen Geld schnell die Fronten, 1364 kämpft er für die Pisaner gegen Florenz, bis 1368 verdingten er und seine Männer sich immer wieder an verschiedene italienische Kleinstaaten.

1368 trat er in die Dienste von Bernabo Visconti von Mailand, dem größten Gegner von Florenz. 1369 stand er auf der Seite Perugias gegen den Papst, und 1370 kämpfte er für die Viscontis gegen Pisa und Florenz. 1372 führte er Krieg gegen seinen einstigen Gönner, den Grafen von Montferrato. Da sich die Viscontis immer öfter in seine Führerschaft einmischten, legte er seine Kommission für Mailand nieder, 1372 und 1373 finden wir ihn auf der Seite des Papstes gegen die Mailänder, nun als der »teuflische Engländer« unter den Italienern bekannt.

Hawkwood und seine »Weiße Kompanie« waren inzwischen so gefürchtet, dass man ihnen Gelder anbot, damit sie nicht kämpften. So zahlten ihm die Florentiner 1375 30.000 Goldstücke unter der Bedingung, dass er keinen Auftrag annehmen würde, der sich gegen sie richtete. 1377 finden wir ihn auf der Seite des Papstes Gregor XI., wo er im Auftrag von Robert von Genf, Legat von Bologna, die Einwohner der Stadt Cesena massakrierte, was ihn aber dazu brachte, der Anti-Papst Liga beizutreten. Im selben Jahr heiratete er in Mailand Donnina, eine illegitime Tochter Bernabo Viscontis, mit dem er sich aber 1378 zerstritt. Für 130.000 Goldstücke trat er in die Dienste von Florenz und blieb hier bis 1382. Im selben Jahr agierte er als englischer Botschafter am Hofe des Papstes.

Auch die nächsten Jahre sahen ihn im beständigen Kriegsdienst, 1383 gegen Neapel, 1386 im Auftrag von Padua gegen Verona und 1388 vergeblich gegen Gian Galeazzo Visconti in Mailand, der Hawkwoods Schwiegervater Bernabo ermordet hatte. 1390 erneuerte Florenz den Krieg gegen Mailand und machte Hawkwood, dessen Name zu Giovanni Acuto italisiert wurde, zum Oberbefehlshaber seiner Truppen. Bis 1392 führte er die Florentiner von Sieg zu Sieg, verhalf Florenz zu einem eindrucksvollen Erfolg gegen Mailand und ermöglichte dadurch den Aufstieg von Florenz zur politischen und kulturellen Großmacht.

Nach diesem Erfolg zog sich der inzwischen fast 73-jährige

Condottiere in seine Villa bei Florenz zurück, wo er 1394 starb. Obwohl im Laufe der Jahre Millionen von Goldstücken durch seine Hände gegangen waren – allein der Papst gab 60 Prozent seines Einkommens für Söldnerheere aus –, starb Hawkwood nicht als reicher Mann. Bei seinem Tode gab es fast nichts Wertvolles in seinem Nachlass. Als Landbesitzer musste selbst er hohe Summen aufbringen, um die Söldner anderer Heerführer davon abzuhalten, seinen Besitz zu plündern. Um dies zu finanzieren, musste er seine Ländereien belehnen oder verkaufen, eine Ironie des Schicksals, die ihm sicher nicht entgangen ist.

Die dankbare Republik Florenz begrub ihn mit höchsten militärischen Ehren und gab den Auftrag zu einem prächtigen Marmordenkmal in Santa Maria del Fiore, das aber niemals ausgeführt wurde. Paulo Uccello malte 1436 sein Abbild zu Pferde als Fresko im Dom von Florenz, das bis heute erhalten ist.

Hawkwoods Ruhm war so groß in Europa, dass König Richard II. von England es als Ehre ansah, ihn in England zu begraben. Er überzeugte die Florentiner, ihn die Knochen Hawkwoods exhumieren zu lassen, die dessen Sohn John nach England brachte, wo sie in seinem Geburtsort begraben wurden.

Hawkwood gilt, ebenso wie der fast zeitgleiche Bertrand de Guesclin, als einer der ersten modernen Heerführer und verweist schon auf die Kriege und Heere der Renaissance. Seine »Weiße Kompanie« bestand am Beginn aus englischen Veteranen des 100-jährigen Krieges, mit der Zeit traten aber Soldaten aus aller Herren Länder in seine Dienste, nur die Anführer stammten weiterhin aus England. Man kämpfte als »Lanze«. Diese Einheit bestand aus zwei Kämpfern, die von einem Pagen versorgt wurden, ein neues System für Italien wie auch die Art der Plattenrüstung, welche von den Söldnern verwendet wurde. Hawkwood galt seinen Zeitgenossen, zumindest denen, die auf der anderen Seite seiner Lanzen standen, als Monster. Dennoch hatte er aber auch durchaus Sinn für Humor und Ironie. Als ihm einmal zwei Mönche begegneten, die ihn mit »Gott gebe dir Frieden« grüßten, was ihm natürlich sein Geschäft verdorben hätte, antwortete er freundlich mit: »Und Gott nehme Euch Eure Almosen weg!«

Heinrich der Löwe

(1129–1195)

Er war der Erbe eines der größten Territorien des Deutschen Reiches, erweiterte es und wurde so mächtig, dass man ihm seine Besitztümer abnahm und ihn ins Exil schickte. Sein Gegensatz als Welfe zu den staufischen Kaisern sollte die Reichspolitik im 12. Jahrhundert entscheidend prägen.

Die Welfen waren ein altes fränkisches Adelsgeschlecht und hatten seit dem 9. Jahrhundert Besitzungen in Bayern und Sachsen. Welf IV., der Großvater Heinrichs des Löwen, wurde 1070 von König → Heinrich IV. zum Herzog von Bayern ernannt. Er und seine Söhne Welf V. und Heinrich der Schwarze spielten im Kaiserreich die zentrale Rolle in der Opposition gegen die Staufer, besonders nachdem Heinrich der Schwarze die Macht der Welfen in Sachsen ausgebaut hatte und selbst König werden wollte.

Bald galten die Welfen aber als zu mächtig, statt Heinrich wurde daher 1138 der Staufer Konrad III. zum König gewählt. Als Konrad von Heinrich den Verzicht auf eines seiner Herzogtümer verlangte und dieser es verweigerte, kam es zum Streit, der Verhängung der Reichsacht über Heinrich und dem Entzug beider Herzogtümer. Heinrich konnte zwar Sachsen gegen alle Angriffe verteidigen, starb aber bereits 1139 mit 32 Jahren.

Dieser Heinrich der Schwarze war der Vater Heinrichs des Löwen, der um 1129 am Bodensee in Schwaben geboren wurde. Seine Mutter war Gertrud von Süpplingenburg, eine Tochter Kaiser Lothars III.

1142 erhielt Heinrich der Löwe das Herzogtum Sachsen von Albrecht dem Bären zurück, musste aber im Gegenzug auf Bayern verzichten, mit dem 1143 der Babenberger Heinrich II. Jasomirgott belehnt wurde.

Heinrich gab den Anspruch auf Bayern nicht auf. Auf dem Goslarer Reichstag von 1154 sprach → Friedrich I. Barbarossa, der Konrad III. 1152 auf den Thron gefolgt war, Heinrich das Recht auf Bayern zu und verlieh ihm den bayerischen Herzogstitel, obwohl er das Territorium erst 1156 übernehmen konnte. Barbarossa trennte dafür die Mark Österreich von Bayern ab und überließ diese den Babenbergern, gleichzeitig wurde Österreich zum Herzogtum aufgewertet. Heinrich der Löwe wurde durch die Belehnung mit Bayern zum mächtigsten Territorialfürsten im Reich.

Zwischen 1154 und 1156 trat Heinrich nicht als Gegner des staufischen Kaisers auf. Er ließ sich 1162 von Clementia von Zähringen, die er 1147 geheiratet hatte, scheiden, da ihre Familie in Opposition zu Friedrich I. Barbarossa stand, und heiratete 1168 Mathilde, die Tochter des englischen Königs Heinrich II. und → Eleonores von Aquitanien im Dom von Minden.

Ab 1150 lenkte er seine Expansionsbestrebungen gegen den Nordosten des Reiches. 1154 errichtete Heinrich der Löwe das Bistum Ratzeburg, 1158 erwarb er Lübeck, für das er auch den Lübecker Dom stiftete. Er ließ 1158 München und 1159 Landsberg am Lech gründen sowie die Straße über den Brenner ausbauen.1160 eroberte Heinrich Mecklenburg, gründete im selben Jahr das Bistum Schwerin und wurde 1164 Lehnsherr über Hinterpommern.

Braunschweig wurde die Residenzstadt Heinrichs, dort ließ er um 1166 den Braunschweiger Löwen und die Burg Dankwarderode errichten. An seinem Hof florierten die Künste, und hier entstanden wertvolle Handschriften wie der Tristan des Eilhart von Oberg, das Evangeliar Heinrichs des Löwen und der deutsche Lucidarius, eine erste Form einer Enzyklopädie.

Heinrichs Aufstieg und die von Friedrich I. Barbarossa betriebene Hausmachtspolitik der Staufer in Süddeutschland ließen den Konflikt zwischen Staufern und Welfen wieder aufflammen. Sichtbar wird das, als sich Heinrich 1176 auf dem fünften Italienzug Barbarossas vor der Schlacht von Legnano weigerte, Barbarossa militärische Unterstützung ohne entsprechende Gegenleistungen zur Verfügung zu stellen. Barbarossa wurde in Legnano schwer geschlagen, dafür entzog er Heinrich die Unterstützung in dessen Auseinandersetzungen mit dem Adel seiner Länder. Um Heinrich endgültig auszuschalten, zitierte er diesen im Januar 1179 zum Hoftag in Worms und ließ ihn durch die Gegner des Herzogs anklagen. Auf dem Hoftag von

Magdeburg im Juni 1179 wurde gegen Heinrich wegen Land-
friedensbruchs und Nichtbefolgens mehrerer Ladungsgebote
die Reichsacht verhängt.

Heinrichs Länder wurden aufgeteilt: Vom Herzogtum Bayern wurden die Steiermark und die Markgrafschaft Istrien abgetrennt. Der Rest fiel an die Wittelsbacher, die Bayern bis 1918
halten konnten. Vom Herzogtum Sachsen wurde Westfalen an
das Erzbistum Köln abgetrennt und mit dem Rest Bernhard, der
Sohn Albrechts des Bären, belehnt.

Barbarossa hatte damit die letzten beiden großen Stammesherzogtümer Bayern und Sachsen zerschlagen und die
Entwicklung des Reiches von den alten, großen Territorien in
kleinere, in sich geschlossene Fürstentümer, die durch das Le-
hensrecht enger an den König gebunden waren, zum Abschluss
gebracht.

Heinrich wollte sich dem Urteil nicht unterwerfen und leistete ab 1180 Widerstand. Die Mehrheit des sächsischen Adels
ging aber in das kaiserliche Lager über. Heinrich verlor weiter
an Macht, als Barbarossa als neuer Lehnsherr in Lübeck Herzog
Bogislav I., der bis dahin Heinrich unterstanden hatte, mit dem
Herzogtum Pommern belehnte. Im November 1181 unterwarf
sich Heinrich dem Kaiser auf dem Reichstag von Erfurt.

1182 wurde Heinrich aus dem Reich verbannt und begab
sich ins Exil zu seinem Schwiegervater König Heinrich II. von
England. 1184 begannen Verhandlungen, um ihm die Rückkehr
zu ermöglichen. 1185 konnte Heinrich in seine Besitzungen in
Lüneburg und Braunschweig zurückkehren. 1188 weigerte er
sich aber auf dem Mainzer Hoftag, am 3. Kreuzzug teilzunehmen, und ging abermals ins Exil. Nach dem Tod Friedrich Barbarossas kehrte er wieder zurück, und 1191 und 1192 lebte die
welfische Opposition unter Heinrichs Söhnen wieder auf. 1194
konnte Heinrich der Löwe sich mit König Heinrich VI. versöhnen und auf seine Güter in Braunschweig zurückkehren. Dort
starb er am 6. August 1195. Begraben wurde er vor dem Hoch-
chor des Braunschweiger Domes, über sein Grabmal schreibt
Arnold von Lübeck: »Er hat durch all seine Arbeit, die er unter
der Sonne gehabt hatte, nichts erreicht als ein recht sehenswür-
diges Grab.«

Heinrich der Löwe hatte einen Teilkrieg um die Macht der alten Stammesherzogtümer gegen die Macht des Königs geführt. Diese Auseinandersetzung ging nach seinem Tode weiter und sollte 1209 mit Kaiser Otto IV. von Braunschweig, dem Sohn Heinrichs des Löwen auf den Kaiserthron, einen weiteren Höhepunkt finden.

HEINRICH DER SEEFAHRER
(1394–1460)

Er wurde »Der Seefahrer« genannt, obwohl sein Name im Spanischen eher »Der Navigator«, also »Der Wegweiser« lauten würde. Er setzte seinen Fuß nur selten auf die Planken eines Schiffes, dennoch revolutionierte er die Seefahrt und machte Portugal für ein Jahrhundert zur größten Seefahrernation der Erde.

Eigentlich war ihm ein Leben im Müßiggang bestimmt. Geboren 1394 in Porto als viertes Kind des Königs Johann I. von Portugal und seiner englischen Mutter Phillipine, Tochter des Johann von Gent, hatte er kaum Chancen, auf den portugiesischen Thron zu gelangen.

Heinrich war ein begeisterter Christ. Als er 20 Jahre alt war, brachte er seinen Vater dazu, statt für ein Turnier, das einen Vertrag mit Kastilien feiern sollte, das Geld für einen Kreuzzug gegen Ceuta in Marokko auszugeben. Zwei Jahre lang arbeitete der junge Prinz an den Vorbereitungen, der Angriff im August 1415 wurde ein voller Erfolg. Ceuta fiel, und mit ihm gelangten die Reichtümer seiner Bazare in portugiesische Hände. Da Ceuta das Ende einer der Handelstraßen durch die Sahara war, dürfte Heinrich hier vom Inneren Afrikas erfahren haben, von seinen Ländern, Stämmen und den Reichtümern, die es hier zu holen gab.

Noch fehlten ihm aber die finanziellen Mittel, um diese Reichtümer zu erschließen. Als 1420 der Meister des Christusordens, der die Nachfolge der Templer angetreten hatte, starb, wurde Heinrich Großmeister des Ordens und erhielt dadurch Zugang zu dessen Reichtümern. Heinrich wurde in diesen Jahren zum Asketen, lebte einfach und tat Buße, war aber gleichzeitig ein Finanzmanager mit Monopolen auf vielen Wirtschaftsgebieten wie der Seifenproduktion und dem Thunfischfang.

Nach einem vergeblichen Versuch, seinen Vater zu einem Kreuzzug gegen Gibraltar zu bewegen, zog sich Heinrich nach Sagres zurück. Er brachte Wissenschaftler nach Sagres, ließ arabische Bücher übersetzen, baute eine Sternwarte und gründete eine Seefahrerschule. Sagres scheint aber eher ein mythischer Ort zu sein, vermutlich starteten fast alle Seeexpeditionen Heinrichs von Lagos aus, dem größten Ort an der Küste der Algarve. Heinrich sorgte für wissenschaftliche Innovationen, es wurde ein neuer Sextant entwickelt und die Vermessung der Welt durch die Kartografen begann.

Heinrich hatte noch andere Gründe, die christliche Seefahrt zu fördern. Stets hatten die christlichen Mächte der Sage von Priester Johannes nachgejagt, der in Afrika als Oberhaupt eines christlichen Volkes leben sollte und den man hoffte zu gewinnen, um die Muslime gemeinsam anzugreifen.

Mit dem Geld des Christusordens konnte Heinrich Expeditionen ausrüsten, die bald erste Erfolge zeigten. 1419 wurden Madeira und 1421 Gran Canaria wiederentdeckt. Die Hauptrichtung der Erforschung lag aber entlang der westafrikanischen Küste. Zwischen 1425 und 1435 brauchte es 15 Expeditionen, um das legendäre Cap Bojador zu umrunden und Richtung Senegal vorzustoßen, da die Schiffe Heinrichs Küstenfahrer waren und sich nicht auf den offenen Atlantik hinauswagten.

1437 führte Heinrich eine Expedition gegen Tangier, wobei sein jüngerer Bruder gefangen genommen wurde. Da sich Portugal weigerte, ihn gegen Ceuta zu tauschen, starb er 1448 in der Gefangenschaft.

1441 folgten weitere Erfolge. Sein fähigster Kapitän Nuno Tristao erhielt den neuen Schiffstyp der Caravelle und stieß damit entlang der afrikanischen Küste bis zum Rio de Ouro vor, von wo er Gefangene, darunter einen Tuareg, der die Geheimnisse des Saharahandels kannte, zurückbrachte. 1444 beteiligten sich die Bürger von Lagos mit einer Flotte von sechs Schiffen an einer Expedition und brachten Sklaven und Gold mit.

Von 1445 an segelten jährlich vier bis fünf Expeditionen nach Süden, Cap Verde wurde entdeckt und der Senegal erreicht. Inzwischen hatte Papst Alfons V. Heinrich den Besitz von allem Land zugestanden, das er »bis hinunter nach Indien« entdecken würde, und selbst spanische und italienische Seefahrer mussten den Portugiesen Tribute entrichten, wenn sie Handel an der afrikanischen Küste treiben wollten. Die Portugiesen begannen auch dauerhaften Besitz vom neu entdeckten Land zu nehmen. Handelsposten wurden eingerichtet, Städte gegründet, militärische Forts zum Schutz errichtet und die lokale Bevölkerung christianisiert.

Heinrich starb am 13. November 1460 in Sagres. Er hatte das Bild der Welt wesentlich erweitert, seine Seefahrer hatten bemerkt, dass südlich des Äquators die Sonne auch von Norden scheinen konnte, und sie hatten das Kreuz des Südens gesehen. Heinrich war der christlichste aller Seefahrer, dennoch scheute er sich nicht, die Einkünfte des Sklavenhandels für seine Zwecke zu verwenden und einen kräftigen Profit für seine Privatschatulle zu machen.

Auf seinen Grundlagen bauten andere auf. Vasco da Gama entdeckte 1498 den Seeweg nach Indien, Christoph Kolumbus führte das rote Kreuz der Christusritter am Segel nach Amerika. Heinrich nahm den Seeleuten die Angst, am Rande einer Scheibe von der Welt herunterzufallen. Bereits zu seinen Lebzeiten wussten die Navigatoren, dass die Erde eine Kugel und keine Scheibe war. Es war für ihn wichtig, »den Westen mit dem Osten zu verbinden, damit die Menschen lernen können, ihre Reichtümer auszutauschen«, das Motto einer mittelalterlichen Globalisierung. Heinrich lebte noch im Mittelalter, wenn er aber auf die See hinaussah, konnte er schon die neue Zeit heraufdämmern sehen.

Heinrich I. der Vogler
(876–936)

»Herr Heinrich sitzt am Vogelherd, recht froh und wohlgemut. Aus tausend Perlen blinkt und blitzt, der Morgenröte Glut.« So beschreibt Johann Nepomuk Vogl in einer Ballade den Moment, als Herzog Heinrich von Sachsen die deutsche Königswürde angetragen wurde. Nach dieser Szene soll er den Beinamen »Der Vogler« oder »Der Finkler« erhalten haben. Heinrich gilt als Gründer und erster König des Deutschen Reiches, das bis dahin als ostfränkisches Reich bezeichnet wird.

Heinrich war der Sohn und Erbe von Otto dem Erlauchten von Sachsen aus dem Geschlecht der Liudolfinger. Seine Mutter war die Babenbergerin Hadwiga, eine Ururenkelin von → Karl dem Großen. Heinrich wurde 876 geboren, 906 heiratete er Hathaburg, die Tochter des sächsischen Grafen Erwin, trennte sich aber bereits 909 nach der Geburt seines Sohnes Thankmar von ihr und schickte sie ins Kloster. Noch im selben Jahr heiratete er die 14-jährige Mathilde von Ringelheim, die Tochter von Dietrich Graf von Westfalen. Die Gründe für die Trennung und seine Wiederverheiratung sind nicht bekannt, aber diese Heirat brachte ihm und den Liudolfingern einen beträchtlichen Prestige- und Landgewinn, da Mathilde mit Herzog → Widukind, dem Anführer der Sachsen gegen Karl den Großen, entfernt verwandt war. Mathilde schenkte ihm drei Söhne und zwei Töchter und war Gründerin von Stiften und Klöstern, darunter Quedlinburg, das zur Grablege Heinrichs wurde.

912 wurde Heinrich nach dem Tode seines Vaters Herzog von Sachsen und geriet in Konflikt mit König Konrad I. aus dem Geschlecht der Konradiner um den Herrschaftsanspruch im ostfränkischen Reich. 911 hatte Konrad Ludwig das Kind, den Letzten der Karolinger, beerbt. Für ihn bedeuteten die Machtansprüche der Liudolfinger eine Bedrohung seiner Herrschaft. Er verweigerte Heinrich alle Rechte, die dessen Vater ausgeübt hatte, worauf Heinrich die Herrschaft Konrads über Sachsen und Thüringen nicht anerkannte. Es folgten drei Kriegsjahre bis

915, als sich Heinrich Konrad gegen die Zusicherung unterwarf, dem kinderlosen König auf den Thron nachzufolgen.

Am 23. Dezember 918 starb Konrad, im Mai 919 wurde Heinrich in Fritzlar zum ostfränkischen König gewählt, angeblich handelten die Franken dabei entsprechend dem Letzten Willen Konrads I. Damit war die Herrschaft erstmals von den Franken auf einen Sachsen übergegangen. Heinrich verzichtete auf eine kirchliche Salbung, die ihn über die anderen Herzöge erhoben hätte, stattdessen band er die Herzöge mit Freundschaftspakten an sich. Nach der Konsolidierung seiner Herrschaft im Inneren konnte er 921 im Vertrag von Bonn auch einen außenpolitischen Erfolg erzielen, als Karl der Einfältige, König der Westfranken, und er sich gegenseitig die Unabhängigkeit ihrer Reiche anerkannten. Dies führte zur Anerkennung Heinrichs als König durch den bisher abseits gestandenen Herzog Burchard II. von Schwaben. In der Folge unterwarf sich auch der bayerische Gegenkönig Arnulf der Böse für weitgehende Rechte in Bayern und Kärnten im Vertrag von Regensburg.

Als Nächster unterwarf sich 925 Giselbert, Herzog von Lothringen, der Herrschaft König Heinrichs I., der damit Lothringen und das Rheinland als fünftes Herzogtum in das Ostfrankenreich eingliederte. Am Hoftag zu Worms 926 erwarb König Heinrich I. die Heilige Lanze vom burgundischen König Rudolf II. im Austausch gegen Besitzungen um die Stadt Basel.

Heinrich verzichtete in seinem Konzept zur Schaffung eines einheitlichen Staatsgebildes bewusst auf die bis dahin übliche karolingische Reichsteilung, setzte aber die Ehen seiner Kinder geschickt als Instrument zur Ausweitung seiner Macht ein. 928 verheiratete er seine Tochter Gerberga mit Herzog Giselbert von Lothringen und sicherte so Lothringen für das Reich. Nachdem ihr Gatte in den Kämpfen gegen ihren Bruder Otto umkam, heiratete Gerberga König Ludwig IV. und wurde Königin von Frankreich.

929 wurde der 17-jährige Otto, der ausgewählte Nachfolger Heinrichs, mit Editha von England, Tochter Eduards des Älteren, König von Wessex, verheiratet. Seine Schwester Hadwig bekam 937 oder 938 Hugo den Großen, Herzog von Franzien, zum Mann. Ihr Sohn Hugo Capet, der 987 französischer König und Stammvater der Capetinger wurde, kam um 940 zur Welt.

Der zweitgeborene Sohn Heinrich unternahm 939 einen Aufstand gegen seinen Bruder und Thronfolger Otto und versuchte ihn 941 in Quedlinburg zu ermorden, wurde aber wieder in Gnaden aufgenommen und mit Judith von Bayern verheiratet.

Den jüngsten Sohn Brun bestimmte er für eine geistliche Karriere, er wurde Erzbischof von Köln. Heinrichs ältester Sohn Thankmar aus der Ehe mit Hathaburg fand keine Berücksichtigung und wurde in einem Aufstand gegen Otto von den Gefolgsleuten des Königs auf der Eresburg erschlagen.

Die Vereinigung der deutschen Stämme unter der Herrschaft Heinrichs wurde auch durch die ständigen Raubzüge ungarischer Reiterheere, denen die Herzogtümer seit 900 ausgesetzt waren, gefördert. Heinrich konnte 926 einen zehnjährigen Waffenstillstand mit den Ungarn aushandeln. Diese Zeit nutzte er zum Bau von Burgen, zur Aufstellung eines starken Heeres mit Panzerreitern und zur Unterwerfung der slawischen Stämme östlich der Elbe.

929 ordnete Heinrich auf einer Reichsversammlung seine Nachfolge. Das Prinzip der Unteilbarkeit des Reiches setzte sich damit endgültig durch, Nachfolger wurde Otto, Heinrichs erster Sohn aus seiner zweiten Ehe mit Mathilde.

Noch vor Ablauf des Waffenstillstands besiegte Heinrich die Ungarn 933 in der Schlacht bei Riade an der Unstrut. Dieser Sieg mit einem Heer aus allen deutschen Herzogtümern stabilisierte den Zusammenhalt des gerade entstehenden Reichs.

Auf einer Jagd im Harz erlitt Heinrich einen Schlaganfall und verstarb am 2. Juli 936 in seiner Pfalz Memleben, bestattet wurde er auf der Pfalz Quedlinburg, welche in ein Damenstift umgewandelt wurde, dem die Königin vorstand. Otto I. erbte 936 ein Königreich, in dem alle deutschen Herzogtümer vereint waren.

Heinrich hatte zwei Dinge erreicht. Die Königswürde war von den Karolingern auf die heimischen Sachsen, die noch 200 Jahre zuvor der Hauptgegner der Karolinger gewesen waren, übergegangen. Weiterhin hatte er den losen Stammesverband der Herzogtümer des Ostfränkischen Reiches unter einer Herrschaft zusammengefasst. Er gilt daher zu Recht als der Gründer des Deutschen Reiches.

Heinrich IV.

(1050–1106)

Sein Leben war geprägt vom Kampf, sei es gegen Papst → Gregor VII., der ihm das Recht auf die Einsetzung von Kirchenleuten streitig machte, gegen seine eigenen Untertanen, die fürchteten, der König würde zu viel Macht erlangen, und im Alter gegen den eigenen Sohn, der seinen Vater gefangen setzte und zur Abdankung zwang.

Heinrich war der älteste Sohn von Kaiser Heinrich III. und dessen Ehefrau Agnes von Poitou. Geboren wurde er am 11. November 1050 in der Kaiserpfalz Goslar.

1053 wurde Heinrich zum Herzog von Bayern ernannt, im selben Jahr als Nachfolger seines Vaters gewählt und 1054 in Aachen gekrönt. Sein Vater starb früh, und der Sechsjährige wurde unter die Vormundschaft seiner Mutter Agnes gestellt. Als diese sich der Amtes als Regentin als nicht fähig erwies und die Reichsfürsten immer mehr die Macht des Königs einschränkten, ließ Anno, Erzbischof von Köln, 1062 Heinrich entführen und regierte mit Adalbert, Erzbischof von Hamburg und Bremen, als Reichsverweser. 1065 wurde Heinrich für volljährig erklärt und konnte sich vom Einfluss seiner Vormünder befreien, 1066 heiratete er Bertha von Turin, Tochter des Grafen Odo von Chablais.

Zunächst ging Heinrich an den Ausbau seiner königlichen Macht und legte im sächsisch-thüringischen Gebiet Burgen an, was den Widerstand des sächsischen Adels hervorrief, der 1073 gegen Heinrich revoltierte. Die Sachsen konnten ihn zwar in der Harzburg belagern und deren Schleifung erzwingen, dies nahm aber Heinrich zum Anlass, den königlichen Heerbann gegen sie aufzubieten. Nach einem Sieg an der Unstrut konnte er die bedingungslose Unterwerfung der Sachsen erzwingen.

Die nächste große Auseinandersetzung führte Heinrich mit Papst Gregor VII. 1073 hatte er gegen den Willen des Papstes den Bischofssitz von Mailand neu besetzt. Dies führte zu einer Reaktion des Papstes, der 1075 auf der Fastensynode von Rom das Verbot der Laieninvestitur erließ. Damit war die Macht des

Königs wesentlich eingeschränkt, dieser konnte nun nicht mehr höchste kirchliche Ämter mit seinen Parteigängern besetzen.

Im Dezember 1075 drohte der Papst Heinrich mit der Absetzung und der Verhängung des Kirchenbanns. Darauf reagierte im Januar 1076 Heinrich in Worms mit der Absetzung des Papstes, was dieser im Februar 1076 mit der Absetzung Heinrichs als deutscher König und der Verhängung des Kirchenbannes, der die Untertanen Heinrichs von ihrem Treueid entband, beantwortete. Als die Fürsten, denen die Hausmachtpolitik Heinrichs zu gefährlich für ihre eigenen Interessen waren, begannen, einen neuen König zu suchen, antwortete Heinrich mit einem klugen politischen Schachzug. Er eilte im Winter 1077 dem Papst, der sich auf dem Weg nach Augsburg befand, über die verschneiten Alpen entgegen und konnte ihn nach dreitägiger Buße vor der Burg von Canossa dazu bewegen, den Kirchenbann aufzuheben, wenngleich der Papst sich weigerte, seine Absetzung als König zu widerrufen.

Zwei Monate später wählten die deutschen Fürsten Rudolf von Rheinfelden zum neuen König. Heinrich setzte sich dagegen zur Wehr, daher erneuerte der Papst zur Unterstützung Rudolfs die Absetzung Heinrichs und den Kirchenbann.

Drei Jahre später kam es zur Entscheidung, Heinrich schlug 1080 Rudolf von Rheinfelden in der Schlacht an der Elster, wobei Rudolf schwer verletzt wurde und starb. Nachdem er seine Macht im Reich wiederhergestellt hatte, setzte Heinrich Papst Gregor VII. wegen seiner angeblich unrechtmäßigen Wahl ab und ließ auf der Synode von Brixen Wibert von Ravenna zum neuen Papst wählen. Zur Durchsetzung seiner Politik zog Heinrich nach Italien. Er eroberte 1084 Rom, Gregor verschanzte sich in der Engelsburg und rief → Robert Guiscard und die Normannen zu Hilfe. Heinrich ließ Wibert von Ravenna als Klemens III. am 24.3.1084 im Petersdom zum Papst einsetzen und sich von ihm zum Kaiser krönen.

Inzwischen eilte Robert Guiscard mit einem Heer von Normannen und Sarazenen heran; Heinrich, der alle seine Ziele erreicht hatte, dessen Heer aber durch Krankheit dezimiert war, verließ kampflos Rom, das von Normannen und Sarazenen geplündert und niedergebrannt wurde.

Wieder in Deutschland konnte Heinrich die sächsische und

fürstliche Aufstandsbewegung brechen. 1087 ließ er seinen Sohn Konrad in Aachen zum deutschen König krönen und sandte ihn nach Italien, um seine Ansprüche zu sichern.

Der nächste Aufstand kam aus seiner eigenen Familie. In Italien hatte sich Konrad mit Papst →Urban II. und den lombardischen Städten, die nach Unabhängigkeit strebten, zusammengetan. 1098 ließ ihn Heinrich als König absetzen und seinen zweiten Sohn als Heinrich V. zum König wählen. Als er in den nächsten Jahren versuchte, die kaiserliche Gewalt auf Kosten der Reichsfürsten weiter auszubauen, und in Adelsvorrechte eingriff, stellte sich Heinrich V. offen auf die Seite der Fürsten und fand in Sachsen und Bayern zahlreiche Anhänger. Im Oktober 1105 trafen die Heere von Vater und Sohn bei Regensburg aufeinander. Allerdings einigten sich die Ritter des Vaters kampflos mit dem Sohn und verließen den Kaiser, der im Dezember 1105 von seinem Sohn gefangen genommen wurde und die Reichsinsignien ausliefern musste. Im Frühjahr 1106 gelang es ihm, nach Lüttich zu fliehen und hier Anhänger zu finden. Bevor es aber erneut zum Kampf mit seinem Sohn kam, starb er am 7. August 1106. Da er noch immer vom Papst gebannt war, durfte sein Leichnam erst 1111 im Dom zu Speyer, den er großzügig ausbauen hatte lassen, begraben werden.

Kaum ein anderer deutscher König und Kaiser hat so viele Siege errungen und Niederlagen hinnehmen müssen wie Heinrich. Er kämpfte gegen den Papst und seine eigene Familie mit dem Ziel, die Macht und Zentralgewalt des Königs gegen die Reichsfürsten zu stärken. Seine Maßnahmen wie die Weiterentwicklung der Reichsgerichtsbarkeit brachten ihm selbst nicht viel zu Lebzeiten, festigten aber die Königsmacht seiner Nachfolger entscheidend. In seinem Kampf stützte er sich auf die neue Schicht der sozial aufsteigenden Ministerialen, Kleinadelige, die dem König dienten und ihm verpflichtet waren, und auf die emporstrebenden Städte, die sich wie er aus dem Griff der deutschen Fürsten zu befreien versuchten.

HEINRICH V. VON ENGLAND
(1387–1422)

Heinrich V. erreichte, was seinen Vorgängern im 100-jährigen Krieg versagt blieb. Er konnte seine Herrschaft in England konsolidieren, er beendete das päpstliche Schisma, und hätte er nur zwei Monate länger gelebt, wäre er zum König von Frankreich und England gekrönt worden und hätte damit die Weltgeschichte mit der Wiedervereinigung von Frankreich und England für immer verändert.

Heinrich wurde im August oder September 1387 in Monmouth geboren. Sein Vater war Heinrich Bolingbroke, sein Großvater Johann von Gent, die Mutter Mary de Bohun. Als sein Vater 1398 für zehn Jahre aus England verbannt wurde, nahm sich König Richard II. seiner Erziehung an. Nachdem Heinrich Bolingbroke 1399 selbst auf den Thron kam und Richard unter ungeklärten Umständen starb, wurde Heinrich im November 1399 zum Herzog von Lancaster ernannt.

Vier Jahre später konnte er sich erste Verdienste im Krieg erwerben, als er den Aufstand von Harry Hotspur Percy bei der Schlacht von Shrewsbury entscheidend niederschlug. Bei dieser Schlacht wurde er von einem Pfeil schwer im Gesicht verwundet. Bis 1408 musste er sich mit dem Aufstand von Owen Glendower in Wales auseinandersetzen, der sich bis zu seiner Thronbesteigung hinziehen sollte. Ab 1410 verbrachte Heinrich mehr Zeit am Hof, sein Vater war schwer krank, und zeitweise führte Heinrich die Regierung, geriet aber mit seinem Vater in Konflikte und wurde 1411 vom Rat ausgeschlossen. 1413 starb Heinrich IV. und Heinrich V. folgte ihm auf den Thron.

Unmittelbar danach begann Heinrich die inneren Angelegenheiten Englands mit großer Energie neu zu ordnen. Er ließ Richard II., den Rivalen seines Vaters, dem er aber als Kind verbunden war, ehrenvoll bestatten, beendete den Aufstand der Lollarden, die unter seinem alten Freund Oldcastle vergeblich gehofft hatten, Heinrich zu einer maßvolleren Politik gegenüber den Lollarden zu bewegen. Heinrich konnte Oldcastle 1413 einkerkern, dieser entfloh und begann eine Verschwörung mit dem

Ziel, Edmund Mortimer auf den Thron zu bringen, wurde aber 1417 verraten und hingerichtet.

Nachdem er seine Angelegenheiten in England bereinigt hatte, wandte sich Heinrich der Außenpolitik zu. Unter dem Vorwand, dass die Franzosen die walisische Rebellion unterstützt hätten, er der rechtmäßige Herrscher des französischen Throns sei und weil ihm die Hand von Catherine von Valois, der französischen Königstochter, verweigert wurde, fiel er 1415 mit einem Heer in Frankreich ein, dessen König Karl VI. aufgrund seiner Geisteskrankheit zeitweise regierungsunfähig war. Obwohl sein Heer bald stark geschwächt war, schlug Heinrich das französische Heer durch den Einsatz seiner Langbogenschützen bei Agincourt vernichtend und nahm die Bretagne in englischen Besitz.

Die nächsten Jahre verwendet er dazu, seine Politik abzusichern, er vertrieb die Galeeren der mit Frankreich verbündeten Genueser aus dem Ärmelkanal, zog Kaiser Sigismund von Luxemburg, der im Auftrag des französischen Königs mit ihm verhandeln sollte, auf seine Seite und gewann ihn als Verbündeten. Im Vertrag von Canterbury 1417 gelang es ihm, das seit 1378 andauernde Schisma der katholische Kirche zu beenden und Martin V. als alleinigen Papst einzusetzen.

1417 erneuerte er den Krieg gegen Frankreich, besetzte Teile der Normandie, eroberte 1419 Rouen und bedrohte Paris. Sein burgundischer Gegenspieler Johann Ohnefurcht, der Regent Frankreichs, wurde durch ein Attentat des französischen Dauphins Karls VII. beseitigt, und Heinrich einigte sich mit Johanns Nachfolger Philipp dem Guten von Burgund und mit König Karl VI. über die Nachfolge in Frankreich. Im Vertrag von Troyes 1420 wurde er als Regent und Thronfolger von Frankreich anerkannt. Im selben Jahr heiratete er Catherine von Valois, die Tochter des französischen Königs. Nach dem Tode Karls VI. sollte er König von Frankreich und England sein und damit den 100-jährigen Krieg beenden.

Heinrich plante, seine Popularität unter den europäischen Fürsten für einen neuen Kreuzzug auszunutzen. 1421 kehrte er zum Sammeln von Geldern für den Kreuzzug nach England zurück, musste aber bald wieder in Frankreich eingreifen, da sein Bruder Thomas von Lancaster in Baugé durch ein Heer von

Schotten und Franzosen schwer geschlagen wurde und dabei gefallen war. Im folgenden Feldzug erkrankte Heinrich während der Belagerung von Meaux schwer an der Ruhr und starb in Bois de Vincennes am 31. August 1422. Er wurde in der Westminster Abbey beigesetzt.

Karl VI. starb nur zwei Monate nach ihm. Hätte Heinrich länger gelebt, wären er oder seine Nachfolger mit Karls Tod rechtmäßige Herrscher von Frankreich und England gewesen. Der 100-jährige Krieg hätte sein Ende gefunden, und → Johanna von Orléans wäre eine unbekannte Bauerntochter geblieben.

Heinrichs Witwe Catherine heiratete später heimlich Owen Tudor, einen Höfling am Hofe Heinrichs VI., der Großvater des englischen Königs Heinrich VII. und Stammvater der Tudors werden sollte.

Heinrich V. hatte den Weitblick, das Ende des 100-jährigen Krieges durch aktive Politik anzustreben, und fast wäre es ihm auch gelungen. Er war ein bedachtsamer Politiker, der zunächst die Anarchie im eigenen Lande beendete, dann die Anarchie in der Kirche und zuletzt den Krieg zwischen England und Frankreich. Im Gedächtnis der Nachwelt bleibt er durch die Schlacht von Agincourt, die Figur des Falstaff, die Oldcastle darstellt, und durch Shakespeares Stück, in dem auch seine tiefe Religiosität mit seinem Motto »Cry God for Harry« zum Ausdruck kommt.

Hermann von Salza

(um 1179–1239)

Hermann von Salza war einer der Manager des Mittelalters. Auf seinen Befehl hin setzten sich Scharen von Rittern in Bewegung, kolonialisierten unfruchtbares Land, kämpften gegen die Heiden und erschlossen für seinen Orden unbekannte Gebiete.

Hermann konnte dies alles erreichen, obwohl er von einfacher Geburt war. Bereits als junger Mann hatte er erkannt, dass er aufgrund seiner Herkunft aus niederem thüringischen Adel wohl kaum die Möglichkeit haben würde, eine große Karriere zu machen. Daher entschied er sich, einem Ritterorden beizutreten, da ihm hier am ehesten jene Laufbahn winkte, zu der er sich befähigt fühlte.

Hermann stammte aus einer Familie thüringischer Ministerialer und wurde um 1179 geboren. Über seine Eltern und seine Jugend wissen wir wenig, erstmals tritt er uns 1209 entgegen, als er zum Großmeister des Deutschen Ordens bestimmt wurde. Dieser Orden, gegründet 1190, zählte zu den kleinen Ritterorden, was die Zahl seiner Ritter anging, konnte aber auf nachhaltige finanzielle Mittel und auf die Unterstützung des deutschen Kaisers → Friedrich II. setzen.

Hermanns Lehnsherr empfahl ihn 1211 dem ungarischen König Andreas II. zur Bekämpfung der heidnischen Kumanen, die Transsylvanien bedrohten. Er sandte eine Abteilung von Rittern, begleitet von Bauern und Priestern, in das Land, und diese begannen, befestigte Plätze zu bauen und das Land zu erschließen.

1217 beteiligte sich Hermann am unglücklichen 5. Kreuzzug nach Ägypten, der einen Angriff auf Kairo vorsah, aber bereits bei der Belagerung von Damiette scheiterte. In der Entscheidungsschlacht um Damiette 1221 wurde er gefangen genommen und musste mit ansehen, wie der deutsche Ritterorden, der inzwischen weite Teile Transsylvaniens den Kumanen abgenommen hatte, aus Ungarn vertrieben wurde. Der Grund war, dass die deutschen Ritter zu erfolgreich waren und die ungarischen Adeligen und König Andreas II. befürchteten, dass hier ein Staat im Staate entstehen könnte, der ihrem Einfluss entzogen wäre. 1222 erstritten die ungarischen Adeligen von König Andreas II. die Goldene Bulle und verlangten die Vertreibung des Deutschen Ritterordens. 1225 wurden die deutschen Ritter aus Ungarn ausgewiesen, die Aufbauarbeit, die sie geleistet hatten, war vergeblich gewesen, und die Kumanen konnten das Land wieder zurückerobern. Dieser Schlag war fast tödlich für den Deutschen Orden, musste er doch befürchten, kaum mehr finanzielle Unterstützung oder Zuzug weiterer Ritter zu erhalten. Hermann von Salza war also gezwungen, sich nach neuen Betätigungsfeldern für die Ordensritter umzusehen.

Zu dieser Zeit erreichte Hermann eine neue Bitte um Unterstützung. Herzog Konrad I. von Masovien lud den Ritterorden ein, sich an der Erschließung und Christianisierung Preußens zu beteiligen. Hermann, der hier die Zukunft seines Orden sah, war aber wie viele seiner Ordensbrüder skeptisch, das ungarische Desaster war noch zu sehr in Erinnerung. Gleichzeitig wurden seine Ritter für den 6. Kreuzzug gebraucht, den Kaiser Friedrich II. plante. Hermann ging strategisch geschickt vor. Gegen die Zusage eines großen Ritterkontingentes für Friedrich II. erreichte er 1226 in der Goldenen Bulle von Rimini vom Kaiser und in der Goldenen Bulle von Rieti vom Papst einen Vertrag, der ihm das Gebiet von Kulm und alle von seinem Orden eroberten Ländereien in Preußen zusagte. Damit konnte er eine gleiche Zusage von Konrad I. von Masovien erreichen.

Der 6. Kreuzzug war für Friedrich II. ein Erfolg. Ohne Kampfhandlungen konnte er durch Verträge in Jerusalem einziehen und sich zum König von Jerusalem krönen lassen. Die Christen erhielten Bethlehem, Nazareth, Lydda, Sidon und Toron zurück sowie Jerusalem mit Ausnahme der al-Aksa-Moschee und des Felsendoms. Sein Friedensvertrag mit dem ägyptischen Sultan al-Kamil fand aber kaum Anerkennung, so dass Friedrich II., gebannt und tief zerstritten mit Papst Gregor IX., 1229 unter einem Hagel von faulem Gemüse Akkon verließ.

Hermann von Salza hatte immer treu an der Seite seines Kaisers gestanden, selbst als der Deutsche Orden dafür von Papst Gregor exkommuniziert wurde. Aber es war ihm klar geworden, dass die Zukunft des Ordens nicht im Heiligen Land liegen konnte, das Stück um Stück von den Muslimen zurückerobert wurde. Zwar blieb noch eine Garnison des Deutschen Ordens in Akkon, Hermann orientierte aber den Orden nun nach den Baltischen Ländern und nach Preußen aus.

1230 sandte er ein erstes Kontingent von Rittern unter der Führerschaft von Hermann von Balk nach Preußen, der mit Kriegszügen die Gebiete entlang der Ostsee einnahm und christianisierte. Damit wurde der Deutsche Orden von der Fläche des beherrschten Gebietes wie auch an Reichtum zu einem der führenden Orden des Mittelalters und konnte 1239 den Orden der Schwertbrüder, der vor ihm in Preußen gewirkt hatte, integrieren.

Hermann wirkte in dieser Zeit in Italien und versuchte von hier aus Unterstützung für den Orden zu organisieren. 1230 gelang es ihm, den Kaiser mit dem Papst zu versöhnen. Er erreichte im Frieden von San Germano am 22. Juli 1230, dass der Kaiser das Patrimonium St. Peter wieder einsetzte und der Kirchenbann gegen Friedrich II. aufgehoben wurde. Sein Orden wurde denen der älteren und reicheren Orden der Johanniter und Templer gleichgestellt.

Die lange Abwesenheit des Großmeisters von den Kämpfen in Preußen führte zu Zerwürfnissen zwischen ihm und dem Orden. 1238 zog sich Hermann von Salza nach Salerno zurück, wo er am 20. März 1239 starb und in Barletta in Apulien begraben wurde.

Hermann von Salza erkannte bereits früh, dass das Heilige Land auf Dauer für die Christenheit nicht zu halten war, und suchte nach neuen Ländern für die Aufgaben des Deutschen Ordens. Die Dominanz des Deutschen Ordens und die Erschließung der Baltischen Länder, die bis 1918 deutsch beeinflusst blieben, gehen auf seine Verdienste zurück. Daneben war er ein Politiker, der es verstand, ausgleichend zwischen Kaiser Friedrich II., dem er zeit seines Lebens treu ergeben war, den oberitalischen Städten und dem Papst zu wirken.

Jan Hus

(1369/1371–1415)

Er sei die Gans (tschechisch: Hus), die gebraten werde, ehe daraus später ein Schwan werden könne. Das sagte Jan Hus, bevor man ihn 1415 auf einem Scheiterhaufen in Konstanz verbrannte. Er ist als Vorläufer der Lehren des Martin Luther zu betrachten, nahm die Reformation in vielem voraus, fügte aber auch nationalistische Elemente hinzu. Sein Tod sollte zu einem halben Jahrhundert Krieg in Mitteleuropa führen und das Element des Nationalismus im Deutschen Reich etablieren.

Jan Hus stammte aus einfachsten Verhältnissen. Sein Vater war Fuhrmann, sein Geburtsjahr liegt zwischen 1369 und 1371. Geboren wurde er vermutlich in Husinec im Kreis Prachatitz in Böhmen, wo er auch die Lateinschule besuchte. 1386 ging er nach Prag, um an der deutschsprachigen Karlsuniversität zu studieren, und erhielt 1396 den Grad eines Magister Artium. Bereits in seiner Studienzeit war er unzufrieden mit dem Zustand der Universität, die in die vier Nationen der Bayern, Sachsen, Polen und Böhmen unterteilt war. Jede »Nation« hatte gleiches Stimmrecht und wurde auf Deutsch unterrichtet, obwohl die Böhmen die größte Zahl der Studenten stellten.

1382 hatte Anne von Böhmen, die Schwester von König Wenzel, den englischen König Richard II. geheiratet. In der Folge studierten böhmische Adelige in England an der Universität Oxford und brachten von dort die Schriften des englischen Reformators → John Wyclif nach Böhmen, die Hus 1398 kennenlernte. Er begann Theologie zu studieren und wurde 1400 zum Priester geweiht. 1401 wurde er zum Dekan der philosophischen Fakultät und 1402 zum Professor der Theologie in Prag ernannt, ein Amt, das er bis 1410 innehaben sollte.

Wyclifs Schriften sollten den Nationalitätenkonflikt an der Prager Universität weiter vertiefen, da sie von den Böhmen angenommen, von den deutschen Fakultätsmitgliedern aber abgelehnt wurden. In der Förderung des böhmischen Nationalismus ging Hus noch weiter, ab 1402 predigte er in tschechischer

Sprache und führte das gemeinsame Singen im Gottesdienst ein.

Hus war als Theologe und Prediger in der Kirche hoch geschätzt, zu seinen wesentlichen Förderern zählte sein später erbittertster Feind, der Prager Erzbischof Zbynko von Hasenburg, der ihn mehrfach zum Synodialprediger bestimmte.

Bis 1408 sollte sich der Konflikt von Hus mit der Kirche und der deutschen Minderheit in Böhmen, die den Großteil des Klerus und des Adels stellte, weiter vertiefen. Hus vertrat konsequent die Lehre Wyclifs, kritisierte die starke Verweltlichung der Kirche, die Reliquienfrömmigkeit, den Wunderglauben, den Ablasshandel und den Ämterverkauf. In seinen Predigten und Schriften vertrat er die Gewissensfreiheit, die Lehre von der Prädestination, nach der jedem Menschen sein Schicksal, ob Himmel oder Hölle, vorherbestimmt ist, und die Bibel als einzige Autorität in Glaubensfragen. Er lehnte die Lehre von der Unfehlbarkeit des Papstes ab und vertrat den Utraquismus, die Spende von Brot und Wein beim Gottesdienst. Daneben wandte er sich gegen die deutsche Minorität in Prag, die höchste Posten in Staat und Kirche besetzt hielt.

1409 gelang es ihm, König Wenzel zu überzeugen, der böhmischen Nation an der Universität in Prag die Mehrheit zuzugestehen, weil Wenzel für die Neutralität im Papstschisma eintrat, während die Deutschen mit Zbynko von Hasenburg an Papst Gregor XII. festhielten. Die Konsequenz war der Auszug der deutschen Nation aus der Universität Prag nach Leipzig. Hus wurde Rektor der ersten national-böhmischen Universität, hatte sich aber mit Zbynko einen unversöhnlichen Feind geschaffen.

Zbynko setzte weitere Schritte gegen Hus. Er unterwarf sich dem schismatischen Papst Alexander V. und erreichte ein Verbot der Schriften Wyclifs und seiner Lehren. Als Hus sich weigerte, dies umsetzen, ließ Zbynko im Juli 1410 die Schriften Wyclifs in Prag verbrennen und den Kirchenbann über Hus aussprechen. Auch Papst Johannes XXII. bannte Hus, und Zbynko belegte Prag mit dem Interdikt, dem Verbot aller kirchlichen Handlungen. Als sich Hus gegen das Papsttum wandte, verlor er die Unterstützung von Wenzel und der theologischen Fakultät von Prag. Hus zog sich auf die Burg Kozy Hradek zurück, von wo aus er mit seinen Schriften und als Wanderprediger weiter wirkte. Mehrere Schlichtungsversuche verliefen erfolglos. 1413 forderte Kaiser Sigismund gegen die Zusicherung von freiem Geleit Hus auf, auf dem Konzil in Konstanz zu erscheinen, seine Lehre zu erklären und zu verteidigen.

Unmittelbar nach seiner Ankunft in Konstanz im November 1413 wurde Hus gefangen genommen und in der Haft unwürdig behandelt. Auch Kaiser Sigismund konnte oder wollte sich nicht für ihn einsetzen. Man gestattete ihm keine Rechtfertigung, sondern verlangte von ihm einen öffentlichen Widerruf und das Abschwören seiner Lehren, was Hus mehrfach verweigerte. Am 6. Juli 1415 wurde er von der Vollversammlung des Konzils zum Tod auf dem Scheiterhaufen verurteilt und noch am selben Tag verbrannt, seine Asche in den Rhein gestreut.

In der Folge kam es zu einer ausgedehnten Widerstandsbewegung im Osten des Deutschen Reiches, die als »Hussitenkriege« von 1419 bis 1436 andauerten und erst nach dem Konzil von Basel in einem Kompromiss endeten, wobei die Widerstände gegen den Katholizismus in Böhmen erst 1620 im 30-jährigen Krieg gebrochen werden konnten. Durch die Hussitenkriege verloren die böhmischen Länder für mehrere Generationen ihre im 14. Jahrhundert wirtschaftlich und kulturell führende Stellung in Europa. Die wesentlichen Forderungen der Hussiten waren das vollständige Abendmahl in beiderlei Form, die freie Predigt in der Landessprache auch für Laien, die Aufgabe des kirchlichen Besitzes und die strenge Bestrafung der Todsünden.

Hus hat nur wenige Schriften verfasst, diese hatten aber großen Einfluss auf die Reformbewegungen und auf Martin Luther. Er schrieb über die Auslegung des Glaubens, die Simonie, die heilige Lesung am Sonntag und in seinem Hauptwerk »De Ecclesia« über die Irrtümer der Kirche. Wesentlich für das Entstehen des böhmischen Nationalbewusstseins wurden seine Beiträge über die tschechische Schriftsprache.

In seinen Schriften war Hus der Kirche gegenüber loyal und lehnte es ab, sich als Ketzer bezeichnen zu lassen, viele seiner Gedanken hat er wortwörtlich von John Wyclif übernommen und nur kompilatorisch zusammengefasst. Er akzeptierte das Papsttum, sah es aber durch die Würde des Papstes und nicht durch das Amt legitimiert. Die Bibel galt ihm als der Maßstab, nach dem sich das Leben der Gläubigen zu richten habe, und das Abendmahl als ein dem Menschen unbegreifbares Mysterium, das in beiderlei Gestalt zu verabreichen sei.

Hus war nur einer von vielen, welche die Kirche als reformationsbedürftig ansahen, gemeinsam mit Wyclif erkannte er die Strömungen der Zeit unter der Bevölkerung und versuchte eine Reformation, ohne die Kirche zu zerstören. Er war einer der ersten Vertreter des böhmischen Nationalismus, den er für seine kirchenreformatorischen Belange politisch einzusetzen wusste.

Jacques de Molay

(1244–1314)

Er war der letzte Großmeister des Templerordens. Er musste die Zerstörung seines Lebenswerkes mit ansehen und fand sein Ende auf einem Scheiterhaufen. Mit seinem Tod begann das Rätsel um die wahren Intentionen der Templer, ungelöst und Grundlage vieler Spekulationen ist der Verbleib ihres geheimnisvollen Schatzes.

Jacques de Molay wurde vermutlich 1244 in Molay, einer Stadt der Haute Saone, in Frankreich geboren. Im Alter von 21 Jahren trat er 1265 dem Orden der Templer in Beaune bei. Er selbst nannte sich einen »miles illiteratus«, einen ungebildeten Soldaten, vermutlich stammte er wie die meisten Templer aus einer kleinadeligen Familie.

Der Templerorden wurde 1128 mit Billigung der Kirche gegründet und hatte die Aufgabe, die Straße von Akkon nach Jerusalem für die christlichen Pilger offen zu halten. Sie nahmen an fast allen Kreuzzügen teil und waren als Rittermönche berühmt für ihren Kampfesmut und ihre Disziplin.

Jacques de Molay ging 1270 ins Heilige Land, um sich am Kampf gegen die Mamelucken, welche die heiligen Stätten in ihrem Besitz hatten, zu beteiligen.

Im Mai 1291 fiel mit Akkon die wichtigste Hafenstadt Palästinas in die Hand der Muslime, und die Ritterorden zogen sich nach Zypern zurück. Hier wurde Jacques de Molay als Nachfolger des Großmeisters Thibaud Gaudin am 20. April 1292 zum Großmeister der Templer gewählt.

Seine wichtigste Aufgabe als Großmeister war es, im Abendland um Unterstützung für den Orden und für einen neuen Kreuzzug zu werben. Er bereiste die Provence, Katalonien, Italien, England und Frankreich und versuchte den Orden zu reformieren, lehnte aber eine Zusammenlegung der Templer mit den Hospialitern ab, die sich 1306 einen eigenen Staat auf Rhodos einrichteten.

1296 kehrte er mit einem ausgeklügelten, strategischen Plan nach Zypern zurück. Er plante, die Mamelucken durch eine

Allianz von Mongolen mit den christlichen Staaten Palästinas von zwei Seiten anzugreifen. Die nächsten Jahre versuchte de Molay einen Brückenkopf für den Orden in Palästina zu schaffen, konnte die Mamelucken mehrmals in Schlachten besiegen und sich in der syrischen Stadt Ruad in der Nähe von Tortosa festsetzen. Immer wieder unternahmen die Templer Raubzüge gegen die Küsten Palästinas und warteten auf das Eintreffen der Mongolen, mussten aber im September 1302 unter schweren Verlusten ihre Positionen in Palästina aufgeben und sich aus Ruad zurückziehen.

Diese Misserfolge, ihr angeblicher immenser Reichtum und die weitgehend unbekannten Regeln des Ordens führten zu Gerüchten in Europa. Besonders in Frankreich bezichtigte ein abtrünniger Templer seinen Orden der Idolatrie, der Häresie, Sodomie und des Paktierens mit den Muslimen. Besonders die Gerüchte über perverse sexuelle Praktiken der Templer beim Gottesdienst, so sollen sie die Gottheit Baphomet angebetet haben, führten dazu, dass de Molay Papst Klemens V. bat, eine Untersuchung gegen die Templer zu führen, um den Gerüchten entgegentreten zu können. Diese Vorgangsweise wollten der französische König → Philipp der Schöne und sein Ratgeber Guillaume de Nogaret, die es auf den Schatz der Templer abgesehen hatten, nicht abwarten. Am Freitag dem 13. Oktober 1307 ließen sie in einer lange vorbereiteten Aktion alle erreichbaren Templer in Frankreich verhaften, das Vermögen des Ordens beschlagnahmen und machten so Freitag den 13. für immer zum Unglückstag.

Die Anklage war eine Mixtur aus sexuellen, wirtschaftlichen, religiösen und magischen Vorwürfen und Beschuldigungen. Jacques de Molay führte die Verteidigung des Ordens unglücklich und gestand unter der Folter oder der Androhung der Folter die Missachtung Christi und das Treten des Kruzifixes mit den Füßen als Teil des Ritus der Templer. Dies führte dazu, dass sich auch der Papst in die Untersuchungen einschaltete. In der Folge schwieg de Molay vor den Untersuchungskommissionen, erst als er erkannte, dass es kaum mehr Hoffnung für den Orden gab, versuchte er sich zu verteidigen.

Inzwischen hatten die Hinrichtungen von Tempelrittern begonnen, die Auflösung des Ordens durch den Papst erfolgte 1312. Zwei Jahre später verurteilte ein päpstliches Gericht Jacques de Molay und drei weitere Würdenträger der Templer zu lebenslangem Kerker. Als de Molay sah, dass alles verloren war, widerrief er gemeinsam mit Geoffroy de Charnay alle Geständnisse. Dies ließ Philipp befürchten, dass der Papst nochmals eingreifen würde. Um dem zuvorzukommen, befahl er, beide auf dem Scheiterhaufen zu verbrennen, was am 18. März 1314 auf der Ile de la Cité in Paris über einem nur klein brennenden, rauchlosen Feuer geschah, um die Qualen der Verurteilten zu verlängern. Über den Verbleib ihrer Asche oder über eine Grabstätte ist nichts bekannt. Die letzten Worte de Molays waren: »Ich habe die Vorwürfe bestätigt … um mir die fürchterlichen Qualen der Folter zu ersparen. Man hat mir das Leben angeboten um den Preis der Lüge. Doch um diesen Preis ist das Leben nicht wert, dass man es hat.«

De Molay verfluchte noch auf dem Scheiterhaufen Philipp den Schönen und Papst Klemens V. und sagte ihnen voraus, dass er sie innerhalb eines Jahres vor Gottes Richtstuhl rufen werde. Tatsächlich starb Klemens nur einen Monat nach Molay an Krebs und Philipp bei einem Jagdunfall im November desselben Jahres. Die Kinder Philipps galten als »die verfluchten Könige«, und seine Dynastie der Kapetinger fand sieben Jahre nach Molays Tod ein Ende. Der legendäre Schatz der Templer wurde nie gefunden, angeblich soll das Labyrinth-Mosaik in der Kirche von Chartres die Karte sein, die zum Versteck des Schatzes weist.

Jacques de Molay hatte das Unglück, zu einer Zeit Großmeister der Templer zu sein, als die große Zeit der Ritterorden schon vorbei war. Das Heilige Land war verloren, Kreuzzüge durch ihre Kosten und Verluste an Menschenleben unpopulär und die Könige Europas immer in Geldnöten, alles Gründe, um begehrlich nach dem Vermögen der Orden zu sehen. Dazu kamen die Angst vor ihrer Macht und der Wunsch, sie zu kontrollieren. Wieweit die Templer tatsächlich orientalische Praktiken und Sitten in ihren Ritus aufgenommen haben, ist schwer zu sagen. Ihr enger Kontakt zum Orient hat aber sicher Ideen, die nicht immer mit denen der Kirche in Einklang standen, in ihren Ritus einfließen lassen. Dennoch bleibt das Schicksal Jacques de Molays und seines Ordens ein Musterbeispiel politischer Willkür und Praxis im christlichen Europa des Mittelalters.

Joachim von Fiore

(um 1130–1202)

Es kommt selten vor, dass ein Prediger und Theologe des Mittelalters, obwohl zu seinen Lebzeiten bereits umstritten und nach seinem Tode fast vergessen, seine Wirkung bis in das 20. Jahrhundert entfalten konnte und selbst Marx, Hegel und Bloch beeinflusste. Joachim von Fiore hat selbst keine praktischen Schlussfolgerungen aus seiner Lehre, die spirituelle und sozialrevolutionäre Gedanken umfasste, gezogen, sie wirkte aber über Jahrhunderte nach.

Joachim wurde um das Jahr 1130 in Süditalien in Celico bei Cosenza geboren. Sein Vater Maurus de Celico war Notar und plante eine gleiche Karriere für seinen Sohn. Da er eine Stellung am Hofe der sizilischen Normannen unter Wilhelm I. in Palermo hatte, konnte er Joachim bald bei Hofe unterbringen. Zu den Pflichten der jungen Hofleute gehörte es auch, sich in der Welt umzusehen. Joachim unternahm daher 1166 bis 1167 eine Pilgerfahrt ins Heilige Land, kam aber von dort seelisch verändert zurück. Er hatte eine Nacht auf dem Berg Tabor in Meditation verbracht und spirituelle Erfahrungen gemacht, die sein Leben beeinflussen sollten.

Nach seiner Rückkehr nach Italien kehrte Joachim nicht mehr an den normannischen Hof zurück, sondern trat in die Zisterzienserabtei von Sambucina di Luci ein. 1168 übersiedelte er in den Zisterzienserkonvent von Corazzo und wurde hier zum Priester geweiht. 1171 wurde er Abt, fand aber seine täglichen Pflichten so ermüdend, dass er vom Papst einen Dispens erbat, um sich seinen Studien widmen zu können. Joachim war stets ein gehorsamer Diener der Kirche, als er 1183 begann, sein Buch über die Offenbarung zu schreiben, holte er zuvor gewissenhaft die Erlaubnis des Papstes ein. 1188 zog er sich in das Silasgebirge nach Pietralata zurück, um weiter in Ruhe zu studieren, 1192 holte man ihn als Abt nach Corazzo zurück. Joachim führte ein eigenes Kloster in San Giovanni di Fiore, das er als Abt leitete und wo er den Orden der Florenser gründete. Die Regel des Ordens orientierte sich an den Zisterziensern, war aber wesentlich strenger und wurde 1198 von Papst Coelestin III. anerkannt.

Joachim schrieb drei große Werke, von denen → Dante meinte, dass sie einen prophetischen Geist und Größe hätten. Die Bücher beschäftigen sich mit der Geschichte und der möglichen Zukunft der Kirche. Joachim sieht die Welt einem »Ewigen Evangelium« unterworfen, das sich in drei Zeitalter teilen lässt. Das erste ist die Zeit Gottvaters, der mächtig und streng ist. Das zweite Zeitalter ist das des Sohnes, der die verborgenen Geheimnisse des ersten Zeitalters offenbart, das dritte Zeitalter ist das Königreich des Heiligen Geistes, eine Zeit der Friedens und der ewigen Liebe Gottes, in der es keine Autoritäten mehr gibt oder keine notwendig sind.

Joachim sah sich selbst am Ende des zweiten Zeitalters lebend und → Benedikt von Nursia als Begründer des dritten, des mönchischen Zeitalters, das nach seinen Berechnungen 1260 beginnen sollte. Es sollte zu gewaltigen Umwälzungen auf der Erde kommen, die Juden würden sich zum Christentum bekehren, die Byzantinische und die Römische Kirche würden sich wieder vereinigen und das »Ewige Evangelium« bis zum Jüngsten Gericht herrschen.

1200 sandte er seine Schriften an Papst Innozenz III. zur Prüfung und Approbation durch die Kirche, starb aber 1202, noch bevor er eine Antwort erhalten hatte.

1215 wurden einige seiner Aussagen auf dem 4. Laterankonzil verurteilt, sein Hauptgedanke von den Zeitaltern fand bis in die Zeit um 1250 nur wenig Aufmerksamkeit. Um diese Zeit hatte sich vom Orden der Franziskaner die Partei der Joachimiten abgespalten, die den spirituellen Zweig unter den Franziskanern vertraten und in Kaiser → Friedrich II. den Antichrist sahen, der nach Joachims These dem Kommen des dritten Zeitalters vorausging. Allerdings waren die Joachimisten viel weiter gegangen als Joachim selbst, sahen seine drei Bücher als eigentliches »Ewiges Evangelium« und meinten, dass mit dem Kommen des dritten Zeitalters alle anderen christlichen Schriften ungültig seien.

1256 verurteilte Papst Alexander IV. Joachims Schriften und Lehren, → Thomas von Aquin widerlegte sie, und die Joachimiten wurden durch den Franziskaner Bonaventura unterdrückt. Als das Jahr 1260 kam und ging, ohne dass sich an der Welt etwas geändert hätte, gerieten seine Lehren in Vergessenheit und wurden später nur mehr vom spirituellen Zweig der Franziskaner unter Ubertino di Casale weiter beachtet.

Erst im späten 13. und 14. Jahrhundert fand Joachim neue Aufmerksamkeit, als sich die Kirche wieder vermehrt der Spiritualität zuwandte und seine Sozialutopien als Beispiele für gesellschaftliche Missstände herhalten mussten. Zu seinen Anhängern zählten der mittelalterliche Sozialrevolutionär → Cola di Rienzo und die Sekte der Amalrikaner. Dante kannte Joachims Ideen und nahm ihn in seine Göttliche Komödie auf. In der Reformation fand er Anklang bei den Wiedertäufern um Thomas Münzer, und spätere Autoren wie Lessing, Marx, Hegel und Bloch führten einige ihrer Gedanken auf Joachim zurück.

Johanna von Orléans

(um 1412–1431)

Ein 17-jähriges Mädchen verlässt seine Familie, besiegt die stärkste Armee der Welt, setzt einen König auf den ihm zustehenden Thron, wird von ihm verraten, gefangen genommen, an ihre Feinde verkauft und hingerichtet. Die Geschichte der Johanna von Orléans hatte alles, um zum Bestseller des Mittelalters zu werden. Bis heute ist sie die Heilige und Schutzpatronin Frankreichs.

Johanna, ihr französischer Name lautete Jehanne d'Arc, wurde um das Jahr 1412 in Domremy im Herzogtum Lothringen geboren. Sie war eine ordentliche Bauerntochter, sie konnte nähen, spinnen, das Feld bearbeiten und Schafe hüten. Sie war religiös, mit 13 Jahren begann sie Stimmen zu hören, nach ihren späteren Angaben waren es Engel und Heilige, die ihr Anweisungen für ihr Leben gaben. Die Stimmen befahlen ihr 1428, zum Schloss von Vaucouleurs zu gehen, das Robert von Baudricourt für den Dauphin von Frankreich verwaltete, und ihn dazu zu bringen, sie zum Thronfolger zu senden. Dann würde sie die Engländer besiegen und Karl VII., den von seinem Vater Karl VI. enterbten Dauphin, zur Krönung nach Reims führen.

Der Krieg stand schlecht für die Franzosen. Seit 60 Jahren kämpften sie gegen die Engländer, die sich unter Johann von Bedford, der die Regentschaft für den jungen englischen König Heinrich VI. ausübte, auf dem Vormarsch befanden. Bei Crevant 1423 und bei Verneuil 1424 war Karl VII. vernichtend geschlagen und sein Heer durch die verbündeten Engländer und Burgunder hinter die Loire getrieben worden, so dass man Karl spöttisch den »König von Bourges« nannte. Hier verbrachte Karl in Chinon seine Zeit mit Festen und Mätressen. Nur Orléans hielt noch aus, fiel die Stadt, dann stand den Engländern ganz Frankreich offen.

Baudricourt nahm den Krieg zu ernst, um Johanna zu glauben. Er empfahl ihrem Onkel, Johanna wieder nach Hause zu führen und mit Schlägen zur Vernunft zu bringen.

1429 war Johanna wieder in Vaucouleurs, und diesmal brachte sie Baudricourt und die Bürger auf ihre Seite. Der Krieg lief weiter schlecht für die Franzosen, und Baudricourt mag gedacht haben, dass es nicht schaden konnte, wenn er sie zum Herzog von Lothringen senden würde. Er gab ihr Männerkleider, ein Schwert, ein Pferd und eine Eskorte von acht Mann, nachdem er sie von einem Priester untersuchen hatte lassen, ob sie nicht ein Werkzeug des Teufels sei.

Acht Tage später, am 23. Februar 1429, war sie in Chinon und begegnete dem Dauphin, der sie abermals von Geistlichen prüfen ließ und dann beschloss, dass die Sache einen Versuch wert sei. Er schickte sie zu den Truppen vor Orléans und akzeptierte ihre Regeln, die kein Fluchen, die Beichte aller Soldaten, kein Plündern und keinen Tross mit Huren und Marketenderinnen für das Heer vorsahen. Johanna erwies sich als strategisch begabt, konnte mit Schwert und Lanze umgehen und hatte ein gutes Gefühl für die Aufstellung der Artillerie. Sie hatte einen unbändigen Kampfeswillen und war ein begabter Motivator ihrer Truppen.

In Orléans, das von den Engländern belagert wurde, führte sie ihre Truppen gegen die Bastionen des Belagerungsringes. Sie wurde verwundet, erneuerte aber den Angriff, am 8. Mai 1429 hoben die Engländer die Belagerung auf und zogen ab. Johanna erkannte, dass sie ihren Sieg zu nutzen hatte, und überzeugte den Dauphin, nach Reims zu gehen und sich am 17. Juli 1429 zum König von Frankreich krönen zu lassen. In einem halben Jahr hatte Johanna die Engländer zurückgeschlagen und Frankreich wieder einen rechtmäßigen König gegeben.

Johanna wollte nun auch Paris angreifen, Karl zögerte aber und wollte mit den Burgundern verhandeln. Johanna wurde vor Paris abermals verwundet, Karl brach den Krieg ab und holte Johanna an den Hof, ihre Familie wurde geadelt, was sie niemals verlangt hatte.

Im April 1430 kam der englische König Heinrich VI. nach Frankreich, um sich ebenfalls zum König krönen zu lassen. Die Burgunder, stets zweifelhafte Verbündete Karls, liefen zu ihm über und belagerten Compiègne. Johanna versuchte, die Garnison zu entsetzen, wurde bei einem Ausfall von ihren Truppen abgeschnitten und von den Burgundern gefangen genommen. Die Freude unter den Engländern und Burgundern über die Gefangennahme der »Hexe« war groß, Karl selbst war über den Verlust nicht allzu aufgebracht. Johanna versuchte zu entfliehen, sprang von einem Turm und wurde verletzt. Sie wurde im Kerker schlecht behandelt und war sich über ihr weiteres Schicksal im Klaren.

Im Dezember 1430 verkauften die Burgunder Johanna für 10.000 Francs an die Engländer, die sie nach Rouen brachten, um ihr den Prozess wegen »ihres Aberglaubens, ihrer Irrlehren und anderer Verbrechen gegen die göttliche Majestät« vor der Inquisition zu machen. Man suchte ihre Richter gut aus, unterdrückte alle Beweise, die für sie sprachen, und verhörte sie fünf Monate lang, um nachzuweisen, dass sie die Stimmen des Teufels und nicht die von Engeln und Heiligen gehört hatte. Nach Monaten härtester Behandlung im Gefängnis war Johanna bereit abzuschwören und unterzeichnete ein Dokument im Glauben, sie müsse nur unterzeichnen, dass sie keine Männerkleidung mehr tragen werde. Als sie realisierte, dass sie zugegeben hatte, alles sei das Werk des Teufels gewesen, und sich damit selbst zu einem Leben in einem englischen Gefängnis verdammt hatte, widerrief sie ihre Unterschrift und zog wieder Männerkleidung an. Damit hatte ihr Ankläger Cauchon sie als rückfällige Häretikerin überführt, und ihr einzig mögliches Schicksal war der Tod am Scheiterhaufen.

Am 30. Mai 1431 wurde sie von 800 Soldaten zum Marktplatz von Rouen gebracht, wo sie beichtete und noch eine kurze Ansprache hielt. Ein englischer Soldat machte ihr aus zwei Holzstücken ein Kreuz, das sie in ihr Gewand steckte, dann wurde sie auf den Scheiterhaufen gestellt. Man zeigte sie nach ihrem Tode nochmals kurz dem Volk zum Beweis, dass sie nicht entflohen war, dann verbrannte man ihren Körper und schüttete die Asche in die Seine.

Karl versöhnte sich 1435 mit Burgund im Vertrag von Arras und entwickelte, veranlasst durch seine Geliebte Agnes Sorel, in der Folge mehr Tätigkeit und Eifer im Kampf gegen die Engländer. Im April 1436 wurde den Engländern Paris abgenommen, bis zum Oktober 1453 wurden sie gänzlich aus Frankreich vertrieben, der 100-jährige Krieg war zu Ende.

1449 hatte Karl Rouen zurückerobert, er ließ alle Prozessakten sicherstellen und regte eine Untersuchung an. 1455 gab der Papst die Erlaubnis zur Wiederaufnahme des Verfahrens. Alle, die Johanna noch erlebt oder dem Prozess beigewohnt hatten, wurden befragt. 1456 wurde das Urteil aufgehoben, 1920 wurde Johanna heilig gesprochen.

Johanna hat nur knapp zwei Jahre die Sache Frankreichs vertreten und militärisch wenig bewirkt. Ihr Verdienst ist es, die Motivation Frankreichs an einem der dunkelsten Punkte seiner Geschichte wieder erneuert zu haben. Indem sie Karl dazu brachte, sich in Reims krönen zu lassen, hat sie die Entwicklung eines englischen Königtums über Frankreich verhindert und eine symbolische Handlung gesetzt, auf der Karl, der ein Zauberer und unzuverlässiger Verbündeter war, in späteren Jahren aufbauen konnte. Ihre Geschichte ist bis heute das beste Beispiel, was Mut und Gottvertrauen bewirken können, wie man trotz Zweifel eine Sache vertritt und, wenn sie einem richtig erscheint, auch bis zum bitteren Ende führt.

Karl der Große

(742–814)

In den letzten Jahren konnte man die Theorie hören, dass es die Zeit Karls des Großen nie gegeben hätte, dass er, seine Herrschaft und seine Zeit nur eine Erfindung späterer Chronisten gewesen seien. Betrachtet man aber das Leben Karls, all seine Siege und Niederlagen, sein reiches kulturelles Leben, so erschiene es kaum vorstellbar, ein solches Leben zu erfinden.

Karl wurde 742 in Prüm in der Westeifel geboren, sein Vater war Pippin der Kurze, Hausmeier von Childerich III., dem letzten König der fränkischen Merowinger-Dynastie. 751 holte sich Pippin die Erlaubnis des Papstes, ließ Childerich die langen Haare, das Zeichen seines Königtums, abschneiden, schickte ihn ins Kloster und nahm selbst die Königswürde an. Pippin war ein tatkräftiger König, er sorgte für Ruhe an den Grenzen des fränkischen Reiches und zog zweimal nach Italien, um den Papst vor den Langobarden zu beschützen. Bei einem dieser Feldzüge schenkte er 756 in den »Pippinschen Schenkungen« dem Papst den Kirchenstaat.

Pippin starb 768, Karl und sein Bruder Karlmann folgten ihm in der Herrschaft nach. Drei Jahre später starb Karlmann, und Karl war alleiniger Herrscher der Franken. Karl nahm die aktive Politik seines Vaters wieder auf. 774 überquerte er die Alpen, um dem Papst gegen die Langobarden beizustehen, eroberte Pavia, schickte die langobardische Königsfamilie ins Kloster und setzte sich selbst die Eiserne Krone der Lombardei aufs Haupt.

Sein nächster Schlag richtete sich gegen die Sachsen, die er in zehnjährigen Kämpfen unterwarf. Die Sachsen leisteten unter ihrem Anführer → Widukind heftigen Widerstand und konnten mehrere fränkische Heere besiegen. Im Gegenzug ließ Karl 782 in Verden angeblich 4.500 Sachsen enthaupten, um deren Widerstand zu brechen. 785 ließ sich Widukind als Zeichen der Unterwerfung taufen, die Eroberung Sachsens war damit beendet, obwohl kleinere Aufstände noch bis 810 andauerten.

Der Nächste, mit dem sich Karl auseinanderzusetzen hatte, war Herzog → Tassilo III. von Bayern, der sich in der Südostecke des Reiches ein selbstständiges Herzogtum aufgebaut hatte. Karl gab ihm die Gelegenheit, sich wieder zu unterwerfen und in das fränkische Reich zurückzukehren. Als Tassilo jedoch weiter seine eigenständige Politik verfolgte, beschuldigte man ihn mit Hilfe seiner eigenen Lehnsmänner des Paktes mit den Awaren, nahm ihm Bayern und verurteilte ihn und seine Familie zum Klostertod.

Weniger erfolgreich war Karl am anderen Ende des Reiches. 778 versuchte er, in Beantwortung eines Hilfeansuchens des Emirs von Saragossa, über die Pyrenäen nach Spanien vorzustoßen. Allerdings leisteten die Mauren heftigen Widerstand, der zum Verlust eines fränkischen Heeres im Tal von Roncevalles, dem Ort des Rolandsliedes, führte. Zur Sicherung der Pyrenäen richtete Karl daraufhin an der Westseite der Pyrenäen eine fränkische Grenzmark ein.

Von Spanien ging es zurück an die Ostseite des Reiches. Hier hatten die Awaren seit dem 6. Jahrhundert ein eigenes Reich an der mittleren Donau aufgebaut, durch Raubzüge und Tributzahlungen der byzantinischen Kaiser enorme Reichtümer angehäuft und fielen immer wieder in die Ostgebiete des Frankenreiches ein. In mehreren Feldzügen zwischen 791 und 803 schlugen die fränkischen Truppen die Awaren vernichtend, verbrannten ihre Dörfer und Burgen und erbeuteten den Awarenschatz, die Awaren gingen in der Folge in slawischen Stämmen auf. Zum Schutz des Reiches wurde eine östliche oder Awarenmark eingerichtet.

Um 800 hatte Karl sein Reich konsolidiert und auf den Höhepunkt der Macht geführt. Selbst der Kaiser in Byzanz und der Kalif von Bagdad erkannten dies und schickten Gesandtschaften und Geschenke an Karl, darunter den weißen Elefanten Abu Abbas, den ihm Harun ar Rashid zum Geschenk machte. Was Karl noch fehlte, war ein Titel. Seit 476 hatte es keinen Kaiser des Westens mehr gegeben, und es mag Karl nur natürlich erschienen sein, diesen Titel anzunehmen. Im Jahre 800 zog er nach Rom, und der Legende nach wurde er am Weihnachtstag des Jahres 800, als er in St. Peter seine Gebete verrichtete, von Papst Leo III. »unerwartet« zum Kaiser gekrönt. Mit dem Akt der Krönung hatte sich Karl als römischer Kaiser, als dritte Kraft im Gleichgewicht der Mächte rund um das Mittelmeer, etabliert.

Die nächsten Jahre verliefen relativ friedlich. Karl konnte Böhmen in sein Reich eingliedern und die Dänen im Norden abwehren. Von 806 bis 812 musste er sich mit den Byzantinern um den Besitz der oberen Adria auseinandersetzen. Als 812 die Byzantiner Karl erstmals offiziell als Kaiser huldigten und damit seinen Titel anerkannten, kostete ihn das im Gegenzug die bis dahin eroberten Provinzen Venetien und Dalmatien.

In den Jahren bis zu seinem Tode 814 bemühte sich Karl um die Regelung seiner Nachfolge. Er erhob 806 Ludwig den Frommen zum Mitkaiser und kümmerte sich um den administrativen und kulturellen Ausbau des Reiches. Um die Stabilität des Reiches sicherzustellen, führte er die Grafschaftsverfassung ein, die auf dem Lehenswesen beruhte. Er übertrug großen adeligen Familien Ämter und Lehen und sicherte sich so ihre Loyalität. Unterstützt wurde diese Verwaltung durch einen Dienstadel und den Hofklerus, der für kirchliche Belange zuständig war. In den Kapitularien wurde eine einheitliche Gesetzgebung und Rechtsprechung geschaffen, die von den Königsboten durchgesetzt wurde. In der Kirche gründete Karl zahlreiche neue Bistümer, wobei er sich das Recht, Bischöfe zu ernennen, vorbehielt.

Karl finanzierte den Bau zahlreicher Pfalzen, darunter Aachen, Ingelheim und Nijmegen sowie die Klöster in St. Gallen, Reichenau am Bodensee, St. Emmeram bei Regensburg, Freising, Tegernsee, Mondsee, Fulda und Trier, die auch Zentren seiner Bildungsreform wurden.

Karl starb 814 und wurde in der Pfalzkapelle von Aachen bestattet, einem Bauwerk, für das er Säulen aus Rom und Ravenna hatte herbeischaffen lassen. Im Mai 1000 wurden seine Gebeine durch Otto III. gesucht, und sein Leichnam wurde angeblich auf einem Thron sitzend in seiner Grabkammer gefunden. 1156, anlässlich seiner Heiligsprechung, betrieben durch → Friedrich I. Barbarossa, wurde das Grab abermals geöffnet. → Friedrich II. überführte seine Gebeine in den goldenen Karlsschrein, der heute im Chor der Aachener Domschatzkammer steht.

Das Leben Karls ist gut dokumentiert, verschiedene Schriftsteller und Chronisten des Mittelalters haben Lebensbeschreibungen angefertigt, die bedeutendste ist die seines Hofchronisten Einhard, der eine »Vita Caroli Magna« verfasst hat. Nach ihm hatte Karl fünf legitime Ehefrauen und Beziehungen mit mindestes vier weiteren Frauen und hinterließ 18 Kinder. Karl wurden im Mittelalter ganze Sagenzyklen gewidmet, der bedeutendste ist das Rolandslied mit der Beschreibung der Niederlage bei Roncevalles.

Karl ist ein Gigant unter den Herrschern des frühen Mittelalters und bei der Fülle seiner Taten, Kriege und kulturellen Leistungen nimmt es kaum wunder, dass man die Existenz seines Lebens anzweifeln könnte. Sein Wirken war aber so bestimmend für die gesamte mittelalterliche Geschichte, dass man ihn als Ausgangs- und Angelpunkt des Mittelalters sehen muss, und viele seiner Entscheidungen, sei es politischer, verwaltungstechnischer oder kultureller Art, wirken bis heute nach und bestimmen unser Leben.

KARL DER KÜHNE

(1433–1476)

Er war ein großartiger Ritter und Feldherr, gewann aufgrund seiner persönlichen Tapferkeit Schlachten, die andere schon verloren gegeben hatten, und versuchte sein Herzogtum Burgund als europäische Großmacht zu etablieren. Am Ende verwechselte er Kühnheit mit Dummheit und fand sein Ende unter den Piken Schweizer Landsknechte, anonym auf einem zugefrorenen See. Karl der Kühne war im Herzen ein mittelalterlicher Ritter, im Kopf aber schon ein Fürst der Renaissance, der grausam und verschlagen sein konnte, wenn es notwendig war, gleichzeitig aber auch Kultur und höfischen Glanz liebte.

Karl wurde am 10. November 1433 in Dijon geboren, sein Vater war Philipp der Gute von Burgund, seine Mutter Isabella von Portugal. Schon früh zeigte seine ausgezeichnete Erziehung, dass er Talent nicht nur in der Beherrschung der »artes liberales«, sondern auch als Heerführer besaß. Burgund war durch die immer weiter ausgreifende Expansionspolitik unter Philipp dem Guten, der im 100-jährigen Krieg ein treuer Verbündeter der Engländer war und ihnen auch → Johanna von Orléans ausgeliefert hatte, faktisch ein unabhängiger Staat zwischen Frankreich und dem Deutschen Reich, nominell aber dem französischen König Ludwig XI. untergeben. Als Philipp 1465 das Herzogtum an Karl übergab, hatte er einige Rückschläge hinnehmen müssen, die Städte an der Somme gingen an Ludwig verloren, und dieser marschierte auf das von Burgund besetzte Paris zu.

Karl, der Ludwig zeit seines Lebens hasste, schlug das französische Heer bei Montlhery, wurde verwundet, konnte aber nicht verhindern, dass Ludwig in Paris einzog. Er verlegte sich auf die Diplomatie und konnte ein Jahr später im Vertrag von Conflans erreichen, dass Ludwig ihm die Städte an der Somme abtrat, ihn mit seiner Tochter Katharina verlobte und ihm die Champagne als Mitgift gab.

Sein nächster Schlag richtete sich gegen Flandern, das sich, von Ludwig unterstützt, gegen die Burgunder aufgelehnt hatte. Er nahm in einem Feldzug Dinant ein, richtete ein Massaker unter den Bürgern an, schlug die Lütticher bei Saint Trond und brachte im Oktober 1468 auch Ludwig auf seine Seite, der sich bei Verhandlungen freiwillig in seine Hand begeben hatte und seine ehemaligen Verbündeten verriet. Lüttich wurde eingenommen und zahlreiche Bürger hingerichtet, ohne dass Ludwig Einspruch erhob.

Ludwig wartete ein Jahr und klagte Karl des Verrats an, dieser antwortete mit einem Feldzug in das Kernland Frankreichs bis nach Rouen. Karls militärische Erfolge beruhten auf einer 1467 durchgeführten Heeresreform, in der er ein stehendes Söldnerheer mit einer ausgezeichneten Artillerie aufgestellt hatte, das er aus Zahlungen seiner Länder ständig unterhielt.

In den folgenden Jahren baute er seine Territorien aus, er erwarb von Sigismund von Österreich die Grafschaft Pfirt, die Landgrafschaft Elsass und das Herzogtum Gelderland. Sein Ziel war es, einen möglichst großen zusammenhängenden Territorialstaat zu schaffen, der gleichberechtigt mit dem König von Frankreich und dem deutschen Kaiser verhandeln konnte. Karl wollte auch eine Aufwertung seines Herzogtums zum Königreich Groß-Burgund. 1473 hatte er Kaiser → Friedrich III. durch großzügige Zuwendungen so weit, dass dieser einwilligte, ihn in Trier zum König von Burgund zu krönen. Karl war Friedrich in seinen Bestrebungen aber nicht geheuer, bevor es zur Zeremonie kam, reiste Friedrich überstürzt ab.

Inzwischen hatte sich eine Koalition von Fürsten gegen Karl formiert. Sigismund wollte das Elsass zurück, René von Lothringen wurde von Karl die Erbfolge streitig gemacht, und die Schweizer hatten soeben einen burgundischen Gouverneur wegen seiner Tyrannei verurteilt und exekutiert. Organisiert und finanziert wurde der Kampf gegen Karl von Frankreich aus, wo Ludwig großzügig Gelder an die Gegner Karls verteilte.

Karl hätte gut daran getan zu verhandeln und abzuwarten, aber er vertraute auf sein Kriegsglück und seine Kühnheit. Vor Neuss, das er in einer Fehde um das Recht der Bischofsbesetzung in Köln belagerte, erlitt er im Juni 1475 eine Niederlage, als Friedrich III. mit dem Reichsheer erschien und ihn zwang abzuziehen. Im selben Jahr wandte er sich gegen Nancy, das er belagerte und einnahm. Von hier aus marschierte er gegen die

Schweiz und eroberte die Festung von Grandson, deren 400 Verteidiger er erhängen und ertränken ließ.

Beim Versuch, weiter in die Innerschweiz vorzustoßen, erlitt er am 2. März 1476 bei Grandson eine schmähliche Niederlage, wobei sein gesamter persönlicher Besitz, ein Teil des burgundischen Staatsschatzes und der Großteil seiner Artillerie in die Hände der Schweizer fiel, Karl selbst entkam nur knapp. Nur vier Monate später griff er mit einer Armee von 30.000 Mann erneut die Schweiz an, verlor aber fast die gesamten Truppen in der Schlacht von Murten, wobei die Schweizer Landsknechte durch die Kavallerie des René von Lothringen unterstützt wurden, der Karl auch Nancy abnahm.

Karl gab sich nicht geschlagen, hob neue Truppen aus und verpflichtete italienische Condottiere, mit denen er im Winter 1476 nochmals Nancy belagerte. Nachdem er den Großteil seiner Männer durch Kälte, Desertation und Verrat verloren hatte, blieben ihm Anfang Januar noch knapp 2.000 Mann, mit denen er gegen die heranrückenden Schweizer in die Schlacht zog. Man riet ihm von der Schlacht ab, aber Karl wollte seine Ritterehre nicht durch einen Rückzug verlieren und glaubte durch seinen persönlichen Einsatz die Schlacht entscheiden zu können, auch »wenn er ganz allein kämpfen müsse«. Die Schlacht wurde zum Desaster, Karl fiel, tapfer kämpfend, sein nackter, entstellter und von Hunden und Wölfen angefressener Leichnam wurde erst zwei Tage später in einem Tümpel entdeckt und an Hand einer Narbe identifiziert. Sein Feldlager wurde geplündert, seine Schätze wurden in halb Europa verteilt.

Karl war einer der letzten mittelalterlichen Ritter, die glaubten, ihre Tapferkeit im Kampf sei nützlicher als kluge Politik. Er war charismatisch, vier Mal verheiratet, aber dennoch im Mittelalter der Homosexualität verdächtigt, ein Mäzen der Künste und verschwenderisch in seiner Hofhaltung. Er war kein geduldiger Politiker, der warten konnte und seine Feinde mit den Mitteln der Politik bekämpfte, wie es ihm der am Ende siegreiche Ludwig XI. vorzeigte.

Eine Ironie der Weltgeschichte bringt es aber mit sich, dass Karls Nachfahren die Welt beherrschen sollten. Er verheiratete seine Tochter Maria mit → Maximilian I. von Österreich, dem Sohn Kaiser → Friedrichs III., der nach dem Tode Marias Burgund erbte. Als Urenkel Karls des Kühnen sollte Karl V. ein Reich regieren, in dem sie Sonne nicht unterging.

Karl IV. von Luxemburg

(1316–1378)

*Man hatte lange Zeit die deutschen Kaiser dann gewählt, wenn sie
kaum eine Hausmacht hatten, die den Großen des Reiches gefährlich
werden konnte. Daher musste jeder deutsche König oder Kaiser versuchen, sich im Laufe seiner Regierungszeit möglichst viele Rechte oder
Territorien zu sichern, um seine Vorstellungen vom Kaisertum durchsetzen zu können. Einer der erfolgreichsten Hausmachtpolitiker des
Spätmittelalters war Kaiser Karl IV., der dafür selbst Reichsgüter oder
Reichsrechte aufzugeben bereit war.*

Karl kam unter dem Namen Wenzel am 14. Mai 1316 in Prag
zur Welt. Er war der Sohn Johanns von Luxemburg, auch
Johann der Blinde genannt, König von Böhmen, und der aus
dem Geschlecht der Přemysliden stammenden Elisabeth. Karl
wurde in Paris vom französischen König Karl aus der Taufe ge-
hoben und erhielt dort seinen Taufnamen Karl, den er ab seinem
achten Lebensjahr verwendete, und eine französisch-höfische
Erziehung. Schon sein Vater versuchte, die Hausmacht der
Luxemburger zu erweitern, und plante, Besitz in Oberitalien zu
erwerben. Dafür reiste Karl 1331 nach Oberitalien, der Ausbau
der Hausmacht scheiterte aber am Widerstand der italienischen
Stadtstaaten und Neapels.

Nach seiner Rückkehr nach Böhmen wurde er 1334 mit der
Markgrafschaft Mähren belehnt und in die Regierungsgeschäfte
eingebunden. Da sein Vater immer mehr erblindete, übergab er
Karl 1341 die Verwaltung des Königreiches und zog sich von den
Regierungsgeschäften zurück. Johann erlebte nicht mehr, wie
sein Sohn mit Unterstützung des Papstes Klemens VI. als Gegenkönig zu Ludwig dem Bayern aufgestellt und am 26. November
1346 in Bonn zum deutschen König gekrönt wurde. Am 26. August 1346 hatte Johann, obwohl bereits völlig erblindet, an der
Schlacht von Crécy teilgenommen, in der die Engländer unter
Edward III. die französische Ritterschaft und ihre Verbündeten
schlugen. Johann hatte sich auf sein Pferd binden lassen, schnall-
te sich die Lanze an den Arm und ritt als Blinder in der franzö-

sischen Schlachtreihe in den Tod. Sein Sohn war klüger gewesen und hatte sich einige Tage vorher, da er nicht lehenspflichtig war, aus dem französischen Heer entfernt und folgte seinem Vater im September 1347 als König von Böhmen nach. In Verträgen mit den Habsburgern und Wittelsbachern sicherte er seine Macht ab, seine Bemühungen wurden aber für mehrere Jahre durch die große Pestepidemie von 1349 bis 1351, die einem Drittel der europäischen Bevölkerung das Leben nahm, aufgehalten.

Als deutscher König wollte sich Karl in Italien zum Kaiser krönen lassen und zog mit einem kleinen Heer 1354 über die Alpen. Die verworrenen italienischen Verhältnisse zu ordnen, interessierte ihn wenig, er kassierte die fälligen Abgaben von den italienischen Städten laut → Petrarca »wie ein Händler« und ließ sich mit der eisernen Krone der Lombardei und in Rom von einem Kardinal in Vertretung des Papstes Innozenz VI. zum Kaiser krönen.

1356 regelte er in der »Goldenen Bulle« die Wahl zum römisch-deutschen König und die Anzahl der Kurfürsten neu. Einerseits lag diese Bulle im Interesse der deutschen Kurfürsten, die sich so ihren Einfluss auf die Reichspolitik sicherten, andererseits sah Karl darin die Möglichkeit, seinen Sohn Wenzel zum deutschen König wählen zu lassen. Die Bulle schaltete den Einfluss des Papstes auf das Kaisertum aus, schwächte aber den universellen Reichsgedanken und führte zur deutschen Kleinstaaterei der Neuzeit, die bis ins 19. Jahrhundert den Aufbau eines deutschen Flächenstaates verhinderte.

Als König von Böhmen war Karl äußerst aktiv. Er gründete 1348 in Prag die erste deutschsprachige Universität und legte den Grundstein zum Bau des Veitsdomes auf dem Prager Burgberg, baute die Karlsbrücke über die Moldau und machte Prag zum geistigen und kulturellen Zentrum im Reich. In Verträgen mit Polen konnte er Schlesien an Böhmen angliedern, gegen die böhmischen Adeligen konnte er sich aber kaum durchsetzen, da er das national-böhmische Element, das sich später unter → Jan Hus ausformen sollte, nicht genug beachtete.

Als Hausmachtpolitiker war er erfolgreich. Er erwarb für die Luxemburger neben Schlesien die Niederlausitz sowie die Mark Brandenburg und sicherte sich Ungarn durch die Hochzeit seines Sohnes Sigismund mit Maria von Ungarn.

Karl war auch ein begabter Schriftsteller, verfasste eine der ersten Autobiografien eines europäischen Herrschers und schuf sich mit der Burg Karlstein unweit von Prag ein Abbild der Gralsburg. Er förderte die slawische Liturgie, ließ ein slawisches Kloster in Prag errichten und sandte Missionare nach Osteuropa.

In der Religionspolitik versuchte er das Papsttum von Avignon nach Rom zurückzuführen, mehr interessierte ihn aber die Möglichkeit eines Zusammenschlusses der orthodoxen mit der römischen Kirche, da er dies als Weg sah, Europa gegen die Osmanen, die 1354 Gallipoli erobert hatten und am Balkan vordrangen, zu verteidigen. Karl erlebte gerade noch das päpstliche Schisma und entschied sich für den römischen Papst. Sein Bild wird allerdings durch Judenmorde und Pogrome im Zusammenhang mit der Pest von 1349 getrübt. Er starb 1378 in Prag.

Karl gilt als der größte römisch-deutsche Kaiser des Spätmittelalters. Er war mehr Diplomat als Ritter und bereit, Teile des Reiches und seiner Rechte zugunsten seiner eigenen Hausmacht abzugeben. In der Reichspolitik konzentrierte er sich auf ein Kernland und ließ sich nicht in die Auseinandersetzungen in Italien hineinziehen. Als Kaiser agierte er noch mit dem mittelalterlichen Herrschaftsanspruch, als Persönlichkeit schon wie ein neuzeitlicher Fürst. Es gelang ihm aber nicht, die Machtstellung des Hauses Luxemburg zu bewahren, da er in seinem Testament die Mittel der Hausmacht allen Erben und Familienmitgliedern zur Verfügung stellte und diese dadurch zersplitterte. Gescheitert ist er auch in seinem Bemühen in Böhmen, die Tschechen und Deutschen zu vereinen. Bereits unter Sigismund von Luxemburg sollten sich die Spannungen weiter vertiefen und zu den Hussitenkriegen führen.

Karl Martell

(686–741)

Es ist in der Wissenschaft seit langem eine strittige Frage, was aus dem christlichen Abendland geworden wäre, hätte Karl Martell nicht die Sarazenen in der Schlacht von Tours und Poitiers auf ihrem Eroberungszug nach Norden gestoppt. Wenngleich die Bedeutung der Schlacht überschätzt wird, sie war nur eine in einer ganzen Reihe von Kämpfen der Franken gegen die Sarazenen, bedeutete sie doch einen Wendepunkt in der europäischen Geschichte. Karl Martell stand mit seiner fränkischen Armee zur richtigen Zeit am richtigen Ort und ermöglichte den Aufstieg des fränkischen Reiches zu einer Großmacht, deren territoriale Politik bis heute die Grenzen Europas bestimmt.

Dabei war Karl nicht für die Nachfolge im fränkischen Reich bestimmt. Er war der illegitime Sohn von Pippin dem Mittleren und seiner Konkubine Alpaida und wurde am 23. August 686 in Herstal in Wallonien geboren. Pippin starb 714 und setzte als Nachfolger seinen noch nicht erwachsenen Enkel Theobald ein, der die Unterstützung seiner Stiefmutter Plectrude und eines Teiles der Austrasischen Adeligen genoss. Karl gab sich mit dieser Erbfolgeregelung jedoch nicht zufrieden und schlug von 718 bis 723 Plectrude und Theobald. Seine finanzielle Unterstützung erkaufte er sich mit zahlreichen Stiftungen und Übereignungen an Kirchen, Klöster, Äbte und Bischöfe. Karl strebte die Königswürde nicht für sich an. Er schlug bei Soissons 718 die Neustrier, vereinigte das fränkische Reich und setzte Chlothar IV. zum König ein, er selbst erlangte die Anerkennung als gesamtfränkischer Hausmeier, der die eigentliche Macht in Händen hielt.

Auch nach dem Tode Chlothars setzte er Merowinger als Schattenkönige ein, er selbst beurkundete stets korrekt als »major domus« oder als »dux« oder »princeps«, manchmal auch als »patricius« oder »subregulus« bezeichnet. 737 ließ er nach dem Tode des letzten Merowingers Theuderich IV. den Thron unbesetzt und regierte wie ein König, nahm aber nominell niemals diese Würde an, dies blieb 751 seinem Sohn Pippin vorbehalten.

Seine wichtigste Aufgabe war die Sicherung der Grenzen des fränkischen Reiches. Er kämpfte gegen die Sachsen, sicherte sich die Herrschaft über West-Friesland, schloss Frieden mit den Aquitaniern und hielt Bayern, Thüringer und Alemannen in ihren Grenzen. Er unterstützte die Christianisierung der Grenzgebiete und stellte Schutzbriefe für christliche Missionare wie Bonifatius und Willibrod aus.

Karl brauchte diesen Frieden im Norden und Osten seines Reiches, denn seit 720 waren an der Südgrenze die Sarazenen aus Cordoba und Al-Andalus als neuer Feind erschienen, die sich anschickten, in Zentraleuropa einzufallen. Nach der Eroberung der Iberischen Halbinsel 714 hatten die Sarazenen 720 die Pyrenäen überschritten und sich an der Südküste Frankreichs in Narbonne und der Septimania, der heutigen Provence und dem Languedoc, eingerichtet. Ein erster Vorstoß nach Norden wurde von Herzog Odo von Aquitanien 721 in der Schlacht von Toulouse gestoppt, obwohl sarazenische Raubzüge 725 bis nach Burgund gingen. Mit dem Einzug von Abdul ar-Rahman al-Ghafiqi in Cordoba, der Truppen aus Arabien und Nordafrika mitbrachte, erneuerten die Sarazenen ihre Anstrengungen, die entscheidende Invasion erfolgte 732 und sollte bis an der Rhein vorstoßen.

Odo von Toulouse wurde 732 an der Garonne bei Bordeaux vernichtend geschlagen und sein Heer völlig aufgerieben. Karl hingegen überraschte die Sarazenen, die nach ihrem Sieg an der Garonne glaubten, Tours überrennen und plündern zu können. Die Franken konnten dabei auf erprobte Truppen, hauptsächlich Fußsoldaten, vertrauen. Zwischen Tours und Poitiers wählte Karl sorgfältig ein Schlachtfeld, das der überlegenen Reiterei der Sarazenen keine Vorteile bot. Er ließ seine Infanterie im Karree aufstellen und bildete so den fränkischen Schildwall, den die sarazenische Panzerreiterei nach sechstägiger Wartezeit bei schlechtem Wetter und nachlassender Versorgung zu durchbrechen versuchte. Obwohl in der Unterzahl und gegen die Reiterei im strategischen Nachteil, hielten die fränkischen Veteranen mehreren Angriffen stand. Als ar-Rahman im Kampf fiel und Karl ihr Lager angreifen ließ, entstand Verwirrung unter den Sarazenen, die daraufhin das Schlachtfeld unter hohen Verlusten verließen.

In den folgenden Jahren führte Karl, neben Auseinandersetzungen mit seinen Nachbarn an allen Grenzen, beständig
Kampf gegen die Sarazenen und nahm ihnen in den Schlachten
von Berre und Narbonne die Provence und Septimanien ab. Nur
Narbonne blieb bis 759 in muslimischer Hand, daneben sicherte
er sich auch Burgund. Gleichzeitig führte er eine Heeresreform
durch, aus der sich die ritterliche Kultur des Mittelalters entwickeln sollte. In Anlehnung an die sarazenische Panzerreiterei
stellte er eine Truppe schwer gerüsteter berittener Krieger auf,
verpflichtete diese Ritter, mit ihren Einkünften für Pferd und
Waffen zu sorgen und zum Kriegsdienst, der Beginn des abendländischen Lehenswesens und Rittertums. Zur Finanzierung
stattete er sie mit Lehen aus, die er der Kirche entzog, was ihm
den Titel eines »Kirchenräubers« einbrachte.

Da Karl sich, obwohl nur Hausmeier, als König der Frankenreiches verstand, teilte er vor seinem Tode 741 das fränkische
Reich unter seinen Söhnen Karlmann und Pippin dem Jüngeren auf. Pippin sollte 747 nach Karlmanns Rückzug ins Kloster
das fränkische Reich wieder vereinigen, und Karl Martells Enkel, → Karl der Große, sollte es endgültig zum Beherrscher des
Abendlandes machen.

Karl Martell starb 741 in Quierzy, als Grabstätte wählte er die
Abtei von St. Denis, wohl wissend, dass dies die Grablege der
fränkischen Könige war, und zwischen ihnen fand er, der selbst
nie nominell König war und doch das Königsgeschlecht der Karolinger begründet hatte, seine letzte Ruhe.

Karl konnte über seinen Tod hinaus die Pyrenäengrenze bis
750 sichern, als das umayyadische Kalifat zerbrach und sich Ab-
basiden und Umayyaden für Jahrzehnte bekriegten und so den
muslimischen Druck von Europa und Konstantinopel nahmen.
Zwar sollten noch zwei weitere Generationen vergehen, bis die
Araber aus Frankreich verdrängt waren, Karl hatte aber für die
Muslime die Tür nach Westeuropa geschlossen, die sich nach
der Niederlage von Tours und Poitiers für Jahre nicht erholten
und niemals mehr einen Generalangriff von Spanien aus auf das
Abendland unternehmen konnten.

KNUT DER GROßE

(994/995–1035)

Knut oder Canute war der Gründer eines der größten Reiche des Mittelalters, wenngleich es auch eines der kurzlebigsten war. Sein Herrschaftsgebiet umfasste neben England und Dänemark zeitweise Norwegen, Pommern und Schleswig. Er förderte die Christianisierung seiner Länder und die christliche Kultur bei gleichzeitiger Achtung der jeweiligen lokalen Traditionen und Gesetze.

Knut wurde um 994 oder 995 in Dänemark als Sohn des dänischen Königs Sven Gabelbart geboren. Sein Vater war noch ein Anhänger der alten nordischen Religion, seine Mutter Gunhild war die Tochter des christlichen Königs Miesko I. von Polen, so dass anzunehmen ist, dass Knut eine christliche Erziehung bekommen hat. 1013 begleitete er seinen Vater bei dessen erfolgreicher Invasion von England und wurde, als Sven im folgenden Jahr starb, zum englischen König ernannt, während sein älterer Bruder Harold König in Dänemark wurde.

Dem von seinem Vater besiegten englischen König Ethelred gelang es, Knut aus England zu vertreiben, worauf dieser 1015 mit einem Invasionsheer in England erschien. Nach dem Tode Ethelreds 1016 schlug Knut im April 1016 bei Assandun in Essex dessen Sohn und Nachfolger Edmund II. entscheidend, einigte sich aber mit ihm auf eine Teilung Englands. Edmund starb überraschend im November des Jahres, und Knut wurde durch den Witenagemot, die Versammlung der Noblen und weisen Männer, als alleiniger König in England anerkannt. Zur Festigung seiner Regentschaft heiratete er Emma, die Witwe Edmunds, Tochter von Richard dem Furchtlosen, Herzog der Normandie, und festigte so seine Bande zum europäischen Festland wie auch zur Kirche.

1017 teilte Knut England in die vier Grafschaften Wessex, Mercia, Ost-Anglien und Nordhumbrien und führte damit ein Verwaltungssystem ein, das die nächsten Jahrhunderte überdauern sollte. 1020 ließ er von Bischof Wulfistan das englische Recht des Königs Edgar kodifizieren und machte es zur Grundlage seiner Justiz in England. 1018 starb sein Bruder Harold II., und Knut folgte ihm auf den dänischen Thron nach, regierte Dänemark aber von England aus mit Hilfe des Statthalters Ulf Jarl, der auch Vormund für seinen Sohn Harthacanute war, der zu Knuts Nachfolger bestimmt war und in Dänemark erzogen wurde.

1026 machten sich der schwedische König Anund Jakob und der norwegische König Olaf die Abwesenheit Knuts von Dänemark zunutze und fielen in Dänemark ein. Ulf Jarl, um seine Stellung fürchtend, ließ den jungen Harthacanute zum König von Dänemark ausrufen und hoffte so, in dessen Namen die Regentschaft zu übernehmen. Knut eilte nach Dänemark zurück, schlug mit Ulf Jarls Hilfe die Norweger und Schweden bei Helgae vernichtend und vertrieb sie aus Dänemark. Dennoch misstraute er Ulf Jarl und ließ ihn am Weihnachtstag des Jahres 1026 in Roskilde ermorden.

1027 pilgerte Knut nach Rom, wo er der Krönung des Stauferkaisers Konrad II. beiwohnte und sich die Anerkennung des Papstes für seine Herrschaft, wie auch eine Reduzierung aller Steuern und Abgaben an den Papst, einholte.

1028 führte er den Gegenschlag gegen Norwegen und eroberte, nachdem er sich mit dem norwegischen Adel gegen König Olaf verbündet hatte, mit nur 50 Schiffen das Land, konnte sich aber auf die Dauer nicht halten. Er musste 1029 die Rückkehr der norwegischen Königsdynastie akzeptieren, die ihn bei Stiklestad schlug und Norwegen seinem Reich wieder entzog.

Knuts Verbindungen zum Papsttum und zum deutschen Kaiser Konrad II. waren freundlich. Konrads Sohn Heinrich III. ehelichte Knuts Tochter Gunhild, Knut erhielt dafür die Marken Schleswig und Pommern als Herrschaftsgebiet oder als Lehen und verhielt sich dafür 1032 bei Konrads Krieg gegen Polen neutral.

1034 konnte Knut Schottland erobern und seinem Reich einfügen, gestorben ist er kaum 40-jährig am 12. November 1035 in Shaftsbury und wurde in der Kathedrale von Winchester beigesetzt. Durch den Tod seiner beiden Söhne Harold und Harthacanute innerhalb der nächsten sieben Jahre hatte sein Reich keinen Bestand. Harthacanute machte 1042 als König von England vor seinem Tod noch Ethelreds Sohn Edward zu seinem Nachfolger und gab so die Macht in England an die englischen Dynastien zurück.

Knuts Reich hat kaum nachhaltige Bedeutung erlangt. Er förderte die Christianisierung in seinem Reich entscheidend und brachte England für fast 30 Jahre Frieden und Schutz vor fremden Invasoren. Gelobt wurden seine Klugheit und Toleranz. In allen von ihm regierten Ländern beließ er die heimischen Gesetze und erkannte auch die jeweiligen Eigenkirchen und Religionen an. Er galt als großzügig der Kirche gegenüber und holte französische und deutsche Missionare nach Dänemark.

Kyrill
und
Method

von Saloniki

(um 826–869)

(um 827–885)

Kyrill und Method waren Persönlichkeiten, die einen ganzen Kontinent verändert haben. Ihre Namen leben in der von ihnen entwickelten kyrillischen Schrift und in der Annahme des orthodoxen Christentums in Teilen Osteuropas fort.

Kyrill und sein Bruder Method wurden als Konstantin und Michael etwa um 826 und 827 in Thessaloniki, heute Saloniki, in Nordgriechenland geboren. Der Vater war Offizier byzantinischer Herkunft, die Mutter Slawin. Die erste Ausbildung erhielten die Brüder in Thessaloniki. Mit 17 Jahren verließ Konstantin seine Heimatstadt und ging zum Studium nach Konstantinopel, Method trat in ein Kloster ein. Konstantin fand Verbindungen zum byzantinischen Kaiserhof durch seinen Verwandten Theoktistos, der Staatssekretär am Hof war und ihn mit dem Patriarchen Photius I. zusammenbrachte. Theoktistos war zudem ein Vertrauter der Kaiserwitwe Theodora, die 842 nach dem Tode ihres Gatten Theophilos die Regentschaft für den unmündigen Kaiser Michael III. übernommen hatte.

Nach Beendigung seiner Studien ließ sich Konstantin um 848 zum Subdiakon und Diakon weihen und wurde Sekretär beim Patriarchen von Konstantinopel, um 850 trat er die Stelle eines Professors für Philosophie an.

850 sandte man ihn in einer diplomatischen Mission an den Hof des Kalifen Al-Mutawakkil in Samarra, da sich dieser nicht an die Regeln des Korans hielt, welcher eine Unterdrückung von Andersgläubigen ausschloss. Konstantin kannte den Koran und diskutierte so geschickt mit den Muslimen, dass man ihn vergiften wollte, weil man seinen Einfluss fürchtete.

856 wurde Theodora abgesetzt und in ein Kloster verbannt, im Zuge der Unruhen wurde Theoktistos ermordet. Konstan-

tin verließ Konstantinopel und zog sich in ein Kloster auf dem Olymp zurück, wo er wieder seinen Bruder Method traf.

860 erhielten die Brüder eine Einladung des Khans der Chasaren, die am Asowschen Meer lebten und im 8. Jahrhundert jüdisch missioniert worden waren. Der Khan wünschte sich einen Missionar, der zur Verständigung von Christen und Juden beitragen könne. Am Weg dahin entdeckte Konstantin in Cherson die Reliquien des hl. Klemens, die er zeit seines Lebens mit sich führte und bei Bedarf als Geschenk verteilte.

Nach der Rückkehr nach Konstantinopel erreichte sie der Ruf des großmährischen Fürsten Ratislav, der einen Bischof und Lehrer suchte, um sein Volk christlich zu missionieren. Am 5. Juli 863 kamen Konstantin und Method in Großmähren an, überbrachten Teile der Reliquien des hl. Klemens als Geschenk und gründeten die großmährische Akademie als Zentrum der Ausbildung slawischer Priester und Administratoren. Sie hielten den Gottesdienst in der Landessprache ab und begannen mit der Übersetzung der Bibel ins Slawische. Dafür schufen sie die »Glagolitica« als eigene Schrift, aus der sich am bulgarischen Hof im 9. Jahrhundert über Vermittlung ihres Schülers Klemens von Ohrid die kyrillische Schrift entwickelte.

Bei ihrer Tätigkeit kamen sie mit dem Bistum Passau, das alle Gebiete donauabwärts als sein Einflussgebiet ansah, in Konflikt. Um das Problem zu lösen, gingen Konstantin und Method 867 nach Rom, um dem Papst – Großmähren gehörte zum Einflussgebiet Roms – die strittigen Fragen vorzulegen.

868 wurden sie in Rom von Papst Hadrian II. empfangen, der einen Anteil an den Reliquien des hl. Klemens erhielt, ihre Bibelübersetzung akzeptierte und das Slawische als Kirchensprache zuließ. In Rom erkrankte Konstantin schwer und trat in ein Kloster ein, in dem er den Namen Kyrillos annahm. Er starb im Februar 869 und wurde in der St. Klemens Basilika in Rom begraben.

Method wollte 870 die Missionierung Großmährens fortsetzen, wurde aber auf dem Weg nach Mähren von bayrischen Bischöfen gefangen genommen. Erst 873 konnte ein Ausgleich mit Rom, Bayern, dem großmährischen Herrscher Svatopluk und Method gefunden werden. Auf Bitte der großmährischen Prinzen Rastislav, Svatopluk und des slawischen Prinzen Kocel

von Pannonien wurde eine Erzdiözese von Mähren und Pannonien, unabhängig von der deutschen Reichskirche, eingerichtet,
Method wurde zum Erzbischof ernannt. In der Folge mit starken Widerständen kämpfend, musste sich Method 880 in Rom
nochmals gegen die Anschuldigungen des bayrischen Mönches
Wiching verteidigen, konnte aber sein Werk fortsetzen. Er unterteilte Großmähren in Diözesen, ließ den böhmischen Herrscher
Borivoj I. taufen, trieb damit die Christianisierung Böhmens
voran und traf ungarische Stammesführer. Kurz vor seinem
Tode 885 konnte er noch die Bibelübersetzung ins Slawische ab-
schließen.

886 erreichte die deutsche Reichskirche bei Papst Stephan V.,
dass die großmährische Akademie liquidiert und ihre Lehrer,
Schüler und Anhänger vertrieben wurden. Damit setzten sich in
Böhmen, Mähren und Ungarn die lateinische Liturgie und die
deutschen Priester durch. Die Anhänger Methods flohen nach
Serbien und Bulgarien, wo sie zwei Schulen gründeten und von
wo aus sie Russland missionierten.

Kyrill und Method sind heute in Osteuropa als Nationalhei-
lige anerkannt, ihr Einfluss auf die Christianisierung Osteuropas kann nicht hoch genug eingeschätzt werden. Sie lieferten
die erste lokale Übersetzung der Heiligen Schrift und schufen
ein eigenes Schriftsystem, scheiterten aber an ihrem Widerstand, sich in das deutsche Reichskirchensystem eingliedern zu
lassen.

PETER LOMBARD
(UM 1100–UM 1160)

Wenn man die Biografien bedeutender Kirchenmänner, Theologen oder Philosophen des Mittelalters liest, kommt oft der Satz: Und er las die Sentenzen des Peter Lombard. Dies hat seinen Grund darin, dass es bis ins 15. Jahrhundert die Aufgabe der Baccalaureaten an den theologischen Fakultäten war, in einem zweijährigen Kurs die vier Bücher der Sentenzen des Peter Lombard vorzutragen.

Peter Lombard wurde um 1100 in Novara oder Lumello in Italien geboren. Er stammte aus ärmlichen Verhältnissen, sein wirklicher Name ist unbekannt, »Lombardus« deutet seine Herkunft aus der Region der Lombardei an. Seine Ausbildung und den Unterricht in den »artes liberales« erhielt er in Novara oder Lucca, wo er Schüler des Magisters Otto oder Odo war, dessen Werk »Summa Sententiarium« er später viel benutzte. Peter war begabt, so empfahl ihn der Bischof von Lucca an → Bernhard von Clairvaux , der ihn den Kanonikern von St. Viktor in Paris ans Herz legte. 1134 kam Peter nach einem Zwischenaufenthalt in Reims nach Paris und studierte dort bei → Peter Abaelard am Genovevaberg.

Zehn Jahre später zählte er zu den bekanntesten Lehrern in Paris, zwischen 1147 und 1150 wurde er zum Priester geweiht. Zwischen 1150 und 1158 schrieb er sein bedeutendstes Werk, die »Quatuor libri Sententiarum« (Vier Bücher über die Sentenzen), die seinen Ruf im Mittelalter begründen sollten. Nach diesem Buch erhielt er den Beinamen »Magister Sententiarium« (Magister der Sentenzen) oder einfach »Der Magister«. Sein Werk ist rein kompilatorisch und übernimmt ganze Sätze und Kapitel aus anderen Werken. Peter Lombard hat auch kein Geheimnis daraus gemacht, er wollte ein Korpuswerk schreiben und alle theologischen Fragen mit ihrem Für und Wider auflisten. Er beschreibt alle Dogmen und Doktrinen und methodisch alle kontroversiellen Meinungen, bleibt aber in seiner Grundhaltung orthodox.

Die frühen Theologen hatten ihre Erklärungen der Religion direkt aus der Bibel oder aus den Texten der Kirchenväter genommen. Im 11. Jahrhundert änderte sich die Methode, und seit Peter Abaelard konnte über die traditionellen Dogmen spekuliert werden. Peter Lombard stellte mit seinen Sentenzen ein Textbuch zusammen, das er als Lehrbuch der Theologie ansah. Er verwendete die Texte der frühen Kirchenautoren, ging aber auch bis zu den Urtexten zurück. In seiner Methode näherte er sich Abaelard an, vermied aber alle Aussagen, die Abaelard in die Nähe der Häresie und des Ketzertums gerückt hatten.

Die Sentenzen sind in vier Teile gegliedert. Das erste Buch handelt über die Nachweise zur Existenz Gottes, von der Dreieinigkeit, vom Schöpfer und der Schöpfung. Im zweiten Buch beschreibt er die sechs Tage der Schöpfung bis zur Erschaffung des Menschen und diskutiert die Ursünde. Der dritte Teil handelt von der Erlösung des Menschen, der erlösungsbedürftig ist, weil er die Freiheit der Entscheidung verloren hat, und der erlösungsfähig ist, weil er seine Urteilskraft und damit die Unterscheidung von Gut und Böse beibehalten hat. Im vierten Buch stellt er die Sakramente, die Totenerweckung, den Zwischenzustand, das Gericht, die Seligkeit und die Verdammung vor.

In diesen vier Büchern hat Peter Lombard das theologische Wissen seiner Zeit niedergelegt, dennoch hat er sich niemals auf theologisch gefährliches Terrain begeben, vielleicht war ihm das Schicksal seines Lehrers Abaelard eine Warnung. Erst nach seinem Tod wurden die Sentenzen mehrmals angegriffen, darunter auch von → Joachim von Fiore, aber am Lateranischen Konzil von 1215 als rechtmäßig erklärt. Im Laufe der Zeit überholten sich einige seiner Ansichten, wurden widerlegt und von Päpsten verurteilt. Die Sentenzen blieben aber das Lehrbuch der Theologie bis ins 15. Jahrhundert, und selbst Martin Luther hat aus ihnen 1509 noch vorgetragen.

Peter Lombard wurde 1159 zum Bischof von Paris gewählt und musste sich den Vorwurf gefallen lassen, er habe das Amt nur durch Simonie, durch Ämterkauf, erhalten. Sein genaues Todesjahr ist nicht bekannt, er dürfte aber am Beginn des Jahres 1160 gestorben sein, da Maurice von Sully, der Erbauer von Notre-Dame, am Ende des Jahres als Bischof von Paris genannt wurde. Der Epitaph des Peter Lombard im Kloster von St. Marcel trägt das Todesdatum 1164, so dass es auch möglich sein kann, dass er als Bischof 1160 zurücktrat, jedoch noch einige Jahre gelebt hat.

Die Sentenzen des Peter Lombard erlangten durch seine Schüler schon zu seinen Lebzeiten Berühmtheit, ihr eigentlicher Erfolg kam durch Alexander von Hales zustande, der sie zum Schulbuch umschrieb und eine Glossensammlung zur Erklärung beifügte. Ab der Gründung der Pariser Universität 1274 oblag es dem »Baccalaureus Sententiarum« in einem zweijährigen Kurs, die Sentenzen vorzutragen.

Im 13. Jahrhundert schrieben hervorragende Theologen wie → Albertus Magnus, Bonaventura, → Thomas von Aquin und Duns Scotus Kommentare zu den Sentenzen, welche die gesamte Breite der scholastischen Theologie umfassten.

Marco Polo

(1254–1324)

Entweder war er der weitgereisteste Abendländer oder der genials-
te Geschichtenerzähler und Lügner des Mittelalters. Marco Polo hat
nach eigenen Angaben in 24 Jahren die Welt zwischen Venedig und
dem Hof des Kublai Khan in China bereist, wo er sogar höchste Ämter
bekleidet haben soll, dennoch erwähnt er mit keinem Wort viele Dinge,
die er gesehen haben müsste.

Marco Polo wurde 1254 in Venedig geboren, seine Familie
betrieb einen lukrativen Juwelenhandel mit dem Orient.
Als er sechs Jahre alt war, brachen sein Vater Niccolò und sein
Onkel Maffeo zu einer Reise auf, die sie 1266 bis nach Kambaluc,
dem heutigen Beijing führte, wo sie von Kublai Khan empfangen wurden. 1269 kamen sie zurück nach Venedig und brachten
eine Botschaft des Khans an den Papst mit, in der er um Priester
und gesalbtes Öl vom Grabe des Herrn bat.

1271 machten sich die beiden wieder auf den Weg nach China und nahmen den 17-jährigen Marco Polo mit. Sie gingen zunächst nach Akkon, um Priester zu engagieren, konnten aber
keine finden, die sich mit ihnen auf den langen Weg nach China
machen wollten. Über Jerusalem reisten sie nach Täbris und von
dort an den persischen Golf nach Hormuz, dem traditionellen
Ausgangspunkt der Seidenstraße über den Seeweg nach China.
Da ihnen die Schiffe hier nicht ausreichend seetüchtig erschienen, benutzten sie den Landweg, überquerten den Pamir, reisten über die nördliche Seidenstraße nach Kaschgar und dann
entlang der Sandwüste Taklamakan bis nach China, wo sie 1275
in Schang-tu, der Sommerresidenz des Khans, eintrafen.

Die nächsten Jahre verbrachten die Polos im Dienste des
Khans, der Marco als Präfekt anstellte. In dieser Eigenschaft bereiste er China und besuchte Burma und Indien. Er beschreibt
diese Orte und Plätze und auch Dinge wie Asbest, Papiergeld,
Steinkohle oder das Postwesen des Mongolenreiches.

Angeblich wurde Marco Polo in China zum Staatsrat zugelassen und für drei Jahre zum Steuerinspektor für Yanzhou

ernannt. Er besuchte Sibirien und nahm an der Eroberung der Stadt Siang You Fou teil, für die er und seine Verwandten die Belagerungsmaschinen entwarfen.

Nach 17 Jahren im Dienste des Khans wollten die Polos nach Europa zurückkehren, was ihnen von Kublai Khan verweigert wurde. Erst als sich die Gelegenheit ergab, die mongolische Prinzessin Kokachin zu ihrem persischen Bräutigam Arghun zu eskortieren, wurden sie aus mongolischen Diensten entlassen. Die Reise auf dem Seeweg nach Hormuz dauerte zwei Jahre, und der Großteil der Passagiere starb unterwegs. In Persien angekommen, lieferten die Polos Kokachin ab, die den Sohn des Arghun heiratete, da der Bräutigam inzwischen verstorben war, und machten sich mit ihren Schätzen über Trabzon, das Schwarze Meer und Konstantinopel auf den Heimweg nach Venedig.

Man nahm wenig Notiz von den drei Reisenden, als sie 1295, 24 Jahre nach ihrem Aufbruch, wieder in Venedig ankamen. Drei Jahre später kommandierte Marco Polo eine venezianische Kriegsgaleere in einem Gefecht gegen die Genuesen, wurde gefangen genommen und diktierte im Kerker Rustichello von Pisa, einem Schriftsteller von Romanzen, seine Reiseerlebnisse. Das Buch war ein durchschlagender Erfolg und verbreitete sich in kürzester Zeit in ganz Europa, obwohl man es »Il Millione«, das »Buch der 1000 Lügen« nannte und Marco Polo selbst den Spitznamen »Messer millione« erhielt. Niemand nahm das Buch wirklich ernst, man sah es zu Lebzeiten Marco Polos eher als Spaßerzählung über die andere Seite der Welt an.

Nach dem Ende des Krieges kehrte Marco Polo nach Venedig zurück, heiratete und zog drei Töchter auf. Er lebte bis zu seinem Tode im Jahre 1324 ruhig in Venedig. Auf dem Totenbett soll er noch ausgerufen haben, er habe nur die Hälfte von dem erzählt, was er gesehen hätte. Er hinterließ ein nennenswertes Vermögen und eine Anzahl von Gegenständen, die er aus China mitgebracht hatte, darunter ein goldenes Tablett, welches angeblich ein Ausweis des Großkhans gewesen sein soll.

Bis heute bleibt die Frage, wieweit Marco Polo die Wahrheit berichtete. Viele Dinge in seinem Buch lassen sich nachvollziehen, seine Beschreibungen der Organisation des Mongolenreiches, geschichtliche Ereignisse, viele Städte lassen sich mit heutigen Erkenntnissen in Übereinstimmung bringen. Vieles, was er gesehen haben müsste, kommt aber in seinen Erzählungen nicht vor, wie die Große Mauer, die gebundenen »Lotusfüße« chinesischer Frauen, Tee oder die Kalligrafie. Auch erscheint sein Name in keiner der offiziellen Beamtenlisten des Mongolenreiches, er sprach kein Chinesisch, erstaunlich für jemanden, der so lange Jahre in China gewesen sein will.

Entscheidend ist aber nicht, ob Marco Polo wirklich in China war oder ob er nur geschickt kompiliert hat, was ihm von vielen Reisenden zugetragen wurde. Sein Buch hat den Anstoß dazu gegeben, dass sich viele Händler, Missionare und Abenteurer im Mittelalter auf den Weg nach dem Orient gemacht haben. Ob seine Geschichten wahr oder erfunden waren, spielte keine Rolle, sie waren zumindest so interessant, dass man hinauszog und neue Kenntnisse über diese fernen Ländern zurückbrachte. Man zeichnete Karten nach seinen Angaben, die bis in das 19. Jahrhundert verwendet wurden, und Unternehmer wie → Heinrich der Seefahrer oder Kolumbus ließen sich von seinen Berichten inspirieren. Selbst die moderne chinesische Geschichtswissenschaft greift auf seine Berichte zurück, weil diese über Länder, Eroberungen und Belagerungen detailgenauer sind als die chinesischen Quellen der Zeit.

Maximilian I. von Habsburg
(1459–1519)

Man nannte ihn den »letzten Ritter«, weil er in vielem noch den alten höfischen Idealen nachhing. Er liebte Turniere, sah sich als höfischer Mäzen und war doch bereits ein Herrscher des Humanismus und der Renaissance. Wie sein Vater war sein Leben von Geldsorgen geprägt, er hielt das Interesse seiner Familie höher als das des Reiches und machte die Habsburger am Beginn des 16. Jahrhunderts zur Weltmacht.

Er war der Sohn Kaiser → Friedrichs III. und Eleonores von Portugal. Die Kindheit verbrachte Maximilian in Wien und Wiener Neustadt, wo er durch seinen Vater eine strenge und nicht immer glückliche Erziehung erhielt, die gleichermaßen auf die religiöse, geistige und körperliche Ausbildung gerichtet war. Daneben vermittelte der Kaiser dem Sohn seinen Glauben an die Auserwählung des Hauses Habsburg. 1463 erlebte er als Vierjähriger die Belagerung seiner Familie in der Wiener Burg durch die auf Seiten seines Onkels Albrecht VI. stehenden Wiener. Maximilian hat das den Wienern nie verziehen und vermied es zeit seines Lebens, nach Wien zu kommen. Obwohl es seine Reichshauptstadt war, hielt er sich nur selten dort auf und residierte lieber in Wiener Neustadt.

1477 heiratete er Maria von Burgund, die Tochter Herzog → Karls des Kühnen und Erbin des Hauses Burgund. Als Maria im März 1482 nach einem Reitunfall starb, kam es im Burgund zum Aufstand gegen Maximilian. Der Adel und die Handelsstädte der Niederlande verbanden sich mit Frankreich, entrissen Maximilian die Vormundschaft über seinen Sohn Philipp und zwangen ihn 1482 zum Abschluss des Friedens von Arras und zur Verlobung seiner Tochter Margarethe mit dem französischen Dauphin Karl VIII. Margarethe musste an Frankreich ausgeliefert, das Herzogtum Burgund als Mitgift an Frankreich abgetreten werden. Erst nach schweren Kämpfen konnte Maximilian die Herausgabe seines Sohnes und die Anerkennung seiner Vormundschaft erzwingen. Am 16. Februar 1486 wurde

Maximilian in Frankfurt zum römisch-deutschen König gewählt und am 9. April in Aachen gekrönt, wodurch die habsburgische Erbfolge im Reich gesichert war. Wieder in die rebellierenden Niederlande zurückgekehrt, geriet er 1488 in Brügge in die Gefangenschaft der Aufständischen, wurde von Februar bis Mai festgehalten, aber von Friedrich III. mit einem Reichsheer befreit.

1490 heiratete er ohne persönliche Anwesenheit Anna, die Herzogin und Erbin der Bretagne. Karl VIII. sah sich dadurch politisch eingekreist und bedroht, eroberte die Bretagne, heiratete Anna selbst und schickte seine Verlobte Margarethe zurück an Maximilian, obwohl sie inzwischen einen Großteil ihrer Kindheit am französischen Hof verbracht hatte. Im selben Jahr konnte Maximilian nach dem Tode Matthias Corvinus' Wien zurückerobern, 1493 starb sein Vater Friedrich III. 1495 initiierte Maximilian auf dem Reichstag zu Worms eine umfassende Reichsreform, die eine reichsweite Steuer und einen Ewigen Landfrieden vorsah. Von den Institutionen, die aus der Reichsreform hervorgingen, hatten nur die neu gebildeten Reichskreise und das Reichskammergericht Bestand.

Das außenpolitische Hauptanliegen Maximilians war die Wahrung der Reichsrechte in Italien. 1494 heiratete er Bianca Maria Sforza von Mailand und belehnte ihren Onkel Lodovico Moro mit dem Herzogtum Mailand, womit er einen mächtigen Bundesgenossen in Oberitalien gewann. Zur Einkreisung Frankreichs schloss Maximilian 1495 mit König Ferdinand von Aragon und Königin Isabella von Kastilien den Vertrag über die habsburgisch-spanische Doppelheirat ihrer Kinder. Erzherzog Philipp von Österreich-Burgund heiratete die Infantin Johanna, später »die Wahnsinnige« genannt, Erzherzogin Margarethe den spanischen Infanten Johann.

Als Karl VIII. von Frankreich 1495 in Italien einfiel und das Königreich Neapel eroberte, schloss Maximilian mit dem Papst, Spanien, Venedig und Mailand die Heilige Liga von Venedig zur Vertreibung der Franzosen aus Italien, um das europäische Gleichgewicht unter den Staaten wiederherzustellen. Von Juli bis Dezember 1496 unternahm Maximilian ohne Hilfe des Reiches und mit geringen Mitteln und Truppen der Verbündeten einen Italienzug, den er aber abbrechen musste, als die Belagerung

von Livorno wegen Geldmangel und widriger Wetterverhält-
nisse gescheitert war. Der Schweizerkrieg von 1499, der wegen
Grenzstreitigkeiten mit Tirol und Schwaben ausgebrochen war,
brachte Maximilian und dem Reich verheerende Niederlagen
und führte zum Frieden von Basel, der die Eidgenossenschaft
aus der Reichsgemeinschaft entließ.

Um die Kaiserkrone gegen französische Ansprüche zu sichern, ließ sich Maximilian 1508 im Dom zu Trient zum »Er-
wählten Römischen Kaiser« proklamieren, wobei der Titel vom
Papst bestätigt wurde. Von 1510 bis 1516 führte Maximilian mit
wechselnden Allianzen Krieg um die Reichsrechte in Italien. Er
musste sich dafür bei → Jakob Fugger hoch verschulden. Zwar
konnte er sich in diesem Krieg nicht durchsetzen, verhinderte
aber die Aufteilung Italiens, drängte den Einfluss der Franzosen
zurück und bereitete den Weg für seinen Enkel Karl V., der die
Italienfrage im Sinne der Habsburger lösen sollte.

Um Böhmen und Ungarn für Habsburg zu sichern, traf sich
Maximilian 1515 mit den Königen Wladislaw II. von Ungarn
und Böhmen und Sigismund I. von Polen in Wien zur Dop-
pelhochzeit zwischen den Kindern König Wladislaws und den
Enkeln Maximilians. Kronprinz Ludwig von Ungarn heiratete
Erzherzogin Maria von Österreich und Erzherzog Ferdinand,
der spätere Kaiser Ferdinand I., Prinzessin Anna von Böhmen
und Ungarn. Der Heiratsvertrag wurde durch einen Erb- und
Adoptionsvertrag und durch einen Bündnisvertrag gegen die
Türken ergänzt. Als Ludwig von Ungarn und Böhmen 1526 in
der Schlacht von Mohacs gegen die Türken fiel, trat der Erb-
fall zugunsten Habsburgs ein, das damit Böhmen und Ungarn
erwerben konnte. Maximilian starb 1519 in Wels in Oberöster-
reich, sein Nachfolger als Kaiser wurde sein in den Niederlanden aufgewachsener Enkel Karl V., Sohn des 1506 verstorbenen
Philipp und Johannas der Wahnsinnigen von Kastilien. Maximilian wurde gemäß seinem Testament in der St. Georgs-Ka-
pelle der Burg in Wiener Neustadt beigesetzt, sein großartiges
Grabmal in der Hofkirche in Innsbruck mit zahlreichen Bronze-
figuren blieb leer.

Maximilian war hoch gebildet, ein Freund des Humanismus und der Renaissance. Das umfassende Bücherprogramm
Maximilians mit den Epen *Weißkunig, Freydal* und *Theuerdank*

war seine eigene Idee, die Durchführung überließ er den bedeutendsten Künstlern seiner Zeit. Die Bücher erzählen vom Leben Maximilians, von seinen Eltern, seiner Brautwerbung, vom höfischen Leben mit Jagden, Turnieren und Maskenfesten. Maximilian ließ auch eine Sammlung mittelhochdeutscher Heldenepen im Ambraser Heldenbuch und ein geheimes Jagd- sowie ein Fischereibuch erstellen.

Maximilians Tatendrang standen fehlende Geldmittel, seiner Vorliebe für feudal-höfische Traditionen hohe Aufgeschlossenheit für Humanismus und Renaissance gegenüber. Als Kaiser war er wenig wirksam, konnte aber Frankreichs Bemühungen, zur europäischen Vormacht aufzusteigen, unterbinden und bereitete dem habsburgischen Imperium unter Kaiser Karl V. den Weg.

Neidhart von Reuental

(um 1200–nach 1246)

Es gab bereits im Mittelalter das Sprichwort von einem, der ein »Nithart« ist, sich für ein tadelloses Rittertum einsetzt und gegen die emporkommende Bauernschaft mit ihren derben Sitten wendet. Neidhart verkörperte alle Tugenden des Minnesängers und Ritters, er versuchte den Geist des Rittertums in seinen Liedern rein zu halten, parodierte diesen aber auch und bediente sich dabei einer teilweise derben und sexueller Anspielungen vollen Sprache.

Wie bei so vielen seiner Zunft kennen wir weder die genaue Herkunft noch das exakte Geburtsjahr. Eventuell war er der Sohn eines Kleinadeligen aus Bayern oder Salzburg, sein Auftreten und seine genaue Kenntnis sprechen dafür, dass er in einem bäuerlichen Umfeld aufgewachsen ist, aber dennoch um seinen adeligen Stand wusste. Er könnte um 1200 geboren worden sein, vielleicht aber auch schon zehn oder 20 Jahre früher. Auch sein wahrer Name ist nicht bekannt, »Nithart« ist eine Verballhornung von »Teufel« und das »Reuental« entspricht der Welt, dem Jammertal.

Er wird mehrmals von Sangeskollegen erwähnt, so in der Manessischen Liederhandschrift und von →Wolfram von Eschenbach. →Walther von der Vogelweide vergleicht ihn mit einem quakenden Frosch, der ihm die Lust am Dichten nimmt. Neidhart muss so etwas wie ein Außenseiter unter den Minnedichtern des 13. Jahrhunderts gewesen sein.

Bis um 1230 dürfte er ein Lehen in Bayern gehabt haben, das er jedoch verlor. Er wandte sich daher nach Wien zu Herzog Friedrich II. dem Streitbaren, der sein neuer Herr wurde. Neidhart dürfte ihm bis zu dessen Tode 1246 in der Schlacht gegen die Ungarn an der Leitha gedient haben, dann verliert sich seine Spur.

Neidhart schrieb Sommerlieder, Winterlieder und Schwanklieder, daneben noch Lieder aus seiner persönlichen Erfahrung. In den Sommerliedern besingt er die leichte Minne, das Werben des Ritters von Reuental um die Bauernmädchen, wobei ihm

185

die tölpelhaften Bauernburschen, Dörper genannt, in die Quere kommen. Manchmal wird das Lied auch umgedreht, und die Bauernmädchen fragen sich, wie man den Ritter von Reuental wohl erobern könnte. Es ist das antike Motiv der verkehrten Welt, das hier von Neidhart als soziale Metapher aufgegriffen wird.

Die Winterlieder beschreiben Spiel und Spaß in den Spinn- und Bauernstuben im Winter, auch hier kommt das Motiv der werbenden Minne und der rivalisierenden Dörper, aber auch Kritik am Adelssystem vor.

Neidhart konnte aber auch persönlich werden. So schrieb er von seiner geliebten Dame Friederun, bei der er ständig mit der Rivalität des Dörpers Engelmar rechnen muss, der sogar versucht, seiner Geliebten handgreiflich nahezukommen. Er schreibt über einen Kreuzzug, über die Liebe zur Heimat und über die Unsinnigkeit, fern der Heimat zu kämpfen.

Im Stil brach Neidhart mit der Tradition der Hohen Minne. In seinen Liedern ging es derb zu mit sexuellen Anspielungen und Zitaten obszöner Bauernsprache. Zwar waren seine Sprache und der Stil noch höfisch, der Inhalt parodiert aber bereits das Genre.

Dazu kamen die Schauplätze seiner Lieder. Es waren nicht mehr allein die hohen Burgen der adeligen Herren, sondern auch die Bauernhöfe. Zu Neidharts Zeit waren die Bauern für kurze Zeit die sozialen Aufsteiger, viele hatten einen freien Stand erreicht, waren zu Wohlstand gekommen und glaubten sich den Rittern ebenbürtig. Sie kauften sich Schwerter, trugen Rüstungen, ließen sich die Haare lang wachsen und scherzten auch mit den adeligen Fräuleins. Alles Dinge, die mit der mittelalterlichen Standeslehre nicht vereinbar waren und von Neidhart angeprangert wurden, was ihm den Namen eines Bauernfeindes eingebracht hat.

Neidhart dürfte um 1245 oder nach 1246 gestorben sein. Sein Grabmal befindet sich an der Südseite des Domes von St. Stephan in Wien, dürfte aber mit der Grablege des legendären Neidhart Fuchs, Spaßmacher und Ratgeber Ottos des Fröhlichen, verschmolzen sein.

Mit der Zeit wurde Neidharts Dichtung zum Gattungsbegriff und fand ihren Ausdruck in Neidhartspielen zur Fastnachtszeit des 14. und 15. Jahrhunderts. Diese waren meist geprägt von derben Schwänken, in denen es um den Gegensatz von Bauern und Adeligen geht, wobei Liebes- und Raufhändel im Vordergrund stehen.

Wie viele von den Liedern der Neidhart-Überlieferung wirklich Neidhart zuzuschreiben sind, ist nicht gesichert. Erschwert wird die Forschung über die Echtheit seiner Werke durch zahlreiche »Pseudo-Neidharte«, die sich bereits im Mittelalter die Beliebtheit des Dichters zunutze machten und seinen Stil kopiert haben.

Neidhart kann als Revolutionär der mittelalterlichen Dichtung angesehen werden, er brachte eine neue Sichtweise und die soziale Auffassung seiner Zeit in die Dichtung. Seine Beliebtheit im Mittelalter reichte durch alle sozialen Schichten und hat ihn auch in der Sage, wie etwa im Veilchenschwank, unsterblich gemacht.

Oswald von Wolkenstein
(um 1377–1445)

Er war ein Weltreisender seiner Zeit und hat Europa und Asien gesehen. Er hinterließ zahlreiche Zeugnisse seines Lebens, so dass sich der außergewöhnliche Lebensweg eines Adeligen im Spätmittelalter an ihm nachvollziehen lässt. Als Politiker wie als Mensch hatte er zahlreiche Feinde und fand sich durch seine unbeugsame Art und sein eigenes Rechtsverständnis im Gefängnis wieder. In seinen Liedern und Schriften, wie auch in zahlreichen Porträts, hat er sich selbst ein Denkmal gesetzt.

Geboren wurde Oswald von Wolkenstein um 1377 auf der Burg von Schöneck im Pustertal in Südtirol als zweiter Sohn einer Kleinadelsfamilie, die nach ihrem Hauptsitz, der Burg Wolkenstein im Grödnertal, benannt ist. Als zweiter Sohn kaum erbberechtigt, kam er mit zehn Jahren in den Dienst und reiste als Knappe im Gefolge eines fahrenden Ritters durch die Welt. In einem Gedicht nennt er Arabien, Persien, Syrien, die Türkei, Preußen, das Baltikum, Skandinavien, Frankreich, England und Spanien als seinen Reiseweg.

Als 1399 sein Vater starb, kehrte er nach Südtirol zurück, im selben Jahr beteiligte er sich an einem Kreuzzug gegen die Preußen und nahm 1401 bis 1402 am Italienzug des deutschen Königs Rupert von der Pfalz teil. Zur selben Zeit entflammte zwischen ihm und seinem älteren Bruder ein Streit um das väterliche Erbe, erst 1407 erhält Oswald ein Drittel der Burg Hauenstein, der Ritter Martin Jäger die beiden anderen Drittel.

1408 reiste er nach Palästina, und bei seiner Rückkehr warb er vergeblich um die Liebe der Tochter des Brixener Bürgers Hans Hausmann, die »Hausmannin« genannt. 1415 nahm er am Konzil zu Konstanz teil und erlebte die Verbrennung von →Jan Hus. Er erlangte die Aufmerksamkeit des deutschen Kaisers Sigismund, wurde in dessen Dienste aufgenommen und unternahm Reisen nach Schottland, England und Portugal. Vermutlich hat er an der Eroberung Ceutas durch →Heinrich den Seefahrer teilgenommen. 1416 finden wir ihn im Gefolge Sigismunds in

Frankreich. 1417 scheint er den Dienst des Kaisers verlassen zu haben und kehrte nach Südtirol zurück. Vermutlich hat er im selben Jahr noch Margarete von Schwangau geheiratet und sich nach Burg Hauenstein, die er unrechtmäßig in seinen Besitz gebracht hatte, zurückgezogen.

Glücklich war er nicht auf seiner Burg. In einem seiner Gedichte beklagt er sich über das raue Leben, es war kalt, die sieben Kinder waren laut, der Wildbach toste in der Nähe und das Leben war einfach und karg.

Seit 1417 lagen die Tiroler Landstände, also der niedere Adel, die Städte und Landgemeinden unter Führung Heinrichs von Rottenburg und der Landesherr Friedrich IV. von Österreich in beständiger Fehde. Oswald schloss sich dem Adelsbund an, dies und seine Fehde um die Burg Hauenstein brachten ihn durch den Verrat der Hausmannin für Jahre ins Gefängnis. Erst 1422 kam er für sechs Monate gegen eine Bürgschaft von Freunden frei, kehrte aber, da er sich mit seinen Feinden nicht einigen konnte, wieder ins Gefängnis zurück.

1427 wurde er in dieser Sache vor den Landtag in Bozen geladen, er verließ stattdessen heimlich das Land, floh nach Görz, wurde aufgegriffen und als Gefangener auf die Burg Vellenberg bei Axams gebracht. Erst als sich Freunde für ihn einsetzten, konnte er sich mit Friedrich IV. vergleichen, Oswald konnte Hauenstein behalten, musste Martin Jäger abfinden und das Ende des Streites in einer Urfehde beschwören.

Oswald blieb politisch tätig, er wurde zum Rat Kaiser Sigismunds ernannt und dessen Sonderbeauftragter für Italien und am Baseler Konzil. 1431 besuchte er mit seinem Bruder den Reichstag in Nürnberg und wurde dort in den Drachenorden Sigismunds, dem jüngsten der Ritterorden, der sich gegen die Expansion der Türken am Balkan richtete, aufgenommen.

Die nächsten Jahre scheint Ruhe in seinem Leben eingekehrt zu sein. 1434 ließ er sich vom Kaiser zum Beschützer des Augustinerchorherrenstiftes Neustift bei Brixen, dessen Pfründner er seit 1411 war, einsetzen. 1439 wurde er zu einem der Testamentsverweser von Friedrich IV. in Tirol ernannt, 1445 starb er auf Burg Hauenstein und wurde im Kloster von Neustift begraben.

Oswald von Wolkensteins Leben gehört zu den bestdoku-

mentierten des Mittelalters, über 700 Aktenstücke und Urkunden ihn betreffend sind bekannt, dazu eine Reihe von Porträts.
Neben seiner Tätigkeit als Politiker und Adeliger, die ihm durch
eine Augenkrankheit, die zum Verlust des rechten Auges führte und seine Züge teilweise entstellte, erschwert wurden, finden sich in seinem Nachlass rund 130 ein- oder mehrstimmige
Lieder und zwei Reimpaarreden.

In seinen Liedern erzählt er von seinem Leben von frühester
Jugend an und bringt auch Derbheiten und Zoten. Er ist meist
humorvoll und satirisch, schreibt aber auch bewegende Liebes-
lieder. Er war kein zimperlicher Mensch, sondern es war für ihn
normal, in seinem Leben Gewalt, Diebstahl, Betrug und Raub
zur Durchsetzung seiner Anliegen einzusetzen.

Oswald von Wolkenstein war ein Aufsteiger, durch seinen
Status benachteiligt, konnte er nur durch Leistung und Streit
bestehen. Er erkämpfte sich das Recht auf eine eigene Burg, er
stritt mit seinem Landesherrn um seine Rechte, und als er beim
Aufstand des Domkapitels von Brixen gegen den Bischof Ulrich
Putsch dabei war, konnte er der Gelegenheit nicht widerstehen,
diesem ein kräftigen Faustschlag zu versetzen. Er sorgte für sein
Seelenheil, stiftete Messen und Güter für die Kirche. Im Alter
wirkte er an Gerichten und diente seinem Kaiser. Oswald von
Wolkenstein ist in allen seinen Zeugnissen ein typischer, ande-
rerseits durch die Breite seines Lebens und seine künstlerische
Tätigkeit außergewöhnlicher, Adeliger des Spätmittelalters.

OTTO I. DER GROßE

(912–973)

Das Bild, das wir von Otto vermittelt bekommen haben, entspricht nicht der Vorstellung des mächtigsten Kaisers der ottonisch-salischen Dynastie. Er war klein, von gedrungener Statur, charakterlich war er temperamentvoll und konnte unkonventionell auf Menschen zugehen. Er war nicht besonders gebildet, erst mit 30 Jahren lernte er mühsam lesen und schreiben. Was ihn auszeichnete, war sein Wille, für das Reich zu sorgen, und ein menschlicher Umgang mit seinen Untertanen.

Otto wurde 912 in Wallhausen bei Sangershausen geboren, sein Vater war →Heinrich I. der Vogler, die Mutter Mathilde von Ringelheim. Sein Vater sorgte dafür, dass Otto nach seinem Tode 936 in Aachen zum König erhoben wurde. Mehrere Fraktionen unternahmen nach seiner Wahl Aufstände, um die Macht der Krone zu schmälern, ihre eigene Unabhängigkeit auszubauen oder ihre Abhängigkeit zu verringern. 938 erhob sich Eberhard, Sohn des Arnulf von Bayern, der auf sein Recht, Bischöfe einzusetzen, nicht verzichten wollte. Ottos Bruder Heinrich erhob sich 939 gemeinsam mit den Herzögen von Franken und Lothringen, sie wurden von Otto besiegt und suchten Schutz bei Ludwig IV. von Frankreich. Otto verbündete sich mit der französischen Adelsopposition, schlug Ludwig bei Andernach am Rhein und nahm ihm Lothringen ab. 941 versuchten sächsische Adelige beim Osterfest ein Attentat auf Otto, die Verschwörung wurde niedergeschlagen, die Verschwörer hingerichtet und ihre Güter konfisziert.

Otto stand, nachdem er die Unruhen nach seiner Wahl überstanden hatte, vor der Aufgabe, sein Reich zu organisieren. Zunächst musste er sich mit Frankreich auseinandersetzen, wo er 948 in der Synode von Reims die Streitigkeiten zwischen Ludwig IV. und dessen Rivalen Hugo von Franzien schlichtete und so die Westgrenze des Reiches sicherte.

Im Inneren glaubte er seine Herrschaft festigen zu können, indem er vermehrt einzelne Herzogtümer an Mitglieder seiner

Familie übertrug, um diese enger an sein Königtum zu binden. Er übergab Konrad dem Roten 944 das Herzogtum Lothringen, 947 wurde sein Bruder Heinrich als Herzog in Bayern eingesetzt. 950 übergab er dem zu seinem Nachfolger ernannten Sohn Liudolf das Herzogtum Schwaben.

Gegen Osten sicherte sich Otto durch die Einrichtung der Bistümer Oldenburg, Havelberg und Brandenburg ab, welche die heidnischen Preußen christianisieren und in das Reich eingliedern sollten.

Italien mit seinen reichen Provinzen und Herzogtümern stand im Mittelpunkt der Politik Ottos. Hier regierte Adelheid, die Witwe König Lothars II. von Italien, tatsächlich hatte jedoch Berengar, Markgraf von Ivrea, die Macht, der nach der Königswürde strebte und Adelheid gefangen hielt. Diesen Konflikt nahm Otto 951 zum Anlass, um mit einem Heer in Italien zu erscheinen, Berengar zu verjagen, sich als König der Langobarden huldigen zu lassen und Adelheid zu heiraten. Damit nannte er sich nach dem Vorbild der Karolinger »Rex francorum et langobardorum«, eine Krönung zum Kaiser wurde aber von Papst Agapet II. abgelehnt. Nach seiner Rückkehr nach Deutschland erschien Berengar 952 am Reichstag in Augsburg, erlangte Verzeihung und wurde mit Italien belehnt.

953 sah Ottos Sohn Liudolf durch eine neue Ehe seines Vaters seine Thronfolge gefährdet und erhob sich gemeinsam mit Konrad dem Roten und Erzbischof Friedrich von Mainz gegen Otto. Zudem wurde das Reich 954 durch einen Einfall der Ungarn bedroht. Zunächst schlug Otto den Aufstand der Franken, Bayern, Schwaben und Sachsen nieder und vergab die Herzogtümer neu. Damit war der Versuch, seine Macht durch eine gezielte Familienpolitik abzusichern, gescheitert, die Herzöge hatten zu sehr ihre eigenen vor die Interessen der Familie gestellt. Otto brauchte eine neue Machtbasis und organisierte ein Gegengewicht zu den Adeligen im Aufbau einer Schicht von geistlichen Feudalherren. Otto hatte als König die Verfügungsgewalt über Bistümer und Reichsabteien, die er großzügig mit Schenkungen und Privilegien ausstattete, sie aber dafür zur Organisation des Reiches heranzog.

Trotz dieser Aufstände gelang es Otto 955, ein Reichsheer aufzustellen, an dem sich auch die Aufständischen beteiligten, um gegen die Ungarn vorzugehen. Am 10. August 955 schlug er am Lechfeld bei Augsburg die Ungarn vernichtend, die nach dieser Niederlage Otto um christliche Missionare baten und in der Folge das Reich nicht mehr bedrohten.

Inzwischen hatte sich Berengar in Italien gegen den Kirchenstaat und Papst Johannes XII. gewandt. Dieser rief Otto zu Hilfe, der 961 die Alpen überschritt, Berengar absetzte und nach Rom marschierte. Otto war diesmal entschlossen, das Kaisertum → Karls des Großen wiederzuerrichten und sich in Rom zum Kaiser krönen zu lassen. Gegen die Abgabe eines Sicherungseides an den Papst, der den Schutz der Kirchen und des Kirchenstaates sowie die Befragung des Papstes bei neuen Verordnungen die Kirche betreffend umfasste, wurde Otto am 2. Februar 962 in Rom zum römischen Kaiser gekrönt. Er hat damit das römische Kaisertum, das seit 928 vakant war, wiedererrichtet. Im Gegenzug bestätigte er im »Privilegium Ottonianum« die Pippinschen Schenkungen als Grundlage der Existenz des Kirchenstaates.

Otto, dessen Kaisertum von den in Süditalien regierenden byzantinischen Kaisern nicht anerkannt wurde, ließ seinen Sohn Otto II. nach byzantinisch–karolingischem Vorbild zu Weihnachten 967 zum Mitkaiser krönen. Otto blieb sechs Jahre in Italien und gliederte die verbliebenen langobardischen Herzogtümer dem Reich ein. Seine Unterstützung dankte ihm der Papst mit der Gründung des Erzbistums Magdeburg, dem eine Reihe bestehender Bistümer im Osten des Reiches zugeordnet wurden.

Otto starb 973 in Memleben bei Naumburg an der Saale angeblich an einer Vergiftung durch verdorbene Lebensmittel. Er wurde im Dom von Magdeburg beigesetzt.

Die Leistung Ottos liegt in der Festigung des ostfränkisch–deutschen Reiches, das sich von einem in Stammesherzogtümer aufgeteiltem Territorium zu einer christlichen Monarchie entwickelte, deren Kaiser durch die Salbung des Papstes legitimiert war. Er hat das abendländische Kaisertum erneuert, das ab nun mit dem deutschen Königtum verbunden blieb. Er schuf ein Reichskirchensystem, das dem Machtverlust des Königs wegen der Vererblichkeit der Lehen bis zum Investiturstreit eine eigene

Machtbasis in die Hand gab, um sich gegen die Herzöge durchzusetzen. Dies und seine Leistungen gegen die Ungarn und in
der Ostmission brachten den mittelalterlichen Chronisten Otto
von Freising dazu, ihm den Beinamen »der Große« zuzuer-
kennen.

OTTOKAR II. PRŽEMYSL
(UM 1232–1278)

Ottokar war eine der kraftvollsten Persönlichkeiten des Hochmittelalters und wurde zu schnell zu mächtig, als dass man ihm erlauben wollte, seine Macht auch auf das deutsche Königtum auszudehnen. In kurzer Zeit errichtete er ein Reich, das sich von Böhmen bis zur Adria erstreckte. Als man einen kleinen schwäbischen Ritter zum deutschen König wählte, wollte er sich dem nicht fügen, rebellierte und fand den Tod.

Ottokar war nicht als Thronfolger für Böhmen auserkoren. Geboren um 1232 als zweiter Sohn von König Wenzel I. von Böhmen und Kunigunde von Schwaben, sollte er ein Mann der Kirche werden. Erst als sein älterer Bruder Vladislav 1247 verstarb, wurde er Thronfolger. 1240 machte ihn die kaiserliche Partei in Böhmen zum Königskandidaten für das Deutsche Reich und zum Gegenkönig für Böhmen, wo sein Vater als Anhänger des Papstes regierte. 1249 musste sich Ottokar seinem Vater unterwerfen und wurde für drei Monate inhaftiert.

Aber Wenzel brauchte den »jungen König«. 1246 war Herzog Friedrich II. der Streitbare, der Letzte der Babenberger, im Kampf gegen die Ungarn an der Leitha gefallen und das Herzogtum in der männlichen Linie vakant. Zwar versuchten seine Nichte und seine Schwester durch Heiraten Unterstützung zu finden, auch Kaiser → Friedrich II. sandte einen Reichsverweser nach Österreich, der sich aber nicht durchsetzen konnte. In dieser Zeit des Interregnums konnte Wenzel mit Zustimmung der österreichischen Stände Ottokar als Statthalter in Österreich einsetzen, der auch die Würde eines Markgrafen von Mähren bekam. Ottokar zog in Österreich ein und wurde hier als Herzog gehuldigt, zur Legitimierung seiner Macht heiratete er die fast 30 Jahre ältere Margarete, die Schwester Herzog Friedrichs II.

1253 starb Wenzel, und Ottokar folgte ihm auf den böhmischen Thron nach, strebte aber auch die deutsche Königswürde an. Einen allzu mächtigen Nachbarn fürchtend, verbündeten sich Bela von Ungarn und die Wittelsbacher in Bayern gegen ihn, und Ottokar musste 1254 die Steiermark an Bela abtreten, holte sie sich aber 1260 in der Schlacht von Kroissenbrunn wieder zurück. Er ließ sich dafür von Margarete wegen Kinderlosigkeit scheiden und heiratet Kunigunde von Halitsch, eine Enkelin des ungarischen Königs.

In der Zwischenzeit hatte er Kreuzzüge gegen die Preußen und im Baltikum zur Unterstützung des Deutschen Ordens unternommen, und die Stadt Königsberg war zu seinen Ehren gegründet worden. In der Reichspolitik versuchte er weiter deutscher König zu werden, stand aber hier in ständigem Konflikt mit Konrad von Schwaben. Um Unterstützung zu bekommen, wählte Ottokar Richard von Cornwall zum deutschen König und erhielt von diesem als Lohn das Reichsvikariat und die Vogteien von Passau und Salzburg. In einem Erbschaftsvertrag mit dem kinderlosen Herzog Ulrich III. von Kärnten brachte er mit dessen Tod 1269 Kärnten und Krain unter seine Herrschaft. Dies führte zu Unruhen unter dem österreichischen, steirischen und Kärntner Adel. Ottokar ließ den Aufstand niederwerfen, einige Adelige hinrichten und Burgen schleifen. Seine Machtfülle vereitelte allerdings bei der neuerlichen Königswahl 1273 abermals seine Wahl zum deutschen König, stattdessen wählten die Kurfürsten einen kleinen Grafen aus Schwaben, → Rudolf I. von Habsburg.

Rudolf forderte von Ottokar die angeeigneten Reichsterritorien zurück, besonders das 1266 besetzte Egerland, was Ottokar zunächst verweigerte, ehe Rudolf die Reichsacht gegen ihn verhängte. Auch die Adeligen in Österreich, Steiermark und Krain rebellierten gegen ihn und verbündeten sich mit Rudolf von Habsburg, der 1276 nach Wien vorrückte, es in Besitz nahm und Ottokar zum Vertrag von Wien zwang, der ihm alle eroberten und ererbten Gebiete abnahm. Ottokar blieben nur noch Böhmen und Mähren als Reichslehen.

Ottokar konnte sich damit nicht zufriedengeben, in den nächsten zwei Jahren suchte er Verbündete und ging im Sommer 1278 nochmals gegen Rudolf vor. Mit einem Heer marschierte er von Norden auf Wien zu, wo sich ihm Rudolf zwischen Dürnkrut und Jedenspeigen, zwei kleinen Städten an der March, entgegenstellte. Das Heer Rudolfs war zwar an Rittern unterlegen, hatte aber die Unterstützung des ungarischen Königs Ladislaus IV., der mehrere tausend Kumanische Bogenschützen abgestellt hatte. Zudem kämpfte Rudolf nicht fair nach den Regeln des Rittertums und fiel Ottokars Truppen mit einer verborgen gehaltenen Ritterabteilung unritterlich in die Flanke. Ottokar, der sich schon am Schlachtfeld ergeben hatte, wurde von Rudolf von Emmerberg, dessen Bruder er hatte hinrichten lassen, erschlagen.

Rudolf ließ Ottokars Leichnam nach Wien bringen und mehrere Tage bei den Minoriten öffentlich ausstellen, um jeden Zweifel an seinem Tod zu zerstreuen, ehe er ihn nach Znaim zum Begräbnis freigab. Ottokar liegt im Chor des Veits-Domes in Prag bestattet, wohin ihn sein Sohn Wenzel II. 1296 überführen ließ.

Ottokar war ein großer König, → Dante hat ihm als »König aus Gold und Eisen« in der Göttlichen Komödie ein Denkmal gesetzt. Er förderte den Handel und das Gewerbe, siedelte deutsche Siedler in Böhmen an und gründete Budweis, Marchegg, Leoben und Bruck an der Mur. An seinen Hof in Prag zogen zahlreiche Sänger und Dichter, in Wien begann er den Bau der Hofburg, und Teile des romanischen Domes von St. Stephan wurden unter seiner Herrschaft errichtet.

Ottokar ist dem Traum eines slawischen Territorialstaates nahegekommen, scheiterte aber an der Angst der Herzöge wegen der Macht, die ihm diese Territorien verliehen. Untrennbar ist seine Geschichte mit dem Aufstieg der Habsburger verbunden, die für die nächsten 700 Jahre zur Großmacht in Europa werden sollten und sich dabei auf das Kernland des ehemaligen Besitzes von Ottokar stützen konnten.

Francesco Petrarca

(1304–1374)

Er verstand es zu lieben wie kein Zweiter im Mittelalter, wenngleich seine Liebe zur Dame Laura immer unerfüllt bleiben sollte. Er wurde so berühmt mit seiner Dichtkunst, dass man ihn am Kapitol zu Rom zum Dichter krönte. Er beschrieb als Erster die Besteigung eines hohen Berges und wurde so zum Vater der Alpinisten.

Petrarca wurde in Arrezzo am 20. Juli 1304 geboren. Sein Vater Petracco kam aus der Gegend von Valdarno und hatte sich als Notar in Florenz niedergelassen. Als sich um 1300 die Partei der papstfreundlichen Guelfen in Florenz spaltete, wurden 1302 die weißen Guelfen, die für einen Ausgleich mit dem Kaiser eintraten, der Stadt verwiesen, Petrarcas Vater musste Florenz verlassen und ging nach Arrezzo. 1310 übersiedelte die Familie nach Pisa und dann nach Avignon in Südfrankreich, das die Residenz des Papstes war.

Zwischen 1315 und 1319 besuchte Petrarca die Schule in Carpentras. Da auch er einen juristischen Beruf ergreifen sollte, sandte man ihn zu Studien nach Bologna und Montpellier. Petrarca schätzte das Studium der Rechte nicht so sehr wie die schönen Künste und die Literatur und geriet darüber immer wieder mit seinem Vater in Streit, so dass dieser bei einer Gelegenheit seine Bücher der antiken Autoren verbrannte.

Nach dem Tode des Vaters 1323 kam Petrarca nach Avignon zurück und erhielt die niederen Weihen, was ihm die Vorteile des kirchlichen Standes, aber nur wenig klerikale Pflichten einbrachte. In Avignon erblickte er am 6. April 1327 die Dame Laura, die ihm sein Leben lang Inspiration sein sollte. Man hat die Existenz von Laura angezweifelt und sie als literarische Metapher gesehen, manche glauben aber, sie mit einer gewissen Laura de Sade identifizieren zu können. Natürlich hatte der kleine Kleriker nicht die Möglichkeit, die Liebe der adeligen Laura zu erringen, dennoch beflügelte die platonische Verehrung der Dame die schriftstellerische Arbeit Petrarcas für den Rest seines Lebens.

Ab 1330 begann Petrarca in Europa umherzuziehen. 1333 wanderte er durch Nordfrankreich und Deutschland, wobei er seine Beobachtungen und Erfahrungen in Briefen niederschrieb. Er kehrte immer wieder nach Avignon zurück, wo er von Zeit zu Zeit klerikale Ämter übernahm. 1336 bestieg er mit seinem Bruder den Mont Vertoux in der Provence, worüber er berichtete und sich so zum Vater der modernen Alpinisten machte. Von hier ging er nach Italien, erreichte 1337 Rom und kehrte gegen Ende des Jahres nach Vaucluse zurück. 1341 wurde er nach Rom eingeladen und nach antikem Vorbild am Kapitol zum »poeto laureatus« gekrönt. Die nächsten Jahre reiste er in Italien von Stadt zu Stadt, immer auf der Suche nach bisher nicht bekannten Werken antiker Schriftsteller in Klöstern, Bibliotheken und Archiven. Seinen Lebensunterhalt verdiente er sich mit der Besetzung kleinerer klerikaler Ämter auf Zeit.

1347 lernte er in Rom → Cola di Rienzo kennen und nannte ihn einen Restaurator der Größe des alten Rom. Er wurde zum Freund von → Boccaccio, mit dem ihm die Liebe und das Interesse an der Antike verband. Man bot ihm das Rektorat der neu gegründeten Universität in Florenz an, das er ablehnte, er besuchte Venedig und Leo Pilatus, von dem er sich Unterricht und Wissen über die antiken griechischen Philosophen erhoffte.

1353 ging er nach Mailand und verbrachte acht Jahre als Diplomat im Dienste der Visconti, 1362 kam er zurück nach Venedig und 1368 nach Arqua bei Padua, wo er 1374 starb und begraben wurde. Anlässlich einer Graböffnung im Jahre 2004 stellte man fest, dass er für das Mittelalter eine außergewöhnliche Körpergröße hatte.

Petrarcas Hauptwerk sind die Canzonière, ein Zyklus von 366 Gedichten, darunter 317 Sonette, in denen er seine reine Liebe zu Laura besingt. Mit diesem Werk, das den Stil des Humanismus und der Renaissance vorwegnimmt, hat er die eigene Form des Petrarkismus in der Liebeslyrik eingeführt.

Als sein zweites Meisterwerk hat Petrarca sein moralisches und allegorisches Werk »Trionfi« angesehen, in dem die sechs allegorischen Figuren Liebe, Keuschheit, Tod, Ruhm, Zeit und Göttlichkeit miteinander konkurrieren und sich die Göttlichkeit als Symbol für seine ewige Liebe zu Laura als überlegen erweist. Er verfasste mit »Africa« eine Geschichte des Zweiten

Punischen Krieges und der Abenteuer des Scipio Africanus, er schrieb »Carmen Bucolicum«, ein Buch in 12 Hirtengedichten, und Werke über die Moral, die Lehren des Augustinus, das Lob des mönchischen Lebens, historische und geografische Werke.

Die Bedeutung Petrarcas liegt in der Überwindung der Formen der mittelalterlichen Literatur. Er verfeinert den Stil, lässt den Ausdruck von Gefühlen zu und versteht es, den literarischen Formalismus zugunsten von neuen Inhalten aufzubrechen. Mit Petrarca wird die Form des mittelalterlichen Minnegesangs endgültig überwunden, er fügt sich in die Zeit der beginnenden Renaissance in Italien ein, welche Gott aus dem Zentrum der Welt rückt und an seine Stelle Menschen wie die Laura des Petrarca setzt.

PHILIPP DER SCHÖNE
(1268–1314)

Er verursachte mit einer Rechtsentscheidung unwissentlich den 100-jährigen Krieg, löste den Templerorden gewaltsam auf und ließ dessen Mitglieder aus Geldgier hinrichten. Er übertrug das Papsttum von Rom nach Avignon, was der Kirche für ein Jahrhundert größte Probleme bereiten sollte. Philipp der Schöne war ein Herrscher und Machtmensch, der die politische Arbeit durch skrupellose Berater durchführen ließ, denen er freie Hand lassen konnte und bei denen er sich sicher war, dass sie alles zum Vorteil Frankreichs und ihres Königs tun würden.

Philipp der Schöne oder »Le bel« wurde 1260 in Fontainebleau geboren, der Vater war Philipp der III. der Kühne, die Mutter Isabella von Aragonien. Er war der zweite Sohn und wurde erst 1276 nach den Tod seines älteren Bruders Ludwig IX. als Achtjähriger zum Thronfolger, 1285 als 15-jähriger König. 1284 heiratete er Johanna von Navarra, die ihm die Champagne und Navarra als Mitgift in die Ehe brachte. Er stand zunächst unter dem Einfluss verschiedenster Hofparteien und seiner Stiefmutter Maria von Brabant, konnte sich mit 17 Jahren durchsetzen und begann seine eigene Politik zu vertreten. Seine erste politische Handlung war die Beendigung des Kreuzzuges gegen Aragonien, auf dem sein Vater ums Leben gekommen war und der 1295 mit dem Vertrag von Anagni beendet wurde.

Als Nächstes wandte er sich England zu. Hier hatte er dem englischen Herrscher Edward I. bei Beginn seiner Regentschaft den Lehenseid abgefordert. 1294 ließ er die Guyenne, einen Teil von Aquitanien und Herrschaftsgebiet des englischen Königs, besetzen, musste das Land aber 1303 im Vertrag von Paris wieder aufgeben. In Flandern, das Philipp der französischen Krondomaine eingliedern wollte, unterstützte er den städtischen Adel, der sich gegen Graf Gui III. von Dampierre gewandt hatte, der vom englischen König unterstützt wurde. 1297 ließ Philipp Flandern besetzen, allerdings wurden seine Soldaten bei der »Mette von Brügge« 1302 vertrieben und erschlagen. Philipp sandte ein weiteres Heer nach Flandern, das in der »Sporen-schlacht« bei Kortrijk von den flämischen Milizen vernichtet wurde. Zwar konnte Philipp 1304 in der Schlacht von Mons-en-Pevele siegen, musste aber im Frieden von Athis auf Flandern verzichten.

Mit dem Deutschen Reich kam Philipp kaum in Konflikte, nur mit Kaiser Heinrich VII. war er uneins, weil dieser als Graf von Luxemburg einst ein Vasall des französischen Königs gewesen war und sich nun als deutscher Kaiser im Rang höher stehend glaubte als Philipp.

Schwieriger war sein Verhältnis zum Papsttum. Mit Papst Bonifatius VIII. geriet er in Streit, als er 1296 beschloss, zur Finanzierung seiner Kriege auch den französischen Klerus besteuern zu lassen, nachdem er zunächst das Steuerwesen in Frankreich grundlegend reformiert hatte. Im folgenden Streit, bei dem es um Steuern, Bischofsbesetzungen, Rechtsansprüche und Schriftfälschungen ging, ließ der Papst Philipp exkommunizieren. Darauf reiste Philipps wichtigster Berater Guillaume de Nogaret in Begleitung einiger Ritter nach Italien und versuchte den Papst am 7. September 1303 in Agnani gefangen zu setzen. Dabei misshandelten sie diesen so schwer, dass er am 11. Oktober des Jahres starb.

Philipp plante, das Papsttum von Frankreich abhängig zu machen, und erreichte vom Nachfolger Bonifatius', Klemens V., den Umzug des Papstes nach Avignon. Klemens V. stammte aus Südfrankreich, war Bischof von Bordeaux und stand völlig unter französischem Einfluss. So wurde er zwar in Perugia gewählt, aber 1305 im Beisein Philipps in Lyon zum Papst gekrönt und verlegte seinen Sitz, auch aufgrund der Machtkämpfe mit den mächtigen Adelsfamilien in Rom, 1309 nach Avignon.

Im Gedächtnis der Geschichte geblieben ist Philipp 1307 durch die gewaltsame Auflösung des Templerordens unter dem Großmeister → Jacques de Molay. Kurz zuvor waren die christlichen Besitzungen im Heiligen Land verloren gegangen. Philipp plante einen neuen Kreuzzug, den er mit der Vertreibung der Juden, dem Entzug ihres Vermögens und mit dem sagenhaften Schatz der Templer finanzieren wollte. Am 13. Oktober 1307 wurden alle Templer in Frankreich verhaftet, gestanden unter der Folter häretischen Riten und sonderbare sexuelle Praktiken und wurden hingerichtet. 1314 fand auch Jacques de Molay sein Ende auf dem Scheiterhaufen in Paris, das legendäre Vermögen der Templer blieb aber bis heute verschwunden.

Molay hatte der Legende nach auf dem Scheiterhaufen sowohl den Papst wie Philipp binnen eines Jahres vor das Gericht Gottes geladen, ein üblicher Fluch zu dieser Zeit, dennoch starben der Papst und Philipp nur wenige Monate nach Molay. Klemens starb an Magenkrebs, und Philipp kam am 29. November 1314 im Wald von Fontainebleau durch einen Jagdunfall ums Leben und wurde in der Abtei von St. Denis beigesetzt.

Noch kurz vor seinem Tode hatte er mit dem »Salischen Gesetz« die Frauen von der Thronfolge in Frankreich ausgeschlossen. Dies bewirkte, als 1328 sein Enkel Karl IV. ohne Nachfolger aus einer männlichen Erblinie starb, dass der englische König Edward III. Rechtsansprüche auf den französischen Thron erhob und damit den 100-jährigen Krieg einleitete.

Philipp galt seinen eigenen Untertanen und Beratern als »Statue, nicht als Mensch«. Er überließ die Regierung skrupellosen Beratern wie Nogaret und Enguerrand de Marigny und delegierte Verwaltung und Kriegsführung. Ob er dies aus Unfähigkeit oder persönlichem Unwillen zur Arbeit tat oder weil er glaubte, dass sich ein französischer König nicht mit allen Details der Regierung, sondern mit der Repräsentation des Königtums zu beschäftigen hatte, ist Gegenstand der wissenschaftlichen Diskussion. Er wurde von den Zeitgenossen als schön beschrieben, hatte aber einen kalten, unbewegten Gesichtsausdruck und zeigte niemals seine Gefühle. Als Philipp starb, musste sein Sohn und Nachfolger Ludwig X. die Menschen gewaltsam zu den Gedenkgottesdiensten für seinen Vater in die Kirchen treiben lassen.

Pius II.

(1405–1464)

Er war der Wendehals des Mittelalters. Zunächst ein überzeugter Konziliarist und auf Seiten des Kaisers und gegen den Papst, wechselte er in dem Moment die Seiten, als er in die Dienste der Kirche trat, und hatte auch Mühe, dies zu rechtfertigen. Er war Lebemann, Dichter und kaiserlicher Sekretär, ehe er den Habit nahm und Mäßigung und Keuschheit verkündete. Gegen Ende seines Lebens war er ein überzeugter Führer der Kreuzzugsidee gegen Hussiten und Türken.

Pius II. wurde als Enea Silvio de Piccolomini am 18. Oktober 1405 in Corsignano in der Toskana bei Siena geboren. Er war das älteste von 18 Kindern und seine Familie musste, obwohl von adeliger Herkunft, aus finanziellen Gründen einen Bauernhof bewirtschaften. Er erhielt eine erste Ausbildung durch den lokalen Priester und ging mit 18 Jahren an die Universität von Siena. In dieser Zeit kümmerte er sich nicht um seine Studien, sondern lebte für den Genuss. Als er 1425 Bernhard von Siena predigen hörte, überlegte er zwar, in ein Kloster einzutreten, ließ sich aber durch seine Kommilitonen davon wieder abbringen. In Florenz studierte er die Dichtkunst, lernte aber bei einem Aufenthalt in Siena Domenico Capranica, den Bischof von Fermo, kennen, der auf dem Weg zum Konzil nach Basel war und Enea einlud, ihn als Sekretär zu begleiten.

1432 kam Enea nach Basel und vertrat die Seite der Konziliaristen, also jener, die meinten, dass ein Konzil höher stehe als der Papst und diesen daher auch absetzen könne. Er diente verschiedenen Bischöfen als Sekretär, im Auftrag von Kardinal Albergati reiste er 1435 zum Kongress von Arras, um am Friedensschluss zwischen Burgund und Frankreich mitzuwirken, und besuchte England und Schottland. Bei der Überfahrt nach Schottland geriet das Schiff in Seenot, so dass Enea schwor, nach der Ankunft barfuß bis zum nächsten Marienschrein zu pilgern. Auf dieser zehn Meilen langen Reise durch Eis und Schnee von Dunbar nach der Abtei von Whitekirk holte er sich die Gicht, die ihn ein Leben lang begleiten sollte.

In Basel widmete er sich wieder einem ausschweifenden Leben und wurde Sekretär des Gegenpapstes Eugen V., wechselte 1442 aber zu Kaiser → Friedrich III., der ihn als Dichter schätzte und ihm eine Stelle als Sekretär anbot. Für mehrer Jahre lebte Enea in Wien und leitete die kaiserliche Kanzlei. In dieser Zeit »hat er sich von der Venus den Überdruss geholt«, beendete sein ausschweifendes Leben und wandelte sich zum Unterstützer des Papstes. 1446 wurde er zum Subdiakon geweiht, 1447 Bischof von Triest und 1450 Bischof von Siena. Bis 1455 blieb er in Diensten von Friedrich III. und spielte eine wesentliche Rolle beim Abschluss des Konkordates von Wien, das dem Papst wesentlichen Einfluss bei der Besetzung von kirchlichen Ämtern im Deutschen Reich einräumte. In Wien hielt er an der Universität Vorlesungen und förderte den Humanismus. 1452 begleitete er Friedrich nach Rom zur Kaiserkrönung, 1456 wurde er von Calixtus III., dessen Nachfolger er 1458 als Pius II. wurde, zum Kardinal ernannt.

Der Fall von Konstantinopel 1453 beunruhigte ihn zutiefst, daher plante er einen Kreuzzug zum Kampf gegen die Türken. Um diesen vorzubereiten, berief er einen Kongress der europäischen Herrscher für den 1. Juni 1459 nach Mantua, der aber so spärlich besucht war, dass hier keine Entscheidungen gefällt wurden.

Als Papst hatte sich Pius mit einer Reihe von Gegnern auseinanderzusetzen, so mit Herzog Sigismund von Österreich in Tirol, der die Nachbesetzung des Bischofs von Brixen durch Nikolaus von Kues nicht akzeptieren wollte. 1460 erließ er eine Bulle, in der er den Supremat des Papstes bekräftigte und jeden Versuch, das Konzil über den Papst zu stellen, verdammte. Er hob auch die Baseler Kompakten auf, die unter bestimmten Voraussetzungen die Kommunion in beiderlei Gestalt erlaubten. In Böhmen hatte er sich darauf mit den Hussiten und Georg Podiebrad, dem König von Böhmen, der das Oberhaupt der Utraquisten war, auseinanderzusetzen.

1461 gelangten Gerüchte nach Rom, dass der türkische Sultan Mehmed II. Zweifel an der Lehre des Islam habe, und Pius unternahm den Versuch, ihn zum christlichen Glauben zu bekehren. Er schrieb ihm einen Brief, von dem aber nicht gesichert ist, ob er jemals abgesandt wurde. Ebenso konnte die feierliche

Übertragung des Hauptes des hl. Andreas nach Rom die Menschen nicht für einen Kreuzzug begeistern. Der 59-jährige Pius stellte sich nun selbst an die Spitze eines Kreuzzugsheeres, verließ schon erkrankt Rom und starb 1464 am Sammelplatz der Kreuzfahrer in Ancona. Zunächst im Petersdom begraben, fand er seine letzte Ruhe ab 1614 in der Kirche von Sant'Andrea della Valle in Rom.

Pius war als Papst ein höchst intelligenter und kulturell aufgeschlossener Mann, der allerdings oft aus durchsichtigen Motiven seine Treue demjenigen anbot, der ihm den meisten Vorteil versprach. Als junger Mann war er ausschweifend, nach seiner Weihe zum Geistlichen bemühte er sich, ernst und der Kirche würdig zu sein. Als man ihm seinen Sinneswandel und seine Irrtümer, die er als Konziliarist geäußert hatte, vorhielt, antwortete er mit einer Bulle in der er schrieb: »Weist von Euch Äneas, nehmt Pius auf«. Pius schrieb als einziger Papst eine Autobiografie und verfasste eine geografische und naturkundliche Beschreibung der Länder, die er bereist hatte, heute eine der wichtigsten Quellen zum Leben in Europa des 15. Jahrhunderts.

Richard I. von England
»Löwenherz«

(1157–1199)

Die Geschichte Richards ist ein Musterbeispiel von permanentem Krieg, Verrat, Aufständen seiner eigenen Familie und seiner Untertanen. Niemand in seiner Familie konnte sicher sein, dass nicht der Sohn oder Bruder sich gegen ihn wenden würde. Erst als er alle seine Feinde und Verwandten überlebt oder besiegt hatte, konnte Richard Löwenherz König von England werden, das er mit starker Hand, aber auch mit Stil regierte, seine Geschichte über seine Gefangenschaft und Befreiung wurde zur gesamteuropäischen Sage.

Richard kam 1157 in Oxford zur Welt, er war der dritte Sohn Heinrichs II. von England und → Eleonores von Aquitanien. Er war der Favorit seiner Mutter, die ihn aus Eifersucht zwang, alle Milch zu erbrechen, die er aus seiner Amme gesaugt hatte. Mit 13 Jahren wurde er Herzog von Aquitanien, wo er den größten Teil seines Lebens verbringen sollte.

1173 verbündete er sich mit seinen Brüdern Heinrich dem Jüngeren und Gottfried, Herzog von Bretagne, in einer Revolte gegen seinen Vater, um Heinrich auf den Thron zu setzten. Heinrich II. unterdrückte die Rebellion schnell, Richard war der letzte der Brüder, der sich unterwerfen musste. Die nächsten Jahre war Richard damit beschäftigt, Rebellionen seiner Barone in der Gascogne und in Aquitanien niederzuwerfen, was ihm mit der ihm eigenen Grausamkeit, er galt als Mörder und Vergewaltiger, auch gelang. 1179 konnte er die als uneinnehmbar geltende Festung von Taillebourg an der Charante erobern, als es ihm gelang, die Verteidiger ins Freie zu locken, sie zu überwältigen und sich den Weg ins Innere der Festung mit dem Schwert frei zu schlagen. Danach galt er als befähigter Feldherr, und seine Barone hüteten sich, gegen ihn zu rebellieren.

1183 weigerte er sich, seinem älteren Bruder Heinrich als Thronfolger von England zu huldigen, was dazu führte, dass dieser mit Gottfried von Bretagne in Aquitanien einfiel. Richard konnte sein Herzogtum behaupten und wurde 1186 nach dem Tode Heinrichs und Gottfrieds Englands Thronerbe. Heinrich II. hetzte nun seinen jüngsten Sohn, Johann Ohneland, gegen Richard, der sich mit dem französischen König Philipp II. August verbündete. Gemeinsam schlugen sie 1189 Heinrich II. bei Ballans. Heinrich machte Richard zum Thronerben und starb zwei Tage später. Richard wurde am 3. September 1189 in Westminster zum König von England, Herzog der Normandie und Graf von Anjou gekrönt.

Als Richard in England einzog, war er gefürchtet und gehasst. Statt aber Rache zu nehmen, versuchte er Freunde zu gewinnen. Er gab William Marshal, dem »Besten aller Ritter« und erklärtem Gegner Richards, die reichste Partie Englands zur Frau. Johann Ohneland wurde mit sechs Grafschaften abgefertigt, die Gefängnisse wurden geöffnet und all jene freigelassen, die gegen Heinrichs II. strenge Jagdgesetze verstoßen hatten. Richard machte alles, was er konnte, zu Geld, er verkaufte Land, Ämter und Würden, vertrieb die Juden, enteignete sie und sagte, er hätte selbst London verkauft, wenn er einen Käufer gefunden hätte. Richard brauchte Geld, da er sich 1189 dem Kreuzzug → Friedrichs I. Barbarossa und Philipps II. August anschließen wollte. Er ließ England in Händen von drei Kronverwaltern, die aber von Johann Ohneland, der mit seiner Mutter Eleonore das Land regierte, bald beseitigt wurden.

Richard geriet auf seiner Reise ins Heilige Land in den Bürgerkrieg in Sizilien, wo es um die Nachfolge nach dem Tode seines Schwagers Williams II. ging. Zudem handelte er sich Ärger ein, weil er die Verlobung mit der Schwester seines Verbündeten Philipp August, mit der er im Alter von drei Jahren verlobt worden war, löste und sich seiner wahren Liebe Berengeria von Navarra zuwandte.

Erst im April 1191 ging die Reise weiter. Zypern wurde erobert und die Belagerung von Akkon durchbrochen. Kaiser Friedrich I. Barbarossa war 1190 auf dem Weg nach Palästina ertrunken. Philipp August wollte nicht weiter mit Richard im Heiligen Land konkurrieren, kehrte nach Frankreich zurück und ließ Richard als alleinigen Befehlshaber in Palästina zurück. Zweimal versuchte Richard, nach Jerusalem durchzubrechen, und scheiterte. Erst ein dreijähriger Friedensvertrag mit Saladin brachte ihn zum Gebet ans Heilige Grab. Richard hatte es inzwischen schon eilig, nach England zurückzukehren, die Nachrichten aus England unter der Herrschaft Johanns waren schlecht.

1192 versuchte er über den Seeweg nach England zu gelangen, erlitt aber in der Adria Schiffbruch und wurde in Österreich von Herzog Leopold V. gefangen genommen und an Kaiser → Heinrich IV., der ihn als Verbündeten von → Heinrich dem Löwen sah, ausgeliefert. Johann Ohneland und Philipp August hätten ihn gerne in seinem Gefängnis auf der Burg Trifels gelassen, Philipp, weil es ihm die Gelegenheit gab, die Normandie zu besetzen, und Johann, weil er gerne König in England geworden wäre. Sie hatten allerdings die Rechnung ohne die bereits 70-jährige Eleonore von Aquitanien gemacht. Sie sandte den Justiziar Hubert Walter nach England, der die 100.000 Pfund Lösegeld auftrieb und Richard freikaufte.

Richard kehrte 1194 nach England zurück und fand ein ausgeblutetes und verarmtes Land vor. Man fürchtete ihn, und nachdem er Tickhill und Nottingham, die gegen ihn rebelliert hatten, erstürmte, wagte es niemand mehr, gegen ihn aufzustehen, und selbst die kleinen Kinder wurden mit seinem Namen geschreckt. Nachdem er England so gesichert hatte, setzte er 1195 nach Frankreich über, um all das zurückzuerobern, was ihm Philipp August genommen hatte. 1199 wurde er bei der Belagerung der unbedeutenden Burg Calus-Chabrol, deren Besitzer einen Schatz nicht freiwillig hergeben wollte, durch einen Pfeilschuss am Arm verwundet und starb an den Folgen der Entzündung. Sein Herz wurde in Rouen begraben, seine Eingeweide am Fuß jener Burg, die er belagert hatte, und der Rest seines Körpers in der Abtei von Fontainvrault bei Chinon.

Sein Nachfolger Johann Ohneland verlor in kurzer Zeit alle Eroberungen Richards in Frankreich, musste sich mit Aufständen der englischen Barone herumschlagen und 1215 die Magna Charta unterzeichnen, die zum Herzstück der englischen Verfassung wurde.

Zahlreiche Sagen und Geschichten ranken sich um Richard wie die von Robin Hood oder von Jean de Nesle, dem Troubadour Blondel, der seinen Herrn in ganz Europa suchte und fand. Richard hat wenig Bedeutendes hinterlassen. Wichtig war die

Eroberung von Zypern, welches für viele Jahre den Nachschub für die Christen im Heiligen Land sicherte. Er hinterließ eine effiziente Verwaltung, die auch in den langen Perioden seiner Abwesenheit funktionierte, und das Bild eines galanten und tapferen Ritters, von dem man sagte, er sei ein schlechter Sohn, ein schlechter Ehemann und ein schlechter König, aber ein ritterlicher und tapferer Krieger gewesen.

Rudolf I. von Habsburg

(1218–1291)

Er stammte aus einem kleinen Grafengeschlecht und wurde zum deutschen König gewählt, weil er durch seine geringe Hausmacht als das kleinste Übel unter allen Kandidaten angesehen wurde. Er verschaffte dem Königtum neue Anerkennung, restaurierte die Reichsmacht und schuf seiner Familie mit dem Erwerb von Österreich eine Hausmacht, welche es den Habsburgern erlauben sollte, in den nächsten 700 Jahren zur europäischen Großmacht aufzusteigen.

Rudolf von Habsburg wurde am 1. Mai 1218 auf Schloss Limburg im Breisgau geboren. Sein Vater war Graf Albrecht IV. von Habsburg, seine Mutter Hedwig von Kiburg, sein Taufpate soll Kaiser → Friedrich II. gewesen sein.

Als Jugendlicher erlebte Rudolf noch die große Zeit des Staufertums und den Glanz Kaiser Friedrichs II. 1241 begleitete er Friedrich nach Italien und wurde dort zum Ritter geschlagen, um 1250 heiratete er Gertrud von Hohenberg, mit der er zehn Kinder hatte. Den Niedergang der Staufer nach 1254 und das folgende Interregnum nutzte er zum Ausbau seiner eigenen Macht.

Es war eine Zeit, in der sich Könige und Gegenkönige um die Macht im Reich stritten und in der das Kaisertum wertvollen Besitz und Rechte verlor. Diese Reichsrechte wurden von den jeweiligen Thronanwärtern verkauft, vergeben und verschenkt, um ihre Wahl zu fördern.

Auch Rudolf vergrößerte seine Güter um die Burg Ortenburg und im Elsass, führte Fehde mit den Kirchenleuten von St. Gallen, Basel und Straßburg und dem Grafen von Württemberg und schuf sich ein Gebiet aus nicht zusammenhängenden Ländereien und Besitztümern, das vom St. Gotthard bis zu den Vogesen und von Burgund bis nach Savoyen reichte. Zweimal wurde er gebannt, durch Erbschaften konnte er aber Gebiete wie Kyburg erwerben. Er kaufte die Grafschaftsrechte von Schwyz und Unterwalden und legte damit den Grundstein zum späteren Konflikt der Schweizer mit den Habsburgern.

Obwohl ein Anhänger der Kaiseridee der Staufer, bemühte

er sich um ein gutes Verhältnis zum Papst. 1273 wurde er mit Unterstützung von Papst Gregor IX., der Ruhe und Ordnung im Deutschen Reich zur Unterstützung eines Kreuzzuges wollte, zum deutschen König gewählt. Über die Gründe seiner Wahl wurde viel diskutiert, vermutlich wählte man ihn aufgrund seiner administrativen Fähigkeiten und weil man ihn wegen seiner noch geringen Hausmacht als ungefährlich für die Großen im Reich ansah.

Rudolf hatte zunächst die Aufgabe, alle im Interregnum unberechtigt angeeigneten Reichsgüter wieder unter die Herrschaft des Königs zu bringen. Diese Revokationspolitik musste allerdings ohne Verluste für die Kurfürsten durchgeführt werden, das war eine der Bedingungen seiner Wahl gewesen. Da diese Rechte und Besitzungen nicht zentral verzeichnet waren, beschäftigte er acht Notare, die etwa 2500 Urkunden ausstellten, um die Reichsgüter wieder in Ordnung zu bringen.

Bei der Revokation war vorhersehbar, dass Rudolf mit → Ottokar II. von Böhmen in Konflikt kommen musste, der vom Interregnum stark profitiert hatte. Er hatte sich in den Jahren von 1246 bis 1273 das Egerland, Steiermark, Krain, Österreich und Kärnten durch Besetzung, Tausch und Erbschaft angeeignet, ohne jemals damit belehnt worden zu sein.

1274 bis 1275 ließ Rudolf auf den Reichstagen von Nürnberg, Würzburg und Augsburg Ottokar anklagen und verlangte die Herausgabe von Reichsgut. Als dieser sich weigerte und auf seine militärische Macht vertraute, ließ Rudolf am 24. Juni 1275 über ihn die Reichsacht verhängen. Er marschierte mit einem Reichsheer 1276 nach Wien, wo sich ihm Ottokar unterwarf und mit Böhmen und Mähren belehnt wurde. Alle anderen Länder Ottokars wurden von Rudolf eingezogen, aber nicht weitergegeben, da er sie als Grundlage für die Erweiterung seiner eigenen Hausmacht ansah. 1278 versuchte Ottokar, seine verlorenen Länder zurückzugewinnen, wurde aber in der Schlacht von Dürnkrut und Jedenspeigen mit Hilfe des ungarischen Königs besiegt und erschlagen.

Rudolf blieb bis 1281 in Österreich und konnte die Übertragung der österreichischen, steirischen und süddeutschen Länder an seine Kinder Albrecht und Rudolf durchsetzen, bevor er sich wieder der Reichspolitik zuwandte. Im Reich sorgte er für Ordnung und Sicherheit und ließ im Schwabenspiegel das weltliche Recht aufzeichnen. Er versuchte, mit der Kopfsteuer eine neue Steuerpolitik einzuführen, die dem König mehr eingebracht hätte als die übliche Pauschalbesteuerung, scheiterte aber mit diesem Anliegen. Er erzwang sich die Lehenshuldigung Burgunds, die ihm mit dem Hinweis, dass er nicht zum Kaiser gekrönt worden sei, verweigert wurde. Tatsächlich ist Rudolf niemals Kaiser geworden, alle Versuche, von einem der acht Päpste seiner Regierungszeit gekrönt zu werden, scheiterten. Damit hatte er auch keine Möglichkeit, seinen Sohn Albrecht noch zu seinen Lebzeiten als deutschen König einzusetzen, und die Habsburger verloren nach seinem Tode das Königtum an Rudolf von Nassau.

Besonders streng ging Rudolf gegen das Raubrittertum vor, bei dem kleine Adelige unrechtmäßig und gewaltsam Steuern, Abgaben, Zölle oder Maute eintrieben, allein in Thüringen ließ er 66 Raubritterburgen zerstören. Er erneuerte den Reichslandfrieden und verbesserte die Verwaltung des Reiches durch die Einrichtung von Landvogteien, die das Reichsgut zu verwalten hatten. Als er 1291 seinen Tod nahen fühlte, ritt er noch selbst nach Speyer, wo er am 15. Juli 1291 starb und im Dom zu Speyer begraben wurde.

Er soll groß und hager gewesen sein, lebte asketisch und war so sparsam, dass er mit einer rostigen Rüstung in die Entscheidungsschlacht gegen Ottokar ritt, die er mit einem unritterlichen Hinterhalt gewann. Seine Mitarbeiter und sein Gefolge wählte er nach Leistung und Verdienst und nicht nach Herkunft. Da er niemals über genügend finanzielle Mittel für seine Pläne verfügte, galt er als »armer Schwabenkönig«.

Rudolf von Habsburg steht an einer Zeitengrenze. Er hatte noch den Anspruch des staufischen Kaisertums vor Augen, gleichzeitig war ihm aber bewusst, dass es in Zukunft für den König notwendig sein würde, eine eigene Hausmacht aufzubauen, von der aus man im Reich auch gegen die Kurfürsten regieren konnte. Zu Lebzeiten war er im Deutschen Reich wegen seiner Steuerpolitik und in Österreich als Fremdherrscher aus Schwaben unbeliebt, er wurde aber von der Nachwelt als Erneuerer des deutschen Königtums anerkannt und gewürdigt und zu einer der populärsten Gestalten des deutschen Mittelalters.

Sixtus IV.

(1414–1484)

Er war einer der korruptesten Päpste, die jemals in St. Peter herrschten, er lebte wie ein Prinz der Renaissance und überzog zur Durchsetzung seiner politischen Absichten Italien mit Krieg. Sixtus wäre nicht weiter der Erinnerung wert, was von ihm aber bleibt, ist, dass er die Grundlagen zur Wiederauferstehung von Rom schuf, welches durch sein Vorbild und seine Politik in der Renaissance zu einer Stätte von Kunst und Kultur werden sollte.

Sixtus wurde 1414 als Francesco della Rovere in der Nähe von Savona in Ligurien geboren. Schon in jungen Jahren trat er dem Orden der Franziskaner bei, studierte in den Ordenskonventen, danach Philosophie und Theologie in Padua und Bologna. 1444 erreichte er den Doktorgrad der Theologie, lehrte in der Folge an verschiedenen Universitäten und wirkte auch als Prediger. Man vertraute ihm wichtige Ordensämter an, 1460 wurde er zum Ordensprovinzial von Ligurien, bald danach zum Generalprokurator und zum Ordensvikar für Italien bestellt.

1462 kam es zum Streit zwischen den Franziskanern und Dominikanern um den Wert von Reliquien aus dem heiligen Blut Christi, der von Papst → Pius II. im Sinne der Dominikaner entschieden wurde. Francesco vertrat die Franziskaner, und obwohl er den Disput verlor, beeindruckte er die Anwesenden so sehr, dass man ihn 1464 zum Generalminister des Franziskanerordens wählte.

In dieser Funktion begann er den Orden zu reformieren, verbesserte ihn durch die Anweisungen und Reformstatuten und sah mit zahlreichen Visitationen nach dem Rechten. Besonders im Streit der Konventualen, der späteren Minoriten, und der Observanten, der eigentlichen Franziskaner, konnte er zeitweise ein Ruhen der Rivalitäten erreichen. 1467 wurde er zum Kardinal ernannt, ihm wurde die Kirche S. Pietro in Vincoli in Rom als Titularkirche zugewiesen, er behielt aber sein einfaches Leben nach den Regeln des hl. → Franz von Assisi bei.

1471 starb überraschend Papst Paul II., Francesco konnte sich beim Konklave durchsetzen und bestieg als Sixtus IV. den Papstthron. Er begann eine Politik des schrankenlosen Nepotismus, versorgte zum Aufbau einer Hausmacht im Kardinalskollegium seine Angehörigen mit kirchlichen Ämtern und Würden. Diese führten wie Prinzen eine verschwenderische Hofhaltung, die von Sixtus finanziert wurde. Er verteuerte dafür die Ablässe, also den Verkauf von Sündenvergebung, erhöhte die Preise für die verkauften Ämter und erfand neue Steuern.

In seinem Pontifikat führte er die Inquisition ein, die gegen abweichende Gruppen vorgehen konnte, wenngleich er sich selbst gegen das Vorgehen der Inquisition gegen Juden und Moslems aussprach. Er ließ 1483 die Inquisition als Zentralbehörde reformieren, die sich auf den weltlichen Arm der Justiz stützen konnte, der aber kirchlich kontrolliert wurde.

Als Papst wenig erfolgreich, gewann er seinen Ruhm durch die Förderung der Künste und Wissenschaften in Rom. Er ließ die alte vatikanische Bibliothek ausbauen, großzügig mit Werken ausstatten und legte ihre wissenschaftliche Bearbeitung sowie die öffentliche Benutzung fest. Er berief namhafte Humanisten nach Rom, ließ die römische Akademie, die unter Paul II. wegen ihrer Beschäftigung mit den antiken Schriftstellern als heidnisch geschlossen worden war, wiedereröffnen. Rom erlebte durch ihn einen Bauboom, als zahlreiche Architekten und Künstler zur Ausschmückung der rund 40 neu erbauten Kirchen Aufträge bekamen. Sixtus ließ die Ponte Sisto als erste Brücke seit der Antike über den Tiber schlagen, die Straßen pflastern und die Sixtinische Kapelle im Vatikan, die seinen Namen trägt, errichten. Diese wurde von umbrischen Künstlern ausgemalt, die Fresken des Michelangelo stammen jedoch aus späterer Zeit.

Seine kulturelle Tätigkeit wäre noch zu wenig gewesen, um Rom wieder Glanz zu verleihen, hätte Sixtus nicht mit seiner Tätigkeit einen Wettbewerb unter den von ihm ernannten Kardinälen initiiert, die mit ihm konkurrierten und eigene Palast- und Kirchenbauten errichten ließen. Sixtus wirkte nur 13 Jahre als Papst in Rom, hat aber die Stadt grundlegend verändert, ihr ein neues Gesicht gegeben und die Grundlagen für das Rom der Renaissance gelegt.

Auch den weiteren politischen Unternehmungen Sixtus' war wenig Erfolg beschieden. 1472 scheiterte er mit einem Kreuzzug gegen die Türken, die von ihm bezahlte venezianische und florentinische Flotte kehrte bereits nach wenigen Gefechten mit den Türken unverrichteter Dinge wieder zurück. 1473 kam es zum Krieg zwischen Florenz und dem Kirchenstaat, der sich bis 1478 zu einem italienischen Krieg ausweitete. Katastrophal wurde seine Verwicklung 1478 in die Pazzi-Verschwörung, als sein Neffe Girolamo Riario im Dom von Florenz einen Mordanschlag auf die Spitze der Medici ausführen ließ, der zwar scheiterte, die moralische Autorität des Papstes aber stark beschädigte. Eine 1479 vom König von Neapel zustande gebrachte Versöhnung kam gerade zur rechten Zeit, da 1480 die Türken mit der Eroberung von Otranto erstmals italienischen Boden betraten und nur durch verzweifelte Anstrengungen des Papstes mit Hilfe neapolitanischer und ungarischer Truppen vertrieben werden konnten.

Girolamo Riario begann aber bald mit der Zustimmung von Sixtus und Venedig den nächsten Krieg gegen Neapel. Er wollte für sich ein eigenes Fürstentum in Mittelitalien errichten, scheiterte aber, der Kirchenstaat musste 1484 den Frieden von Bagnolo schließen. Die Friedensbedingungen sollen für den Papst so schimpflich gewesen sein, dass Sixtus wenige Tage später aus Wut darüber starb.

Sixtus war kein idealer Papst, aber unter seinem Pontifikat zeichneten sich jene Entwicklungen ab, die das Papsttum vom Mittelalter zur Renaissance führen sollten. Es ist dies eine starke Verweltlichung des Papstes, der mehr Fürst als geistliches Oberhaupt ist und seine eigene Familie bevorzugt und fördert. Als Glück sollte sich die starke Bevorzugung von Kunst und Kultur im Einflussbereich der Päpste, besonders in Rom, erweisen, was Rom zu einem Zentrum des Humanismus und der Kunst machte. Sixtus war der erste Vertreter des Renaissance-Papsttums und gibt die Idee des Papsttums des Mittelalters mit dessen Interesse an der Auseinandersetzung auf europäischer Ebene auf. Es geht nun nicht mehr darum, ob der Kaiser oder der Papst mächtiger ist, sondern wer die schönere Kirche baut und die wertvollere Sammlung antiker Kunst besitzt.

STEPHAN VON UNGARN

(UM 969–1038)

Als Heide geboren, wurde er der christlichste aller ungarischen Könige. Er sicherte seinem Land eine Königskrone, heiratete eine Prinzessin aus Bayern und führte sein Volk von einem Nomadenstamm zu einer europäischen Kulturnation. Stephan von Ungarn hat die Geschichte seines Landes geändert und für alle Zeiten beeinflusst, das heiligste Relikt des Landes, die Krone, trägt bis heute seinen Namen.

Im Herbst 972 wurde der ungarische König Géza getauft, worauf auch der Großteil des ungarischen Adels die Taufe empfing. Die Bayern schickten in der Folge weitere Missionare nach Ungarn und bei einer der Massentaufen wurde der Sohn Gézas mit dem heidnischen Namen Wajk auf den Namen Stephan, nach dem Patron von Passau, getauft. Stephan, um 969 geboren, erhielt eine christliche Erziehung und wurde von Adalbert, Bischof von Prag, gefirmt. 997 musste er nach dem frühen Tod seines Vaters die Macht übernehmen, bemühte sich, das Werk Gézas fortzusetzen, musste sich aber zunächst gegen ungarische Adelige, die der Christianisierung und dem Ausbau des ungarischen Königtums kritisch gegenüberstanden, durchsetzen.

Stephan hatte 995 die bayrische Prinzessin Gisela, eine Tochter des bayrischen Herzogs Heinrich II. des Zänkers, geheiratet und war damit der Schwager des späteren deutschen Königs Heinrich II. geworden. Mit Gisela kamen bayrische Ritter und Geistliche ins Land. Mit deren Hilfe konnte Stephan seine Herrschaft festigen, sein Ziel war der Ausbau der königlichen Zentralgewalt und die territoriale Einheit des Staates. Daneben wehrte er sich gegen die Absichten des Deutschen Reiches, Ungarn wie Böhmen und Polen zu einem Vasallenstaat des römisch-deutschen Kaisers zu machen.

Um diesem Ansinnen entgegenzuwirken, sandte Stephan im Jahre 1000 eine Gesandtschaft nach Rom zu Papst Sylvester II. und bat um die Erhebung Ungarns zum christlichen Königreich. Er schenkte dem Papst das Land und ließ sich als dessen Vasall mit Ungarn belehnen. Sylvester gestand ihm dies, vermutlich nach Rücksprache mit Kaiser Otto III., zu, damit hatte Stephan Ungarn gegen den Anspruch der römisch-deutschen Kaiser verteidigt. Sylvester sandte den Abt Astricus mit den Insignien der Königswürde nach Ungarn, es waren dies eine Krone, ein Vortragekreuz und ein apostolisches Privileg.

Die deutsche Reichskirche erhob unter Bischof Pilgrim von Passau Einspruch, dennoch konnte Stephan eine eigene ungarische Nationalkirche errichten und ein nationales Königtum begründen. Am Weihnachtstag des Jahres 1000 ließ er sich nach deutschem Ritus in Gran von Astricus salben und krönen. Er begann eine Verwaltungsreform nach dem Muster des karolingischen Staates, unterteilte das Land in 40 Komitate mit Grafen an der Spitze und schuf zehn Diözesen zur Reform der Kirchenorganisation.

Die nächsten Jahre musste sich Stephan gegen äußere Feinde verteidigen und besiegte die einfallenden Polen, Bulgaren und Petschenegen. 1030 schlug er den deutschen Kaiser Konrad II. in Pressburg vernichtend und konnte die ungarische Westgrenze bis zum Wienerwald vorschieben, wodurch Wien für 13 Jahre ungarisch wurde.

Stephan förderte aktiv Handel, Gewerbe und Künste, er gründete die Marienkirche von Stuhlweißenburg nach dem Vorbild Aachens, sicherte den Pilgerweg durch Ungarn nach Byzanz, gründete zahlreiche Kirchen und Klöster und ungarische Pilgerheime in Rom, Konstantinopel und Jerusalem. Seine Frau Gisela holte bayrische Adelige, Handwerker und Bauern nach Ungarn.

1030 starb sein einziger Sohn und Thronerbe Emerich bei einem Jagdunfall, so dass die Thronfolge nun wieder offen war. Auf Anraten seiner Frau Gisela ernannte Stephan schließlich Peter Orseolo, den Sohn seiner Schwester Maria aus der Ehe mit dem vertriebenen venezianischen Dogen Otto Orseolo, zu seinem Nachfolger.

Stephan starb am 15. August 1038, er wurde in der von ihm gestifteten Marienkirche in Stuhlweißenburg beigesetzt. Gisela wurde von Peter Orseolo gefangen genommen und ihre Güter beschlagnahmt. Sie blieb bis 1042 in Haft, wurde vom heidnischen Samuel Aba, der Peter vertrieben hatte, unwürdig behandelt, ehe sie von Kaiser Heinrich III. befreit wurde und daraufhin mit zahlreichen bayrischen Adeligen und Siedlern das Land verließ. Sie trat in Passau der Abtei Niedernburg als Äbtissin bei und starb hier zwischen 1060 und 1065.

In Ungarn wurde Peter Orseolo von Heinrich III. wieder eingesetzt, regierte aber nur als Heinrichs Vasall und mit Hilfe deutscher Ritter, so dass es 1064 zum Aufstand kam. Peter wurde geblendet und vertrieben. Die Herrschaft ging auf Andreas Arpad über, der ein Neffe zweiten Grades von Stephan war und die Herrschaft im nationalen Sinne seines Großonkels fortsetzte.

Am 20. August 1083 erfolgte durch Papst Gregor VII. auf Betreiben von König Ladislaus von Ungarn die Heiligsprechung Stephans und Emerichs. Seither gilt Stephan, dessen rechte Hand bei der Erhebung der Gebeine unversehrt war und die als Reliquie in der Stephans-Kathedrale in Pest aufbewahrt wird, als Nationalheiliger von Ungarn.

SUGER VON ST. DENIS
(1081–1151)

Er war Kleriker und Politiker, formte den neuen Baustil der Gotik, die sich nach französischem Vorbild in ganz Europa verbreiten sollte. Man vertraute ihm für Jahre ein Königreich an, als sein König zurückkehrte, gab er es getreu wieder in seine Hände. Suger von St. Denis war ein Freund der französischen Könige, Kunstfreund und Abt.

Geboren wurde Suger als Bauernkind um 1081 in St. Omer, bei St. Denis oder in Toursa in der Beauce. Schon im Alter von zehn Jahren kam er in das Kloster von St. Denis, die Grablege der französischen Könige seit den Merowingern. Hier in der Klosterschule fand er im jungen König Ludwig VI. einen Freund, den er sein Leben lang begleiten sollte. Bereits in seiner Studienzeit war er politisch und administrativ tätig, er wurde Provost von Berneval in der Normandie und reiste von 1118 bis 1121 an den Hof der Päpste Paschalis II., Gelasius II. und dessen Nachfolger Calixtus II.

Suger verfolgte die Idee der Reformation Frankreichs als nationales Gefühl und konnte dies erstmals 1124 umsetzen, als er König Ludwig VI. die Oriflamme, das Banner von St. Denis, übergab. Ludwig ritt damit in die Schlacht gegen den deutschen Kaiser Heinrich V., und viele Adelige, die sonst die Heeresfolge verweigerten, schlossen sich ihm unter diesem nationalen Symbol an.

Nach dem Tode seines Mentors Abt Adam wurde Suger zum Abt von St. Denis gewählt und reformierte das Kloster nach benediktinischem Vorbild. Das Kloster erlebte unter seiner Leitung die Rückkehr zum monastischen Leben, wobei er sich der Hilfe und Anleitung von → Bernhard von Clairvaux bediente.

Ludwig VI. starb 1137, Suger wurde als Berater des Königs nicht länger gebraucht und kehrte nach St. Denis zurück. Er ließ das Kloster grundlegend renovieren und im neuen Stil der Gotik umbauen. Der Chorneubau der Klosterkirche von Saint-Denis ist der Initialbau der Gotik. Man kombinierte den burgundischen Spitzbogen mit dem normannischen Kreuzrippengewölbe und leitete die Gewölbelasten auf Strebepfeiler ab, dadurch konnte auf die bisher massive Wand als statisches Element verzichtet werden. Die Reduzierung der Wandfläche zugunsten von Fenstern ermöglichte der Kirche ein grazileres Aussehen, und gleichzeitig wurde sie stärker mit Licht durchflutet.

1142 kam es zum Krieg zwischen König Ludwig VII. und seinem mächtigsten Vasallen, Thibaud, Graf der Champagne. Nach einem Massaker in Vitry konnte Suger als Vermittler zwischen den Streitparteien einen Ausgleich verhandeln. Zur Sühne für das Massaker wurde Ludwig VII. von Bernhard von Clairvaux aufgefordert, das Kreuz zu nehmen, und ging auf den 2. Kreuzzug, der sich als äußerst unglücklich erweisen sollte. Suger war gegen den Kreuzzug gewesen, weil in ihm die französische Nation nichts gewinnen konnte und weil dieser gegen sein ideologisches Programm stand. Als am 11. Juni 1147 König Ludwig und seine junge Frau → Eleonore von Aquitanien das Land verließen, setzten sie Suger für die Zeit ihrer Abwesenheit als Regent von Frankreich ein. Suger agierte als Regent makellos, obwohl er große Summen zur Unterstützung der Kreuzfahrer nach Palästina zu senden hatte. Er führte zur gleichmäßigen Verteilung der Finanzierung neue Steuern ein, erließ Gesetze zum Schutz der Entwaldung und unterdrückte eine Adelsrevolte, die Robert von Dreux, den Bruder Ludwigs, zum Regenten machen wollte. Es wurde öffentlich darüber spekuliert, ob Suger seine Regentschaft wieder übergeben würde, als aber Ludwig 1149 zurückkehrte, übergab er ihm ohne Probleme die Herrschaft und zog sich in sein Kloster zurück, wo er im Januar 1151 gestorben ist.

Suger hat die Gotik nicht erfunden, aber in St. Denis wurde sie in seinem Auftrag so ausgestaltet, dass die Kirche von St. Denis stilbildend für Europa werden sollte. Er war ein Mann der Kultur, hatte ein hohes Interesse an Archivalien und hinterließ Werke zur Geschichte des Klosters, der Kapetinger und über sich selbst. Viele Reformen und Errungenschaften in St. Denis, die schon unter seinem Vorgänger Abt Adam begonnen wurden, hat er sich selbst zugeschrieben und erwies sich so als geschickter Propagandist seiner Person. In einem der Chorfester von St. Denis wurde er als Stifter mit der Kirche in der Hand dargestellt, er ließ ein Privileg → Karls des Großen fälschen, in welchem der Abtei von St. Denis das alleinige Recht auf die Grablege der französischen Könige zugestanden wurde.

Tassilo III. von Bayern

(741–um 797)

Die Geschichte des Bayernherzogs Tassilo ist beispielhaft für die Territorialbildung zur Frankenzeit. Ein tatkräftiger und unabhängiger Herzog baut sein eigenes Stammesterritorium aus und versucht es zu erhalten, hat einige Zeit auch das Glück, dass sein Lehnsherr anderwärtig beschäftigt ist, muss sich aber dann doch unterwerfen und verschwindet für immer im Kloster. Sein eigenes kleines Reich geht in einem zentralistisch geführten Staat auf.

Tassilo war der letzte Herzog Bayerns aus dem Geschlecht der Agilolfinger, die seit den Merowingern im 6. Jahrhundert zunächst als Amtsherzöge, dann als Stammesherzöge Bayern regierten. Tassilo wurde um 741 in Regensburg geboren, er war der Sohn des bayrischen Herzogs Odilo und der Hiltrud, einer Tochter → Karl Martells, und damit ein Neffe des Frankenkönigs Pippin und ein Cousin → Karls des Großen. Sein Vater starb früh, und er musste sich mit Hilfe Pippins seines Verwandten Grifo erwehren, der sich seines Herzogtums bemächtigte. Pippin kam ihm zu Hilfe, besiegte Grifo, setzte Tassilo wieder als Herzog ein und übte ab 754 die Vormundschaft über ihn aus mit dem Ziel, Bayern unter die fränkische Herrschaft zu zwingen.

Tassilo fügte sich, nahm an den fränkischen Reichsversammlungen und 756 an einem Feldzug nach Oberitalien gegen die Langobarden teil. 757 wurde er in Compiègne für mündig erklärt und leistete seinem Onkel Pippin einen Eid, der später seinen Untergang bewirken sollte. Tassilo band sich nicht gerne an die Franken, als er 763 einem Aufruf zum Kriegsdienst gegen die Aquitanier folgen musste, die mit seinem Vater Odilo verbündet waren, erschien er zwar mit seinem Heer, verließ aber wegen Krankheit bald wieder die fränkischen Truppen. Pippin versuchte mehrmals, den jungen Herzog unter seine Kontrolle zu bringen, wurde aber bis zu seinem Tode 768 durch den Krieg gegen Aquitanien daran gehindert.

Bis 772 konnte Tassilo seine Macht ungehindert ausbauen, er ging außen- wie innenpolitisch geschickt vor. Er nannte Bayern

ein Königreich, sich selbst einen mächtigen Herzog. 769 heiratete er Luitberga, die Tochter des Langobardenkönigs Desideri-
us, und gewann so einen Verbündeten gegen die Franken. 772
nahm er Kärnten in Besitz und ließ seinen Sohn Theodo von
Papst Hadrian I. taufen und hoffte, sich damit einen weiteren
Verbündeten gegen die Karolinger zu schaffen.

Die Klöster wurden als Machtzentren im Sinne seiner her-
zoglichen Eigenkirchenpolitik ausgebaut, er ließ Schulen und
Kunstwerkstätten einrichten und errichtete zahlreiche Klöster
wie Innichen, Kremsmünster, Mattsee und Niedernburg. Sein
Hof zog Künstler, Sänger und Gelehrte an, die ihre Werke in den
Scriptorien von Regensburg und Salzburg vervielfältigen lassen
konnten.

772 stand Tassilo am Höhepunkt seiner Macht, er glaubte
sich nach allen Seiten gut abgesichert und dem Ziel, einem aut-
arken, für seine Familie gesichertem Herzogtum, nahe.

774 änderte sich die politische Situation Europas grundlegend. Die Langobarden, die das Gebiet des Papstes seit Jahren bedroht hatten, wurden von Pippins Nachfolger Karl dem
Großen, der seit 771 allein regierte und der einem Hilferuf des
Papstes folgte, besiegt. Karl ernannte sich zum König der Langobarden und setzte sich die Eiserne Krone der Lombardei aufs
Haupt. Damit hatte Tassilo seinen Hauptverbündeten verloren,
gleichzeitig bekannten sich immer mehr Bischöfe und Adelige in Bayern zur karolingischen Partei. 781 musste Tassilo den
Papst bitten, zwischen ihm und Karl zu vermitteln, wurde aber
vom Papst aufgefordert, die Eide von Compiègne zu erfüllen
und sich damit Karl zu unterwerfen. Tassilo hatte keine andere
Wahl, er besuchte noch im selben Jahr den Hoftag zu Worms,
unterwarf sich Karl, stellte Geiseln und erneuerte seine Eide.

In den folgenden Jahren kam es immer wieder zu Auseinandersetzungen bayrischer und fränkischer Truppen an der Ost-
grenze Bayerns, 787 musste sich Tassilo nach dem Einmarsch
fränkischer Heere in Bayern Karl abermals unterwerfen und
seinen Vasalleneid am Lechfeld bei Augsburg erneuern. Er erhielt zwar Bayern wieder als Lehen, musste sich aber 788 in Ingelheim gegen den Vorwurf bayrischer Adeliger verteidigen, er
habe mit den Awaren ein Bündnis gegen die Franken gesucht.
Außerdem wurde sein Verhalten im Aquitanienfeldzug von 763

nochmals untersucht, als Fahnenflucht bewertet und er zum Tode verurteilt.

Sein naher Verwandtschaftsgrad zu Karl dem Großen bewahrte ihn vor der Hinrichtung, stattdessen wurde er zum Klostertod verurteilt und gezwungen, in das Kloster Jumièges in der Haute-Normandie einzutreten, seine Familie wurde auf verschiedene Klöster im Reich verteilt. Karl setzte für Bayern den alemannischen Präfekten Gerold ein, schaffte das bayrische Herzogtum ab und verbannte alle Anhänger Tassilos.

Als es 794 zu einem Aufstand gegen die Karolinger in Bayern kam, glaubte Karl, dass dieser von Tassilo aus seinem Kloster heraus geschürt wurde, obwohl er vermutlich auf fränkische Adelige zurückzuführen war. Man führte Tassilo vor die Reichsversammlung in Frankfurt am Main, wo der gebrochene Mann ohne Widerstand gezwungen wurde, auf jeden Rechtsanspruch an Bayern und auf seinen Eigenbesitz zu verzichten. Er gestand alle ihm angelasteten Verfehlungen, bat Karl um Verzeihung und leistete den Verzichtseid auf das Herzogtum Bayern für seine gesamte Familie. Damit war die Geschichte der Agilolfinger zu Ende, Bayern und Kärnten wurden endgültig Teile des Frankenreiches.

Tassilo starb vor 797 an einem 11. Dezember, der in den von ihm gestifteten Klöstern noch immer als Gedenktag begangen wird. Bayern wurde stark an die Macht der karolingischen Kaiser gebunden, erst nach dem Niedergang der Karolinger konnte die herzogliche Macht unter Arnulf I. im jüngeren bayrischen Stammesherzogtum wieder auferstehen.

Tassilos Schicksal ist exemplarisch für die Machtpolitik des fränkischen Reiches, welches keine Eigenmächtigkeiten gegen die Zentralgewalt dulden konnte. Tassilo war ein geschickter und politisch wie militärisch fähiger Herzog, hätte er einen anderen Gegner gehabt als Karl den Großen, könnte die europäische Geschichte anders ausgesehen haben. So bleibt sein Vermächtnis die kirchliche Erschließung des Ostalpenraumes, die erste bayrische Kolonialisation des Landes über die Salzach hinaus und entlang der Donau und der Tassilokelch in Stift Kremsmünster, auf dem er sich und seine Frau stolz beschreibt als »Tassilo, der tapfere, mächtige Herzog. Luitpirg aus königlichem Stamm«.

Thomas von Aquin

(1224 / 1225–1274)

Kein Philosoph und Theologe des Mittelalters wirkt in der katho-
lischen Kirche bis heute so nach wie Thomas von Aquin. Der »doctor
communis« oder »doctor angelicus« ist der offizielle Theologe der Kir-
che, und der Neuthomismus spielt heute eine wesentliche Rolle in der
Ausbildung des Klerus.

Thomas stammte aus einer begüterten Familie und wurde
1224 oder 1225 in Castello Roccasecca bei Aquino in Latium geboren. Sein Vater Landulf von Aquin stammte aus dem
Landadel und verwaltete Besitzungen des normannischen Königreiches Sizilien, seine Frau Donna Theodora kam aus einer
normannischen Familie. Mit fünf Jahren wurde Thomas in die
Benediktinerabtei von Montecassino gegeben, wobei seine Eltern die Hoffnung hegten, dass er eines Tages Abt eines Klosters
werden sollte. 1239 musste er aufgrund der politischen Verhältnisse das Kloster verlassen und ging nach Neapel, um an der
dortigen, von Kaiser → Friedrich II. gegründeten Universität
das »studium generale« zu absolvieren. Thomas wurde hier in
eine neue Welt eingeführt, da man in Neapel auch die Naturphi-
losophie des Aristoteles und den Neuplatonismus lehrte, was in
dieser Zeit in den Klöstern unüblich war.

In Neapel lernte er auch die Welt der Bettelorden kennen und
trat 1244 den Dominikanern bei, keine Karriere, die seine Eltern
angestrebt hatten. Als Thomas nach Paris reisen wollte, um am
Generalkapitel seines Orden teilzunehmen, ließen sie ihn im
April 1244 entführen und ein Jahr lang auf einer Burg festhalten,
um ihn von seinem Vorhaben abzubringen. Der Legende nach
soll er mit Hilfe von Ordensbrüdern geflohen sein und reiste
nach Paris. Danach hat er in Köln bei → Albertus Magnus studiert. Er erwarb sich dort wegen seiner Statur, aber auch wegen
seines ruhigen und zurückhaltenden Wesens den Spitznamen
»der stumme Ochse«.

1252 ging er zurück nach Paris, wo er zwischen 1252 und
1256 die Sentenzen des → Peter Lombard las und einen umfang-

reichen Kommentar dazu erstellte. Bis 1259 blieb er in Paris, dann reiste er zurück nach Italien, lebte bis 1261 in Neapel, Orvieto und Rom. 1269 bis 1272 lehrte er wieder in Paris, anschließend in Neapel. 1273 erkrankte er schwer und erholte sich auf dem Landgut seiner Schwester in San Severino, ehe er sich im März 1274 auf den Weg nach Lyon machte, um dort am Konzil teilzunehmen. Auf dem Weg dahin ist er an geistiger und körperlicher Erschöpfung in der Zisterzienserabtei von Fossanova gestorben. Er selbst hatte alle kirchlichen Würden immer abgelehnt, nach seinem Tod wurde er zum Bischof von Umbrien erklärt. Thomas' Gebeine wurden am 28. Januar 1369 nach Toulouse überführt.

Thomas hat sein Leben lang publiziert und der Legende nach bis zu vier Sekretären gleichzeitig unterschiedliche Werke diktiert. Seine bedeutendste Zeit waren die Jahre von 1261 bis 1273 in Neapel und Rom. Dort entstanden seine bekanntesten Werke, die bis heute wegweisende »Summa Theologiae« (Lehrbuch der Theologie) und die »Summa Contra Gentiles« (Lehrbuch gegen die ungläubigen Völker), in der er sich mit der arabischen Philosophie auseinandersetzte.

Er bemühte sich wie Albertus Magnus, in seinen Werken Glaube und Vernunft, Philosophie und Theologie zu vereinigen und eine Generaltheorie des Glaubens zu schaffen. Die Theologie stand noch zum Großteil unter dem Einfluss der von Plato beeinflussten Tradition des → Augustinus. Thomas ließ sich von Aristoteles beeindrucken und versuchte, die christliche Lehre in seinen Denkkategorien auszudrücken. Er wurde zum bedeutendsten Scholastiker, die das schulmäßige und systematische Ordnen der Lehre der Kirche nach einem strengen System vertraten. »Des Weisen Amt ist Ordnen«, lautete einer seiner Grundsätze.

Für Thomas gibt es zwei Arten des Wissens: das Wissen um die Grundlagen des Lebens, das von Gott kommt, und das Wissen über die weltlichen Dinge, das wir durch Anwendung unserer Vernunft erlangen. Glaube und Vernunft sind zwei unterschiedliche Zugänge zum Wissen, beide dienen aber dem Finden der Wahrheit. Sein Ausspruch vom »Magddienst der Philosophie« sollte nicht auf eine Unterordnung der Philosophie unter die Theologie hinweisen, sondern ihren Wert für die Theologie deutlich machen.

Thomas behandelt aber auch weltliche Probleme, fremde Kulturen und Religionen und die Fragen der Nicht-Glau-
benden. Die Kirche galt ihm als »unfehlbare Führerin«, wobei
die Autorität einer Kirchenführung allein nicht genügt, wichtig
sind auch Argumente, Gründe und die Ergebnisse eines strengen und systematischen Denkens. Für Thomas hört der wahre
Theologe zu, prüft, nimmt an oder verwirft und ist ein selbst-
ständiger Denker.

Thomas wurde aber auch durch seine Missachtung der Frau-
en bekannt. »Die Frau ist ein Missgriff der Natur«, »Der wesentliche Wert der Frau liegt in ihrer Gebärfähigkeit und in ihrem
hauswirtschaftlichen Nutzen« und »Das Weib verhält sich zum
Mann wie das Unvollkommene und Defekte zum Vollkommenen« sind nur einige seiner Ansichten und haben ihn zum
Feindbild der Frauenbewegung gemacht.

Nach einem mystischen Erlebnis 1273 weigerte er sich, weiter zu schreiben, und sagte: »Alles, was ich geschrieben habe,
erscheint mir wie Spreu, verglichen mit dem, was ich geschaut
habe.«

Sein Werk und seine theologische Rechtmäßigkeit wurden
nach seinem Tode angezweifelt, sein Lehrer Albertus Magnus
reiste im Alter von 84 Jahren nach Paris, um das Werk seines
Schülers zu verteidigen. Die Rechtmäßigkeit seiner Gedanken
wurde von der Kirche erkannt, er wurde am 18. Juli 1323 durch
Papst Johannes XXII. heilig gesprochen und 1567 unter die Kirchenlehrer aufgenommen. 1880 wurde er zum Patron aller katholischen Hochschulen ernannt, und der »Thomismus« wurde
zur offiziellen Philosophie der katholischen Kirche. Seine epo-
chale Bedeutung liegt darin, dass er die geistigen Strömungen
des Hochmittelalters zu einem philosophisch-theologischen
System zu verbinden verstand, das bis heute nachwirkt.

Urban II.

(1042–1099)

Mit einer einzigen Rede änderte Papst Urban II. den Lauf der Weltgeschichte und sandte für Jahrhunderte christliche Heere nach Palästina zur Rückeroberung des Heiligen Landes. Er setzte den Streit um die Investitur gegen die deutschen Kaiser fort und konnte das Papsttum lange Zeit als die einzige Ordnungsmacht in Europa etablieren.

Urban wurde unter dem Taufnamen Odo als Sohn einer adeligen Familie 1042 in Lagery bei Chatillion an der Marne geboren. Bereits in jungen Jahren wurde er der Kirche übergeben und erhielt seine Ausbildung in der Kathedralschule von Reims, wo er auch zum Domherrn und zum Erzdiakon wurde. 1067 trat er in das Reformkloster von Cluny ein, wo er bis zum Abt aufstieg. Sein Orden sandte ihn nach Rom zu Papst → Gregor VII., der die Kirche nach dem Vorbild von Cluny reformieren wollte, der ihn 1078 zum Kardinalerzbischof von Ostia ernannte. Von 1083 bis 1085 amtierte er als päpstlicher Legat in Deutschland und Frankreich und zog sich den Zorn von Kaiser → Heinrich IV. zu, da er in Sachsen zahlreiche Bischofssitze mit Anhängern von Papst Gregor VII. besetzte.

Nach der Belagerung und Vertreibung Gregors aus Rom 1084 herrschten zwei Päpste, Klemens III. als Gegenpapst von Heinrichs Gnaden und der von der Kirche gewählte Nachfolger Gregors, Viktor III. Viktor starb 1088 und Odo wurde als Urban II. in Terracina zum Papst gewählt. Er sah sich in der Nachfolge von Gregor mit den Worten: »Was er verdammt hat, werde auch ich verdammen, was er geliebt hat, werde auch ich annehmen, was er als katholisch angesehen hat, werde ich bestätigen.«

Urban konnte in Rom nicht einziehen, da hier der Gegenpapst Klemens III. regierte und die mit Urban verbündeten Normannen sich gerade im Bürgerkrieg befanden. Urban stiftete zunächst Frieden zwischen Roger von Sizilien und Bohemund von Tarent, dann konnte er mit Hilfe der Normannen 1088 Rom betreten, wo nun zwei Päpste gleichzeitig in der Stadt regierten, ehe es Urban gelang, Klemens III. zu vertreiben. Zwar konnte er mit Mathilda von Tuszien eine weitere Verbündete gewinnen, verlor aber Rom wieder an Klemens III. und musste drei Jahre im Exil in Süditalien bei den Normannen verbringen.

1094 musste Heinrich IV. von Mathilda und der Liga der lombardischen Städte eine empfindliche Niederlage in Canossa einstecken, sein Sohn Konrad empörte sich gegen den Kaiser und ließ sich zum König von Italien krönen. Urban konnte sich seinen Weg in den Lateranspalast in Rom, den traditionellen Sitz des Papstes, durch ein hohes Bestechungsgeld erkaufen, aber erst sechs Jahre nach seiner Krönung saß er erstmals auf dem Papstthron.

Auf dem Konzil von Piacenza begann er mit Kirchenreformen. Die Frage einer Exkommunikation des französischen Königs wegen Ehebruchs wurde auf ein Konzil im selben Jahr in Clermont-Ferrand verschoben, das zu einer der berühmtesten Kirchenversammlungen aller Zeiten werden sollte.

Im November 1095 versammelten sich 13 Erzbischöfe, 225 Bischöfe und 90 Äbte neben tausenden von Adeligen und Rittern im französischen Clermont-Ferrand. Zunächst sprach man über die Verdammnis der Simonie, bestritt das Investiturrecht der Könige und verbot die Heirat der Kleriker, dann wurde Philipp von Frankreich wegen seines Ehebruchs exkommuniziert. Urban präsentierte einen Brief von Alexios I. Komnenos, Kaiser von Konstantinopel, der von der Gefahr durch die Seldschuken sprach und anregte, im Austausch gegen die militärische Hilfe der westlichen Christenheit über eine Vereinung der beiden Kirchen zu sprechen. In einer gut vorbereiteten Rede rief Urban darauf zu einem Kreuzzug gegen die Sarazenen im Heiligen Land auf mit dem Ziel, Jerusalem zu befreien. Urban verkündete einen Gottesfrieden, drohte mit strenger Bestrafung denjenigen, die Kreuzfahrer angriffen oder ihren Besitz bedrohten, solange sie auf Kreuzzug waren, und verkündete den vollkommenen Ablass für die am Kreuzzug Gefallenen. Am Ende seiner Rede erhob sich der Ruf »Dieu le veut« (Gott will es), der die nächsten Jahrhunderte zum Kampfruf der Kreuzfahrer werden sollte.

Seine Anregung fiel auf fruchtbaren Boden. Zahlreiche Kinder von Adeligen, die keine Aussicht auf Erbfolge hatten, sahen hier die Gelegenheit, zu Ruhm und Eigenbesitz zu kommen sowie Vergebung für ihre Sünden zu erhalten. Urban bestimmte Ademar, Bischof von Le Puy, zum spirituellen Führer des

Kreuzzuges, zog durch Frankreich, um den Kreuzzug zu predigen, und sandte Briefe und Gesandte an die Christenheit, in denen er sie zum Kampf aufforderte.

Bei seiner Rückkehr 1096 nach Rom, das inzwischen wieder von den Anhängern des Gegenpapstes Klemens besetzt war, traf er ein Kreuzfahrerheer, das unterwegs zur Einschiffung in Ancona war, und mit dessen Hilfe konnte er Klemens nach Ravenna vertreiben und Rom wieder in Besitz nehmen. Mathilde und Konrad hatten in der Zwischenzeit Norditalien in Besitz genommen, Heinrich nach Ravenna zurückgeschlagen, und auch mit den Normannen in Unteritalien und Sizilien gab es für Urban keine Probleme mehr, nachdem er ihnen all das an Rechten zur Investitur zugestanden hatte, was er und Gregor VII. dem deutschen Kaiser verwehrt hatten.

Urban starb am 29. Juli 1099 in Rom, rund 15 Tage nachdem die Kreuzfahrer nach einem dreijährigen, entbehrungsreichen und verlustreichen Feldzug Jerusalem erobert hatten. Ironie des Schicksals ist, dass Papst Urban die Nachricht, auf die er jahrelang gewartet hatte, nicht mehr erreicht hat. Er konnte nicht im Lateran begraben werden, da hier noch immer die Anhänger Klemens', der ein Jahr nach ihm starb, regierten, und wurde in der Krypta von St. Peter begraben.

Urbans Aufruf zu einem Kreuzzug sollte die erstaunlichsten Feldzüge in Bewegung setzen, die das Mittelalter oder die Welt je gesehen hatte. Über tausende von Kilometern hinweg gelang die Eroberung Jerusalems und der Terminus »Kreuzzug« blieb bis in Spätmittelalter Ausdruck für jeden Feldzug gegen Andersgläubige, sei es, um sie zu bekehren oder ihnen ihr Land zu rauben. Die Kreuzzüge kosteten bis 1396, als in Nikopolis die letzte Schlacht der Kreuzzüge geführt wurde, Millionen von Menschen das Leben, haben aber auch das christliche Abendland in seinem Kampf gegen Andersgläubige zusammengeführt und zur Ausformung von Kunst und Kultur wie auch zu Erkenntnissen in Wissenschaft, Medizin und Hygiene durch den orientalischen Einfluss maßgeblich beigetragen. Urban II. war trotz seiner kurzen Amtszeit einer der einflussreichsten Menschen, die das Mittelalter hervorgebracht hat, und seine Politik wirkt bis heute nach.

FRANÇOIS VILLON

(1431–UM 1463)

Er war die Stimme des Volkes, ein begnadeter Dichter, der die Zunge am Herzen trug, ein Gauner, der von Einbrüchen lebte, und ein Verzweifelter, der versuchte, wieder Tritt in der bürgerlichen Gesellschaft des 15. Jahrhunderts zu finden. François Villon zeigt die Buntheit und Grausamkeit des späten Mittelalters in all ihren Facetten.

Geboren wurde François unter dem Namen Montcorbier 1431 in Paris. Sein Vater dürfte früh gestorben sein, er wurde von Guillaume de Villon, vermögender Kirchenrechtsdozent und Kaplan, der für François »mehr als ein Vater« war, aufgenommen und aufgezogen. François erhielt eine ausgezeichnete Ausbildung und begann am Collège de Navarre ein Theologiestudium, 1452 erhielt er den Titel eines Magister Artium. 1453/54 musste er seine Studien wegen eines Streikes der Professoren für ein Jahr unterbrechen. In dieser Zeit scheint er ins kriminelle Milieu von Paris abgesunken zu sein und schloss sich den Coquillards, den »Muschelbrüdern« an, einer Art mittelalterlicher Mafia in Frankreich.

1455 musste er nach einer Messerstecherei mit einem kriminellen Priester aus Paris fliehen, wurde aber begnadigt und durfte in die Stadt zurückkehren. Sein erstes bekanntes Gedicht stammt aus dieser Zeit. Um Weihnachten 1456 war François Villon bei einem Einbruch in der Sakristei der Kapelle des Collège de Navarre dabei, bei dem er und drei Komplizen 500 Goldtaler erbeuteten. Villon musste darauf nach Angers fliehen, weil ihn die Justiz wegen des Einbruchs verfolgte.

In dieser Zeit entstanden erste größere Gedichte, darunter das »Lais« oder Legat, heute als das »Kleine Testament« betitelt, mit dem er sich aus Paris und von seinen Kumpanen verabschiedete.

1457 saß er im Kerker in Blois, er entging einem Todesurteil nur durch eine Amnestie. Er bedankte sich mit mehreren Balladen bei seinem Wohltäter Karl von Orléans und wurde an dessen Hof zugelassen, konnte aber seinen Mund und seine spitze

Feder nicht halten. Mit der »Ballade von den Vogelfreien« beteiligte er sich an einem höfischen Dichterwettstreit. Nachdem er
aber mehrere Spottgedichte auf Mitglieder des Hofes verfasst
hatte, wurde er als »Neider« fortgewiesen und verschwand für
die nächsten drei Jahre aus den Annalen. Vermutlich schloss er
sich wieder den freien Banden der Coquille an und durchzog als
Krimineller Nordfrankreich. Aus dieser Zeit stammen elf »Bal-
lades en Jargon«, geschrieben in einer schwer verständlichen
Gaunersprache, die vielleicht seine Zugehörigkeit zum kriminellen Milieu untermauern sollte.

Kurzfristig dürfte er in Moulins am Hof des Herzogs von
Bourbon Unterschlupf gefunden haben, der ihn mit einem kleinen Darlehen versorgte, eine dauerhafte Bleibe fand François
Villon aber auch hier nicht. 1461 saß er im Gefängnis in Meung-
sur-Loire, wo ihn der Bischof von Orléans eingekerkert hatte,
wieder konnte er durch eine Amnestie freikommen, diesmal
kehrte er nach Paris zurück. Er versuchte ein neues Leben zu
beginnen, versöhnte sich mit seinem Ziehvater Guillaume, der
es ihm ermöglichte, Quartier in einem Kloster zu finden. In dieser Zeit schrieb er sein umfangreichstes Werk, das »Große Testament«. Dieses ist zunächst im Ton noch reumütig, Villon klagt
sich und die Welt an, mit der Zeit wird sein Ton aber immer ke-
cker, und er lässt sich über die Bürger von Paris spöttisch aus.

Er konnte seine Vergangenheit nicht abstreifen, Ende 1462
musste er wieder wegen eines kleinen Diebstahls ins Gefängnis.
Die Sache wurde schnell aus der Welt geschafft, dadurch erfuhren
aber die Geschädigten des Einbruchs im Collège de Navarre von
seiner Anwesenheit und klagten ihn an. Sein Ziehvater Guillaume
holte ihn auch diesmal aus dem Gefängnis und verbürgte sich
dafür, dass er seinen Beuteanteil zurückzahlen würde.

Als er kurze Zeit darauf wieder, diesmal aber offenbar
schuldlos, in eine Messerstecherei mit einem Notar verwickelt
wurde, verhaftete man ihn abermals, er wurde gefoltert und
wegen seines schlechten Lebenswandels zum Tode verurteilt. In
der Todeszelle dichtete er sein schwärzestes Gedicht, die »Ballade des Gehenkten« mit dem berühmten Vierzeiler »Ich bin François, was mir Kummer macht / geboren in Paris bei Pontoise /
und von einem Ellen langen Strick / wird mein Hals erfahren /
was mein Hintern wiegt«.

Villon legte gegen das Todesurteil Berufung ein und konnte erreichen, dass es in eine zehnjährige Verbannung aus Paris umgewandelt wurde. Mit einer letzten Ballade nahm er mit Dank an den Gerichtshof und mit Spott für seinen Kerkermeister am 8. Januar 1463 Abschied von Paris, danach verliert sich jede Spur von ihm.

Villons erhaltenes Werk umfasst nur etwa 3300 Verse, dennoch wurde sein Werk rasch populär, und 1489 erschien ein erster Druck seiner Gedichte und Balladen. Im deutschen Sprachraum wurde Villon erst ab dem 19. Jahrhundert durch den österreichischen Offizier Karl Klammer und durch die eher freien Nachdichtungen des expressionistischen Dichters Paul Zech bekannt.

Villon hat im Mittelalter die Dichtkunst ans gemeine Volk herangeführt. In seinen Vierzeilern, Balladen, parodistischen Testamenten und Spottgedichten verarbeitet er seine persönlichen Erfahrungen als Scholar, Vagabundierender und Krimineller. Er gibt damit einen tiefen Einblick in die Lebensumstände des Volkes am Ende des 100-jährigen Krieges, obwohl er auch die klassischen Themen der Dichtkunst wie Liebe, Hoffnung, Enttäuschung, Hass und Tod beherrscht.

VLAD TEPES III., DER PFÄHLER
(UM 1431–1476)

Er ist der Dracula aus Bram Stokers Roman, hatte aber mit Vampiren nichts zu tun. Er lebte in einer Zeit, als sein Land von den Türken bedroht war, seine legendäre Grausamkeit ist als Maßnahme im Kampf um die Unabhängigkeit der Rumänen, aber auch als Ausdruck einer psychischen Störung zu verstehen.

Fast ein Jahrtausend lang war das heutige Rumänien das Aufmarschgebiet für Nomadenvölker, die nach Europa einfallen wollten. Hunnen, Awaren und Ungarn waren hier durchgezogen, am Beginn des 15. Jahrhunderts drangen die Türken von Süden her ins Land. Rumänien bestand aus den drei Provinzen Walachei, Moldawien und Transsylvanien. Das türkische Interesse an Rumänien begann 1396 mit Sultan Bayazid, der versuchte, nach der Schlacht von Nikopolis die Walachei zu unterwerfen. Seine Nachfolger wurden in zwei Kriegen durch den christlichen Fürsten Mircea den Alten zurückgeschlagen. Nach dem Tode Mirceas 1418 kam es zu inneren Unruhen um die Thronfolge.

Im Mittelpunkt dabei stand Vlad II. Dracul, einer der illegitimen Söhne des Mircea, der sich durch die Unterstützung von Kaiser Sigismund 1436 den Thron sichern konnte. Vlad und Sigismund hatten gute persönliche Beziehungen. Vlad war Mitglied des 1431 von Sigismund ins Leben gerufenen Drachenordens, der sich dem Kampf gegen das türkische Vordringen am Balkan verschrieben hatte. Bei der Aufnahme in den Orden erhielt Vlad den Beinamen Draculea, »kleiner Drache«, seine Familie wurde nachfolgend als die »Draculesti« benannt.

Nach dem Tode Sigismunds fiel Vlad II. aber durch die mangelnde Unterstützung des Reiches in die Abhängigkeit der Türken unter Sultan Murad II. und musste ihnen Heeresfolge leisten. Um sicherzustellen, dass er als Vasall seine Pflichten erfüllte, musste er mit seinen Söhnen Vlad und Radu an den ottomanischen Hof in Edirne übersiedeln, während sein ältester Sohn Mircea die Regentschaft übernahm. Erst 1443 durf-

te er nach Rumänien zurückkehren, sein Sohn Vlad blieb als
Geisel in Edirne und wurde hier angeblich missbraucht und
schlecht behandelt, was seinen späteren Hass auf die Türken
erklären könnte. 1448 wurde Vlad II. im Auftrag Johann Hun-
yadis, des Regenten von Ungarn, mit Hilfe der Bojaren ermordet, sein älterer Sohn Mircea soll dabei lebendig begraben worden sein.

Vlad III., geboren um 1431 in der transsylvanischen Stadt
Sighisoara, übernahm die Herrschaft in einer schwierigen Situation. Er musste sich gegen die Opposition seiner eigenen Familie und der Adeligen Rumäniens durchsetzen, was ihm durch
Mord, Verrat und grausames Durchgreifen schnell gelang. Besonders die Bojaren, die durch Verrat seinen Vater ermordet
hatten, verfolgte er unnachgiebig und versklavte sie zum Bau
seiner Festung Poienari.

Zur Durchsetzung seiner Außenpolitik gegen die Türken
sorgte er für Reformen, Stabilität und Sicherheit im Inneren,
wenngleich er dafür die Fahrenden, Landstreicher, Roma und
Sinti mit grausamen Methoden beseitigte. Seine bevorzugte Art,
Menschen hinrichten zu lassen, war das Pfählen, das er seinen
Feinden, Kriminellen wie auch Kriegsgefangenen, antat. Legen-
där ist 1462 seine Mahlzeit nach der Schlacht von Targoviste, als
er inmitten von tausenden gepfählten türkischen Kriegsgefangenen gespeist hat. Die Zahl der Gepfählten scheint allerdings
oftmals übertrieben, so wird gesagt, dass er bei der Eroberung
von Sibiu 10.000 Menschen und in Brasov 30.000 Menschen
pfählen ließ.

1459 verbündete er sich mit dem ungarischen König Matthias
Corvinus. Er stellte die Tributzahlungen an die Türken ein und
unternahm einen Kriegszug bis an die Donau nach Serbien, der
zu gewaltigen Verlusten und Verwüstungen unter der Bevölkerung führte. Die türkische Antwort darauf war die Entsendung
einer Armee unter Sultan Mehmed II., der die Walachei eroberte
und Vlad in die Berge Transsylvaniens zu einem Guerillakrieg
vertrieb. Bevor sich die Türken zurückzogen, setzten sie Radu,
den Bruder Vlads, als neuen Prinzen ein, der die Anerkennung
durch die Ungarn bekam. 1462 konnte er Vlad gefangen setzen
und für Jahre einkerkern. Nach dem Tode seines Bruders Radu
um 1475 verbündete sich Vlad mit Stephan I. Bathory von Un-

garn und fiel in der Walachei ein, um den Nachfolger seines Bruders, Basarab den Älteren, zu beseitigen.

Nach der Beendigung des erfolgreichen Feldzuges ließ Bathory aber Vlad mit nur 4000 Soldaten zurück, mit denen er sich 1476 einer neuen türkischen Armee stellen musste, die Basarab wieder einsetzen wollte. Vlad hatte auf Zuzug durch walachische Adelige und Bauern gehofft, hatte aber in den Jahren seiner Herrschaft so grausam gewütet, dass man ihn als das größere Übel im Vergleich zu den Türken ansah. Was in der Schlacht geschah, ist bis heute unklar, entweder fiel Vlad im Kampf oder wurde auf der Flucht von seinen eigenen Leuten erschlagen. Sein Kopf wurde den Türken übergeben, die ihn in Honig konservierten und nach Istanbul brachten, wo er auf eine Stange gespießt wurde, um zu beweisen, dass der Pfähler tot sei. Sein Körper soll in einem Kloster nahe Bukarest begraben worden sein.

Als 1897 der englische Schriftstellern Bram Stoker einen Schauplatz für seinen Roman »Dracula« suchte, dachte er zunächst an die Steiermark in Österreich, die seit dem Mittelalter als Vampirland galt und als solches von Sheridan Le Fanu in »Carmilla« beschrieben wurde. Allerdings erwies sich die Steiermark zu dieser Zeit schon als zu modern, so dass Stoker seinen Schauplatz nach Transsylvanien verlegen musste und mit der Figur des Vlad III. Dracula, des Pfählers, von dem es in der Legende hieß, er habe gerne das Blut seiner Opfer und Gegner getrunken, verband.

Seit Stokers Buch hat man sich mit Vlad III. Dracula intensiv auseinandergesetzt, um die Beweggründe für seine außergewöhnliche Grausamkeit zu erforschen. Er lebte durch die Rivalitäten mit seiner Familie in einem explizit grausamen Umfeld, ebenso schienen ihm diese Maßnahmen im Kampf gegen die Türken und zur Erhaltung der Herrschaft notwendig und wurden von seinen Zeitgenossen nicht als ungewöhnlich verurteilt. Dennoch scheint sein Handeln stark auf sadistische Züge seiner Psyche hinzudeuten, die ihn zu einer Grausamkeit verführten, welche selbst im oft nicht gerade humanen Mittelalter den Menschen auffielen.

WALTHER VON DER VOGELWEIDE
(UM 1170–UM 1230)

Walther von der Vogelweides Ursprung hat man in halb Europa gesucht, man glaubte seine Heimat in Südtirol, der Schweiz, in Böhmen oder Deutschland zu finden, überall dort, wo es den Ortsnamen Vogelweide gibt. Ein schriftlicher Nachweis existiert nicht, neuere Forschungen nehmen an, dass er aus dem österreichischen Waldviertel aus der Gegend um Zwettl stammt, während bisher die Wissenschaft seinen Geburtsort im Eisacktal bei Bozen gesehen hat. Allerdings sagt Walther von sich, dass er in Österreich »das Singen und das Sagen« gelernt hat.

Walther von der Vogelweide war schon im Mittelalter eine Berühmtheit, man zählte ihn zu den zwölf alten Meistern der Meistersinger. Dennoch gibt es nur eine einzige Aufzeichnung seines Namens in zeitgenössischen Annalen, als Bischof Wolfger von Erla am 12. November 1203 unter seiner Reisekostenabrechnung einen »Walthero cantori de Vogelweide« vermerkt, dem er fünf Schillinge für einen Pelzmantel gegeben hat. Was man über sein Leben weiß, steht in seinen Liedern, und manchmal wird er auch in den Werken anderer Sänger und Dichter erwähnt.

Sein Geburtsort ist unklar, der Ortsname Vogelweide ist weit verbreitet, gehörte doch das Jagen mit Vögeln oder das Fangen von Vögeln mit Fallen und Leimruten zum Sport der Adeligen und Bauern. Walther wird als »Herr« bezeichnet, was darauf hindeuten könnte, dass er von Adel war. Da der Name Vogelweide auf den niederen Adel hindeuten würde, könnte es die Familie eines Einschildritters oder eines Ministerialen gewesen sein.

Auch das Geburtsjahr ist nicht geklärt, allgemein wird angenommen, dass Walther um 1170 zur Welt gekommen ist. Wir wissen nichts über seine Kindheit. Er scheint in jungen Jahren an den Wiener Hof der Babenberger unter Herzog Friedrich I. gekommen zu sein, der zahlreiche Künstler angezogen hat. Sein Lehrer könnte der alte Reinmar von Hagenau gewesen sein, mit dem er sich aber bald eine richtige Sängerfehde lieferte, weil Reinmar behauptet hatte, seine Herrin setze alle anderen matt, und weil er Walthers Schilderung eines Kussraubes von einer schlafenden Dame unschicklich fand. Der Sängerkrieg erstreckte sich über mehrere Gedichte, vielleicht hat Walther auch deshalb den Wiener Hof 1198 nach dem Tode Friedrichs verlassen.

Walther wanderte von Hof zu Hof und scheint sich nicht überall Freunde gemacht zu haben. Vielleicht war es seine niedere Herkunft, die ihn veranlasste, spöttisch mit den Menschen und ihren Sitten und Manieren umzugehen. Er kam auch an den Hof des Grafen Hermann von Thüringen, traf dort auf → Wolfram von Eschenbach, verließ aber enttäuscht diesen Hof und warnte andere davor, dorthin zu gehen. Schlecht erging es ihm auch am Hof des Dietrich von Meißen, der ihm weder Geld noch Anerkennung zukommen ließ.

Walther hatte als Dichter auch eine politische Meinung. Unabhängig davon, dass er von seinem jeweiligen Patron abhängig war, vertrat er die Meinung des Supremates des Kaisers über den Papst und ergriff im Investiturstreit die Seite der römisch–deutschen Könige. Im Streit um das deutsche Königtum nach dem Tode Heinrichs VI. stand er lange auf der Seite von Philipp von Schwaben und Ottos von Braunschweig und gegen → Friedrich II., dem er sich aber letztlich als Unterstützer zugesellte. Friedrich bedankte sich bei Walther mit einem kleinen Lehen bei Würzburg in Franken, was diesem ein gesichertes Auskommen und eine Altersversorgung ermöglichte. »Ich hân mîn lêhen, al die werlt, ich hân mîn lêhen«, schrieb er begeistert, er hielt es aber nicht lange darauf aus und begab sich wieder auf Wanderschaft. 1217 war er wieder am Hof in Wien, wo er auch noch 1219, nach der Rückkehr Herzog Leopolds VI. von seinem Kreuzzug, anzutreffen war. Ab 1224 scheint er sich jedoch auf sein Lehen zurückgezogen zu haben, er war etwa 54 Jahre alt und sicher von den langen Zeiten der Reisen und der Entbehrungen gezeichnet. 1230 dürfte er gestorben sein und wurde in Würzburg begraben. Laut einer Legende soll er verfügt haben, dass an seinem Grab täglich die Vögel gefüttert werden sollten.

Walther hat in zwei literarischen Gattungen besonders gewirkt, in Minnegesang und in der Sangspruchdichtung. Den

Minnegesang hat Walther aus den überkommenen Formen weiterentwickelt, er verbessert die vorhandenen Ansätze und findet neue Aspekte für seine Dichtung. Er definiert die Minne neu und ist bereit, sie auch kritisch zu sehen. In der Sangspruchdichtung behandelt er unterschiedliche Themen in jeweils einer zum gesungenen Vortrag bestimmten Strophe.

Daneben schuf er Dichtungen über religiöse Themen wie Alters-, Weltabsage- und Kreuzzugslieder. Auch im Marienleich, einer hymnischen Großform mit einer Lobpreisung Gottes und Marias, lässt er eine Kritik an Kirche und Papst mit einfließen.

Zum Ende des Mittelalters geriet Walther allmählich in Vergessenheit, sein Werk hat sich aber in der Tradition der Meistersinger erhalten. Erst im Spätmittelalter interessierte man sich wieder für die Dichtung und das Leben Walthers. Die höfische Kultur wurde für das Bürgertum, die Aufsteiger der Zeit, interessant, und Walther galt als eines ihrer besten Beispiele. Das Sammeln von lyrischen Texten bot reichen Bürgern die Möglichkeit, sich in den Besitz eines Stückes höfischer Kultur zu setzen und das Kulturleben der großen Höfe zu kopieren.

WIDUKIND

(UM 730/743–UM 805)

Widukind, Herzog der Sachsen, war der härteste Widersacher, den → Karl der Große in seinen Kriegszügen erlebt hat. Viele Jahre wehrte er sich gegen die Eroberung und Christianisierung Sachsens und wurde zum Symbol einer ganzen Generation, die sich erst nach einem fast 30-jährigen Krieg Karl dem Großen unterwerfen sollte.

Die Sachsenkriege begannen mit dem Feldzug Karls des Großen gegen die Sachsen im Sommer 772. Er wollte die Sachsen zwischen Nordsee, Harz, Rhein und Elbe zum Christentum bekehren und dem fränkischen Reich einverleiben. Sein Hauptgegner in den Sachsenkriegen wurde der sächsische Adelige Widukind oder Wittekind. Dieser war der Sohn Warnechins, eines Häuptlings der Westfalen, und seiner Gattin Gunila von Rügen. Wo Widukind zwischen 730 und 743 geboren wurde, ist unbekannt, aber da der Mittelpunkt seiner Sippe der Wigaldinger in Wildeshausen im Landkreis Oldenburg lag, dürfte er in dieser Region geboren worden sein. Nachdem seine Familie gute Beziehungen zum benachbarten friesischen Adel hatte und mit dem dänischen Königshof in Kontakt stand, wurde der junge Widukind zu König Göttrik nach Havn, dem heutigen Kopenhagen, geschickt, um höfische Lebensart zu erfahren. Hier lernte er die Tochter Göttriks, Geva, kennen und lieben, die er um 768 geheiratet hat.

Karl der Große fiel 772 in Sachsen ein, als Antwort auf Beutezüge der Sachsen ins fränkische Reich. Er drang bis zur Eresburg vor, wo er das Nationalheiligtum der Sachsen, die Irminsul, eine heidnische Bildsäule, welche die Weltesche Yggdrasil verkörperte, zerstörte. Er setzte seinen Feldzug bis an die Weser fort und schloss hier Frieden mit willigen sächsischen Adeligen, die ihm auch Geiseln stellten. In der Folge sandte er Missionare nach Sachsen zur Christianisierung und zur Abhaltung von Massentaufen. Als Karl ab 774 einen Feldzug in Oberitalien gegen die Langobarden führte, erhob sich ein Teil des sächsischen Adels unter der Führung Widukinds und stieß bis ins Rheinland vor.

777 konnte Karl zwar einen ersten Reichstag auf sächsischem Boden in Paderborn abhalten, dem Widukind fern blieb, musste aber bis 782 mehrfach Niederlagen gegen ihn hinnehmen. 782 wurde das Land in fränkische Grafschaften aufgeteilt, was zu Aufständen unter den Sachsen führte, die mehrere hohe Beamte töteten und ein fränkisches Heer vernichteten. Karl schlug den Aufstand mit der Hinrichtung von 4800 sächsischen Adeligen in Verden nieder, Widukind floh nach Dänemark, setzte jedoch den Widerstand fort. Er konnte 783 bei Grotenburg abermals ein fränkisches Heer vertreiben, erlitt aber eine empfindliche Niederlage in der Schlacht an der Hase. Karl, der Widukind als die führende Persönlichkeit hinter den Aufständen ansah, setzte nun auf Verhandlungen. Vermutlich waren auch die sächsischen Kräfte erschöpft, und Karl erreichte, dass sich Widukind als Zeichen der Kapitulation oder zumindest der Befriedung 785 in der Pfalz Attigny taufen ließ. Nach der sächsischen Stammesverfassung hieß dies zugleich, dass die Sachsen damit das Christentum als Volk annahmen, auch wenn dies in vielen Fällen wohl nur symbolisch als Zeichen der Unterwerfung unter die Franken geschah. Die Lorscher Annalen beschreiben den Vorgang nur kurz: »Widukind, der treulose Urheber so vielen Übels, kam mit den Seinen zur Pfalz Attigny und wurde dort getauft. Der Herr König empfing ihn dort aus dem Taufbrunnen und erhöhte ihn mit großartigen Gaben.« Über die Taufe existiert eine ganze Anzahl von Legenden. So soll Widukind unerkannt im Lager Karls spioniert haben und bei einer Messe ein Erweckungserlebnis gehabt haben, das ihn bewog, sich taufen zu lassen. Oder er soll von der Macht der Franken so überwältigt gewesen sein, dass er den Gedanken an weiteren Widerstand aufgab. Er soll auf einem schwarzen Pferd zur Taufe geritten sein und auf einem weißen, das ihm Karl geschenkt hatte, wieder davon; so wurde das weiße Pferd zum Sachsenross im Wappen Niedersachsens. Mit Widukind waren zwar noch nicht alle Sachsen besiegt und getauft, aber der Wendepunkt in den Sachsenkriegen war erreicht. Die nächsten Jahre waren verhältnismäßig ruhig, was 787 zur Errichtung des ersten Bischofssitzes in Bremen führte. Nach neuen Unruhen wurden Sachsen in ganzen Volksgruppen ins Reichsinnere deportiert. Dazu bemerkte der zeitgenössische Chronist Einhard: »Nachdem er dann alle, die ihm Widerstand

geleistet hatten, besiegt und unter seine Herrschaft gebracht hatte, führte er 10.000 Sachsen, die an beiden Elbufern gewohnt hatten, mit Frauen und Kindern aus ihrer Heimat und siedelte sie in verschiedenen Gruppen zerstreut in Gallien und in Germanien an.«

Was aus Widukind nach der Taufe wurde, ist unsicher. Er soll sich in Engern angesiedelt haben, 797 soll er am Reichtag zu Aachen einer der Berater Karls gewesen sein und an der »Lex saxonum«, einer Verfassung für die Sachsen, mitgewirkt haben. Um 807 soll er als Führer eines fränkischen Heeres gegen die Schwaben im Kampf gefallen sein. Nach anderen Berichten soll er freiwillig in ein Kloster in Reichenau eingetreten sein. Als sein Begräbnisplatz gilt Enger bei Herford, wo sich im Chor der ehemaligen Stiftskirche die Grabplatte Widukinds erhalten hat, wobei angezweifelt wird, ob sie wirklich das Grab Widukinds markiert.

Die Bedeutung Widukinds liegt in seinem Einsehen, dass der Widerstand gegen die Franken ab einem gewissen Zeitpunkt zwecklos war und er durch die Annahme der Taufe den Sachsen ein Zeichen gab, sich den Franken zu unterwerfen und damit das Blutvergießen zu beenden. Langfristig hat sich seine Strategie ausgezahlt, zwei Jahrhunderte später stellten die Ottonen, ein Sachsengeschlecht, die Könige im Ostfränkischen Reich und wurden mit → Heinrich dem Vogler die Begründer des deutschen Königtums.

WILLIAM VON OCKHAM
(1285–UM 1347)

»Entia non sunt multiplicanda sine necessitate«, ist ein Satz, der als »Ockhams Razor« oder »Ockhams Rasiermesser« bekannt geworden ist. Er besagt, dass »Entitäten nicht über das Notwendige hinaus vermehrt werden dürfen« oder, wenn man es einfacher übersetzen will: »Wenn es mehrere Theorien über eine Sache gibt, dann ist die einfachste auch die wahrscheinlich richtige.« Dieser Satz wird William von Ockham zugeschrieben, einem der bemerkenswertesten Theologen und Philosophen des Mittelalters, wenngleich er erst vom Philosophen Johannes Glauberg im 17. Jahrhundert ausformuliert wurde, dessen Werk aber auf Ockhams Gedanken basiert.

Geboren wurde William von Ockham oder Occam 1285 in der Grafschaft Surrey. Er trat in jungen Jahren in den Franziskanerorden ein, begann 1309 ein Studium der Theologie in Oxford, lernte dort beim großen englischen Theologen Duns Scotus und unterrichtete ab 1317 in Oxford. Er erreichte nur den untersten akademischen Grad eines Baccalaureus, weil Johannes Lutrell, der Rektor der Universität, seine Promotion zum Magister verweigerte, da er Ockham der Häresie verdächtigte. Lutrell erhob auch bei Papst Johannes XXII. in Avignon Anklage gegen Ockham, der diesen vor ein päpstliches Gericht lud. Die Chancen standen hier schlecht für William, der Papst war ein Bewunderer von → Thomas von Aquin, der als Dominikaner nicht gut auf die Franziskaner zu sprechen war und in seiner Philosophie und Theologie genau das Gegenteil von Ockham vertrat.

William von Ockham hatte sich der Meinung von → Roger Bacon angeschlossen, die besagte, dass es eine klare Unterscheidung zwischen Glauben und Wissen, also zwischen Theologie und Philosophie, welche in der Tradition des Aristoteles die Wissenschaften vertrat, geben müsse. Ockham vertrat einen konsequenten »Nominalismus«, d.h. eine Philosophie, die besagt, dass nur einzelne Dinge wirklich sind, Allgemeinbegriffe aber eine Fiktion. Dieser Gedanke erschütterte im »Universalienstreit« die Kirche im Mittelalter, denn er besagt nichts anderes, als dass man über Gott nichts wissen kann. Gott ist wissenschaftlich nicht nachweisbar, daher kann er nur durch den Glauben existieren. Damit unterminierte Ockham das gesamte Gedankengebäude der mittelalterlichen Scholastik, die versuchte, die Existenz Gottes durch die Mittel der Vernunft zu beweisen.

In Ockhams Gedankengebäude ist die Welt für den Menschen unergründlich, sie muss vom Menschen so hingenommen werden, wie sie ist. Der Mensch kann in ihr auch keine göttlichen Dinge oder eine göttliche Ordnung erkennen, daher kann er auch den Willen Gottes nicht erkennen, Gott ist unergründlich. Daher ist der Glaube nicht durch menschliche Vernunft beweisbar, man muss ihn glauben, weil es darüber nichts zu wissen und zu erfahren gibt.

Für die Kirche hatte seine Theorie im Mittelalter auch noch andere Konsequenzen. Wenn Glaube und Wissen nichts miteinander zu tun haben, dann braucht der Glaube auch keine Rücksicht auf die Erkenntnisse von Wissenschaft und Philosophie zu nehmen und kann damit in der Mystik, der irrationalen Hingabe zu Gott, die sich in Stigmata, Wundern und Visionen ausdrückt, erfahren werden.

Es ist verständlich, dass sich William mit dieser Position in Avignon keine Freunde gemacht hat, allerdings endete 1324 sein Prozess damit, dass seine Lehren zwar als häretisch angesehen wurden, er dafür aber nicht bestraft wurde. William von Ockham ging in seiner Kritik an der Kirche noch ein Stück weiter. Gemeinsam mit seinem Ordensgeneral Michael von Cesena vertrat er öffentlich die Meinung, dass die Kirche keine weltlichen Güter besitzen sollte, er griff damit in den »Armutsstreit« der Kirche ein. Ockham schrieb in dieser Angelegenheit einen Brief an den Papst, der exkommunizierte ihn daraufhin und sandte die päpstliche Inquisition gegen ihn aus. William floh mit Michael von Cesena 1328 bei Nacht und Nebel aus Avignon nach Pisa, wo sie Ludwig IV. den Bayern trafen, der ihnen Asyl in München anbot. Hier blieb William und starb vermutlich um 1347.

Ockham traf in München auf Johann von Jandun und Marsilius von Padua, die ein ähnliches Schicksal wie er gehabt hatten und ebenfalls von Ludwig vor der Kirche beschützt wurden.

»Tu me defandas gladio, ego te defendam calamo« (Beschütze mich mit dem Schwert, ich werde dich mit der Feder beschützen), soll Ockham zu Ludwig gesagt haben. Ludwig hat die Theologen nicht ohne Grund in Schutz genommen, er war an ihren Lehrmeinungen interessiert, die seinen politischen Ambitionen entsprachen.

William von Ockham war nämlich auch der Meinung, dass es auf der Welt zwei völlig voneinander getrennte Gewalten geben müsse, gleichsam »zwei Schwerter«. Dies sind die Kirche und der Kaiser, die beide unterschiedliche Autoritäten haben müssen. Er führte dazu aus, dass die Kirche aller weltlichen Macht zu entsagen und sich auf das Geistige zu beschränken habe. Sie darf keine weltliche Macht ausüben. Der Kaiser hingegen leitet seine Macht aus dem natürlichen Recht und von Gott ab, daher braucht er sich nicht die Autorität vom Papst zu holen, was bedeutet hätte, dass die Kaiserkrönungen durch den Papst unnötig geworden wären.

Dieser Gedanke des Laizismus, der Trennung von Kirche und Staat, erschütterte natürlich das mittelalterliche Weltbild völlig und war absolut indiskutabel für das Papsttum, das seine Macht auf der Investitur des Kaisers begründete. Daher ist es verständlich, dass einerseits Ludwig Ockham beschützte, während die Kirche seine Gedanken zu unterdrücken versuchte.

William von Ockham meinte weiter, dass die Rechte des Menschen nicht von einem natürlichen und göttlichen Gesetz her kamen, sondern dass Individuen das Recht haben, sich nach ihrem Willen ein Gesetz zu geben. Damit ist er der Begründer der Grundrechte des Menschen oder der Menschenrechte überhaupt geworden.

William von Ockham ist einer der Ersten, die für den Gedanken des Laizismus, der Trennung von Staat und Kirche, eintraten, und gilt als Vorbereiter der Reformation sowie der Moderne. Von ihm kann eine Linie über → John Wyclif, → Jan Hus, Johannes Calvin, Martin Luther, Thomas Hobbes, John Locke und Charles de Montesquieu bis hin zum modernen laizistischen Staat gezogen werden. Fundamentale Bedeutung kommt Ockham in erkenntnistheoretischer Hinsicht als einem der Begründer einer modernen Wissenschaftsauffassung zu.

WILHELM I. VON ENGLAND, DER EROBERER

(1027/1028–1087)

Wilhelm eroberte sich gegen alle Widerstände mit starker Hand und einer Unmenge an Opfern ein Königreich. Er hat aber auch England an das romanische Europa herangeführt und durch seine fachkundige Verwaltung und den durch die Insellage möglichen vermehrten Absolutismus zu einer europäischen Macht aufgebaut.

Wilhelm hatte allen Grund, sich für die Königsherrschaft in England zu interessieren, hatte er doch starke familiäre Bindungen zur Insel. Seine Großtante war Königin Emma gewesen, die Frau von König Ethelred, die in einer weiteren Ehe mit → Knut dem Großen verheiratet war. Sein Vater war Herzog Robert von der Normandie. Wilhelm war zwar sein ältester, aber illegitimer Sohn aus einer Beziehung mit Herleva, der Tochter eines Gerbers, was ihm auch den wenig schmeichelhaften Namen »Wilhelm der Bastard« einbrachte.

Als er sieben Jahre alt war, starb sein Vater, als illegitimer Sohn war es schwer, für Wilhelm sein Reich zu sichern. Seine Nachbarn, seine Vasallen und selbst seine Vormünder trachteten ihm nach Land und Leben, daher stellte er sich unter den Schutz des französischen Königs, auch wenn ihn das eine ganze Grafschaft kostete. Mit 15 Jahren wurde er zum Ritter geschlagen, und mit 19 nahm er, gestählt durch den permanenten Kampf um seine Rechte und sein Land, seine Angelegenheiten in die eigenen Hände. 1047 schlug er in der Schlacht von Val-ès-Dunes mit Hilfe des französischen Königs Heinrich I. von Frankreich seine eigenen aufständischen normannischen Barone und konnte in kurzer Zeit die gesamte Normandie unter seiner Herrschaft vereinigen.

1052 reiste Wilhelm nach England, wo sein Cousin Edward der Bekenner auf dem Thron saß. Edward war ein Freund des normannischen Herzogs und zog normannische Adelige und Kleriker für seine Verwaltung heran. Anlässlich des Besuches von Wilhelm soll Edward, der bewusst zölibatär lebte und keinen Nachfolger hatte, Wilhelm die Thronfolge in England versprochen haben.

1066 kam das entscheidende Jahr. Am 5. Januar starb Edward der Bekenner, bevor er nochmals offiziell einen Nachfolger ernannt hatte. Am selben Tag noch bestätigte der Winetagemot, die Versammlung der Noblen Englands, den Vornehmsten unter ihnen, Harold Godwinson, als König Harold II. von England. Als die Nachricht Wilhelm erreichte, sicherte er sich beim Papst die Unterstützung für seine Thronansprüche und für das Vorhaben der Invasion Englands. Er erinnerte Harold, dass dieser zu seinen Gunsten auf den Thron verzichtet hatte, als er nach einem Schiffbruch sein Gefangener war, und stellte ein Heer von 7000 Mann auf, das mit 600 Schiffen nach Südengland übersetzte.

Er landete in der Nähe von Hastings, das zu Harolds persönlichem Besitz gehörte, und begann das Land zu verwüsten. Harold war gerade mit einem Aufstand im Norden Englands beschäftigt, eilte mit seiner Armee nach Süden, ohne auf Verstärkungen zu warten, und trug am 14. Oktober 1066 Wilhelm in Hastings die Schlacht an.

Nach wenigen Stunden schien die Schlacht für Wilhelm verloren, die Angriffe seiner Ritter zerbrachen am anglosächsischen Schildwall, als ein taktischer Fehler die geschlossene Formation der Engländer aufbrach und Harold durch einen Bogenschuss ins Auge getötet wurde. Die englische Armee floh, und Wilhelm konnte in London einziehen, wo er am 25. Dezember 1066 zum König von England gekrönt wurde.

Die nächsten Jahre eroberten er und seine normannischen Ritter ganz England, wer sich von der anglosächsischen Nobilität nicht unterwarf, wurde getötet oder als Sklave nach Spanien an die Mauren verkauft. Burgen und Festungen wurden im Land zur Sicherung der normannischen Herrschaft errichtet. Gegen die Dänen und Schotten verlor er zunächst den Kampf, legte dafür aber den Norden Englands in Schutt und Asche, um die wirtschaftlichen Ressourcen seiner Gegner zu vernichten. 1072 konnte er sich in der Schlacht bei Abernethy Schottland sichern, dessen König Malcolm III. ihm den Lehenseid ablegen musste. 1075 kam es nochmals zu einem Aufstand der anglosächsischen Earls, der blutig niedergeschlagen wurde. Man nimmt an, dass die normannische Eroberung rund ein Fünftel der Bevölkerung Englands das Leben gekostet hat.

Zur Sicherung seiner Herrschaft ließ er 1085 das »Domesday Book« anlegen, ein grundbuchartiges Verzeichnis aller Lehensträger seines Reiches. Er ließ den Tower in London als zentrale Festung erbauen und ersetzte das Angelsächsische durch die normannische, also die französische Sprache. In der Verwaltung des Königreiches ging er geschickt vor, er verlangte von seinen Baronen und seinen Untertanen einen Eid und verstreute den Besitz der Barone über das ganze Land. Damit verhinderte er die Bildung von geschlossenen Territorien wie in Deutschland. Er konnte dadurch ein starkes Königtum aufbauen, die Barone wurden zu absetzbaren Kronbeamten. Wilhelm, der auch erstmals Juden nach England holte, konnte England aus dem bis dahin vorherrschenden skandinavischen Einfluss lösen und an die mitteleuropäische Kultur binden, auch wenn dadurch die angelsächsische Sprache und Literatur weitgehend verschwanden. Angelsächsisch wurde zur Sprache der Bauern, die in die Hörigkeit gezwungen wurden.

Wilhelm konnte auch seine französischen Besitzungen selbst gegen die Aufstände seiner eigenen Söhne behaupten und starb 1087 in Rouen an einer Verletzung, die er sich bei der Belagerung von Mantes zugezogen hatte. Er wurde unter kuriosen Umständen in der St. Peters-Kirche von Caen begraben, sein aufgeblähter Leichnam barst, als man ihn in einen steinernen Sarkophag zwängen wollte.

Wilhelm war einer der brutalsten, aber auch wirkungsvollsten Heerführer seiner Zeit. Sein unbedingter Wille zur Macht, seine Kriegskunst und seine administrativen Fähigkeiten ließen ihn England in wenigen Jahren völlig erobern. Er beendete die seit Jahrhunderten andauernden internen Kriege und die Invasionen der Dänen in England. Langfristig sollte seine normannische Herkunft zum Problem der Rechtsansprüche der englischen Könige auf den französischen Thron werden, die im 100-jährigen Krieg ihren Höhepunkt fand.

Wolfram von Eschenbach

(1160/1180–um 1220)

Wolfram von Eschenbach ist der berühmteste mittelhochdeutsche Dichter. In seinem Werk, das mit rund 40.000 Verszeilen zu den umfangreichsten erhaltenen literarischen Zeugnissen des Mittelalters zählt, lässt er die Welt der Ritter und der Burgfräulein in idealistischer Art und Weise entstehen.

Wann er geboren wurde, ist unklar, es dürfte zwischen 1160 bis 1180 gewesen sein. Er stammte aus einer adeligen Familie und wurde vermutlich im Obereschenbach bei Ansbach in Franken geboren. Trotz seiner noblen Geburt war er sein ganzes Leben lang auf der armen Seite, vielleicht war er ein jüngerer Sohn und daher nicht erbberechtigt. Alles, was er besaß, war ein kleines Anwesen in Wildenberg in der Nähe von Ansbach.

Über sich selbst hat er wenige Zeugnisse hinterlassen, was wir von ihm wissen, stammt aus seinen Werken, die immer wieder autobiografische Details verraten. So spricht er in seinem »Parzival« vom Grafen von Wertheim als seinem Herrn, was vermuten lässt, dass er dessen Vasall gewesen sein könnte. Wolfram führte das Leben eines Wanderdichters und dürfte zahlreiche Höfe besucht haben. Vermutlich hat er Bayern, Schwaben und die Steiermark durchwandert. Nach 1203 finden wir ihn wiederholt am Hof des Landgrafen Hermann von Thüringen in Eisenach, wo er den »Parzival« schuf. Vermutlich hat er am Hof von Eisenach auch → Walther von der Vogelweide getroffen. Nach dem Tode des Landgrafen 1217 kehrte er nach Eschenbach zurück, wo er um 1220 starb. Er wurde in der Frauenkirche von Eschenbach begraben, wo man im 17. Jahrhundert sein Grab noch kannte.

Sowenig wir über das Leben des Wolfram von Eschenbach wissen, so viel hat sich von seinen Werken erhalten. Aus seiner Hand stammen acht Minnelieder, die zu den Besten des Genres im Mittelalter zählen. Sie sind zumeist Taglieder, in denen die Liebenden gezwungen sind, sich durch den Tagesanbruch zu trennen.

Berühmt geworden ist Wolfram von Eschenbach aber durch seine drei höfischen Ritterepen, wovon sein wichtigstes Werk »Parzival« mit 25.000 Reimpaaren zum umfangreichsten Werk dieser Art wurde.

In Parzival hat sich Wolfram von Eschenbach älterer Quellen bedient, vielleicht bei Chrétien de Troyes, der einen »Perceval« geschrieben hat. Wolfram nennt auch einen provenzalischen Dichter namens Kyot als Vorbild, der aber in der Literaturwissenschaft oft als fiktiv angesehen wird. Wolfram baute das Werk Chrétiens de Troyes wesentlich aus und gab ihm einen neuen spirituellen Sinn. In seiner Geschichte ist Parzival ein junger Tor, der erst menschlich reifen muss, um seine Bestimmung zu finden, die nicht im Kampf, sondern im Mitleid mit der Menschheit liegt. Damit gibt er den Adeligen und Rittern ein Beispiel, das sie sich zum Vorbild nehmen können. In »Parzival« sind eigentlich zwei Geschichten enthalten, die sich aus dem Sagenkreis des heiligen Grals herleiten. Der Roman schildert Parzivals Geschichte von der Jugend bis zum Gralskönigstum und in einem zweiten Handlungsstrang die Geschichte Gawans, der das weltliche Gegenstück zum geistig durchdrungenen Gralssucher Parzival darstellt.

Wolframs zweites höfisches Epos »Titurel« besteht aus zwei Fragmenten mit der Liebesgeschichte von Sigune und Schionatulander, ein »Spin off« von Parzival, nach Titurel, einem Gralsritter, benannt. Sein letztes großes Werk war »Willehalm« mit der Geschichte Wilhelms des Heiligen und dessen Kampf gegen die Sarazenen. Das Heldenepos leitet sich aus dem provenzalischen Sagenkreis ab, blieb aber, vielleicht durch den Tod Hermanns von Thüringen, ein Fragment und wurde später von Ulrich von Turheim und Ulrich von Turlin vollendet.

Wolfram war ein gebildeter Mann, wenngleich er selbst angibt, dass er weder lesen noch schreiben konnte, vermutlich hat er seine Werke diktiert. Er hatte eine gute Allgemeinbildung, sprach französisch in einer vereinfachten Form, denn seine Angaben französischer Eigennamen zeigen oftmals seltsame Missverständnisse von französischen Wörtern und Sätzen. Er muss auch Latein gesprochen haben und hatte einen guten Überblick über die französische und deutsche Literatur seiner Zeit.

Wolfram von Eschenbachs Werke beschreiben die ritterlichen Tugenden zu einer Zeit, als das Rittertum seine höchste Blüte erreicht hatte. So sind seine Werke eine Momentaufnahme eines Zustandes, der zwar in der Denkweise der ritterlichen Gesellschaft, niemals aber als Realität im Mittelalter existiert hat. Darin liegt auch sein Wert, er zeigt uns, wie Rittertum, »Höfischheit« und Minne gedacht waren und nicht wie sie wirklich gewesen sind. Sein überliefertes Bild in der Heidelberger Liederhandschrift gibt genau dieses Bild wieder, das ihn als Ritter zu Pferde mit Topfhelm, buntem Waffenrock, Schild, Lanze, Fahne und Knappen darstellt.

JOHN WYCLIF

(1320/1326–1384)

Er war Kirchenkritiker und Kirchenreformer, die Kirche hasste ihn und seine Lehren derart, dass man seine Gebeine 50 Jahre nach seinem Tode ausgrub und verbrannte. Wyclif hatte ungeheuren Einfluss auf seine Zeit, besonders auf → Jan Hus, der seine Lehren völlig annahm. Diese wurden zur Grundlage des Glaubens der Hussiten, die 30 Jahre lang Krieg gegen die christlich-katholischen Fürsten Europas führen sollten.

Geboren wurde Wyclif zwischen 1320 und 1326 vermutlich in Hipswell bei Richmond in der englischen Grafschaft Yorkshire, manche nehmen auch Spreswell bei Wycliffe-with-Thorpe bei Durham als Geburtsort an. Er besuchte die Universität von Oxford und erwarb hier ein Baccalaureat, 1361 bekam er eine Pfarrerstelle in Fillingham, die er einige Jahre später für Ludgershall eintauschte. Es war zu dieser Zeit üblich, dass die Universität ihr gehörende Pfarreien an ihre Lehrer vergab, um ihnen ein Einkommen zu sichern.

1366 betrat er erstmals die politische Arena mit einem Dokument, in dem er die Meinung des Parlamentes vertrat, das sich weigerte, weiter Tribute an den Papst zu bezahlen. Es war eine scharfe Attacke gegen den Tribut und das Papsttum. Er beschuldigte den Papst, die Feinde Englands zu unterstützen und den Tribut unrechtmäßig zu verlangen

1372 promovierte er zum Doktor der Theologie, er erhielt 1373 eine reich dotierte Pfarrerstelle in Lutterworth in Leicestershire und durch eine päpstliche Anordnung eine Pfründe in einer Kollegiatskirche. 1374 war er so angesehen, dass man ihn als englischen Botschafter nach Brüssel sandte, um dort mit einer päpstlichen Kommission zu diskutieren. Wyclif galt als einer der führenden Philosophen und Theologen seiner Zeit und half mit, den Ruf von Oxford zu begründen, das zu dieser Zeit der Universität von Paris in nichts nachstand. Er fand die Unterstützung von Johann von Gent, dem er in seiner Argumentation die Basis für dessen Vorgehen gegen die Kirche geliefert hatte.

Die Kirche wehrte sich bald gegen die Meinungen und den

Einfluss Wyclifs. William Courtenay, Bischof von London, rief 1377 Wyclif nach St. Pauls in London, wo er sich gegen die Anklage der Häresie verteidigen sollte. Worin diese Häresie bestand, ist nicht genau bekannt, aber es hatte mit seiner Meinung zu tun, dass das Recht des Königs über dem Kirchenrecht stehe, dass die weltlichen Autoritäten die Macht hätten, auf kirchlichen Besitz zuzugreifen, und dass der Papst kein Recht hätte, andere zu exkommunizieren. Johann von Gent, der eine antipaptistische Politik in England vertrat, kam seiner Verteidigung zu Hilfe und focht für Wyclif eine Art von Stellvertreterkrieg aus, denn die Anklage richtete sich politisch gegen seine Ambitionen. Während der Diskussion in St. Pauls kam es zu Tumulten, Wyclif und Johann von Gent mussten aus der Kirche fliehen.

Drei Monate später verdammte Papst Gregor XI. die Lehren Wyclifs, er empfahl, ihn zu verhaften und einem päpstlichen Gericht auszuliefern. Eine Reihe von Zwischenfällen verhinderte ein weiteres Vorgehen der Kirche gegen Wyclif. Zunächst starb König Edward III., dann setzte sich die Prinzessin von Wales für ihn ein, dann starb Gregor XI., und das große Schisma der Kirche begann. Es interessierte sich vorläufig niemand mehr für den Prozess gegen John Wyclif.

Wyclif zog sich aus der Öffentlichkeit in das Queens College in Oxford zurück und unterrichtete, bis man ihn 1381 aus der Universität ausschloss und er sich nach Lutterworth zurückzog. Hier schrieb er seine profundesten Werke über die Eucharistie, die Kreuzzüge, die Simonie, die Blasphemie und sein wichtigstes Werk, die erste englische Übersetzung der Bibel. 1382 trat er nochmals öffentlich auf dem Konzil von Black Friars in London auf und appellierte an das Volk, die Regierung Englands zu unterstützen, indem man Kirchengüter zugunsten des Staates einziehen und keine weiteren Zahlungen an Rom senden sollte. Das Konzil urteilte, dass zehn seiner Lehrsätze häretisch und der Rest seiner Schriften als Irrtümer zu klassifizieren seien. Dennoch wagte man es nicht, ihn aus Furcht vor einem Bauernaufstand wie dem 1381 von Wat Tyler, der sich unter anderem auf die Meinungen Wyclifs berufen hatte, persönlich anzuklagen. Sein Auftreten vor dem Konzil führte zur Schaffung einer Anhängerschaft, die seine Lehren auch mit Gewalt vertraten und die als Wyclifiten oder Lollarden bezeichnet wurden.

Wyclif erlitt 1383 einen Schlaganfall, der ihn teilweise lähmte, ein zweiter Schlaganfall am 28. Dezember 1384 führte zu seinem Tode. Er wurde nach christlichem Ritus in Lutterworth begraben. 30 Jahre später verdammte ihn das Konzil von Konstanz als Häretiker, exkommunizierte ihn nachträglich und ordnete an, seinen Leichnam aus dem geweihten Boden auszugraben, was aber erst 1428 erfolgte; man verbrannte seine Gebeine und verstreute die Asche.

Wyclif stand im krassen Gegensatz zu allem, was die Kirche am Ende des 14. Jahrhunderts verkörperte. Er war gegen die Bilder-, Heiligen- und Reliquienverehrung, gegen den Zölibat, hielt die Ohrenbeichte für nicht gerechtfertigt und widersprach der Transsubstitutionslehre, der Lehre von der Verwandlung des Blutes und Leibes Christi bei der Messe. Er bildete Prediger aus, die seine Lehren im einfachen Volk verbreiteten, und beeinflusste 1381 den Aufstand der englischen Bauern unter Wat Tyler, der sich gegen die hohe Besteuerung unter Richard II. richtete.

Wyclifs Einfluss auf die europäische Geschichte ist enorm. In Europa fanden seine Ideen durch Jan Hus Verbreitung, der in seinen Schriften ganze Passagen aus seinem Werk übernommen hat und dafür auf dem Konzil von Konstanz 1415 auf den Scheiterhaufen musste. Dies führte zu den Hussitenkriegen, die in der ersten Hälfte des 15. Jahrhunderts Mittel- und Osteuropa verwüsteten und bis in den 30-jährigen Krieg nachwirkten.

Die Bewegung der Lollarden, die sich auf Wyclif berief, wirkte in England bis weit in das 15. Jahrhundert und wurde von allen Herrschenden, Kirche oder König, unterdrückt. Die Lollarden existierten mit mehr oder weniger Erfolg bis 1523, ehe sie im Protestantismus aufgingen.

In Italien nahm sich der Mönch Girolamo Savonarola der Lehren Wyclifs an und verbreitete sie bis zu seiner Hinrichtung 1498 in Florenz. Auch Martin Luther kannte und schätzte die Schriften Wyclifs und hat viele seiner Ideen weiterentwickelt.